❸ 才略志向

张爷爷 讲 史记故事

张大可 著
周晓鸥 绘

中国书局

明·谢时臣《四皓图》

目录

卷首语 少小立志与动心忍性　001

英杰故事（七则）

甘罗十二为上卿　002

荆轲一怒易水寒　013

张良椎刺秦始皇　036

大泽乡陈胜起义　047

出身人奴的大将军　059

少年将军霍去病　069

飞将军李广　087

智慧故事（七则）

鸡鸣狗盗显神威　112

信陵君窃符救赵　119

刘邦智赴鸿门宴　129

烧绝栈道惑项王　143

张良智计安天下　150

重金离间范增死　172

南游云梦擒韩信　177

立志故事（六则）

孟尝君难父为嫡嗣　186

观鼠慨叹人生志　193

彼可取而代也　200

大丈夫当如此也　206

陈平宰社肉　212

萧何入秦独取典籍　215

忍辱故事（四则）

张仪游楚枉受笞　228

范雎诈死遭溲溺　236

韩信俯出胯下立壮志　243

季布忍辱为人奴　249

雪恨故事（四则）

伍子胥掘墓鞭尸　256

赵氏孤儿兴家灭仇　266

勾践卧薪尝胆报国仇　275

范雎雪耻须贾马食　292

少小立志与动心忍性

本书讲述了才略志向故事二十八篇，看看古人的成才道路，对照个人的思想状态，不能说不受启迪。这些故事的主人公，选自《史记》所载春秋战国与秦汉之际这两个大变动时代。

时势、社会、人生，这三者构成人生存的主客观世界，也是一个人立德、立功、立言的条件。每当社会大变动的时候，就把这三者推向交融的顶端，从而产生了各色历史人物。千古民谚："时势造英雄。"说的就是这个道理。孟子有言："故天将降大任于是人也，必先苦其心志，劳其筋骨，饿其体肤，空乏其身，行拂乱其所为，所以动心忍性，曾益其所不能。"（《孟子·告子下》）人处逆境，不甘命运，奋起抗争，人才脱颖而出。苏秦总结他的成功说，假如他有两顷上等田，不愁吃，不愁穿，可能没有勇气游说诸侯。张仪游楚被打得遍体鳞伤，对老婆说："只要舌头还在，不愁没有发迹之时。"失败了再干，受了屈辱雪恨奋起，范雎之入秦，勾践之报吴，这些英杰人物都是在动心忍性中成长。孟子的哲言，从历史生活中概括出来，永远闪射着智慧的光芒。

春秋战国，秦汉之际，时势风云突变，社会抗争激烈，而动心忍性的风云人物就在这激烈抗争中孕育而出。有一句民谚，叫"乱世出英雄"。因为激烈抗争的社会是锤炼人才的大熔炉。汉初布衣为天子，布衣为将相，开天地布衣将相之局，没有秦汉之际的社会大动荡，没有激烈的社会抗争大熔炉，是不可能的。

杰出人物为什么多产生在激烈的群体运动中呢？因为动荡的社会个人运动融于群体之中。他的成就是集思广益的结晶。太平盛世，人民安居，社会平静，个人在一定的生活之规中活动，实践在有限的群体范围之中。统治者要的是率由旧章，依循祖宗之法，不需要英雄出世。动乱之世，全社会的人都被推到风口浪尖上，仅仅为了生存也需要顽强拼搏，时势提供了人才成长的客观条件和诸多机遇。在乱世，社会呼唤英雄，"君择臣，臣亦择君"，人人都在寻找光明出路，在激烈的风浪中搏击，优胜劣汰，幸存者自然就是佼佼者。秦王朝积数百年文治武功的经验才成一统之局，政治力、经济力、军事力、思想钳制力都极为强大，形态外表巍峨壮观，坚如磐石，可是转眼之间毁于一旦，这如同大火山、大地震的爆发，产生山崩地裂的大振荡吞噬上千万人的生命，才在幸存者中产生了一批重建国家社会的杰出历史人物。也可以说，乱世英雄的经验和才智，就是上千万人所付出生命代价获得的结晶。太平时，陈涉为人佣耕，由于他有鸿鹄壮志，才能抓住机遇，与时推移，成为可与汤武并举的历史英雄。春秋战国，以及汉初灿若群星的英杰人物，尤其是西汉的开国将相，如陈平、郦生、陆贾、萧何、随何、刘敬、曹参、樊哙、灌婴、周勃、彭越、黥布等，无一不是陈涉这样的为时势所造的英雄。英雄为时势所造，同时英雄又创造了时势，二者相辅相成。西晋阮籍登广武山，观楚汉战场，发出感叹说："时无英雄，使竖子成名。"（《晋书·阮籍传》）阮籍藐视布衣刘邦，只不过是书生之见。西汉布衣天子、布衣将相，在排山倒海的群体中产生，他们击败了力拔山兮气盖世的项羽，成就了四百年汉家基业。阮籍的慨叹，亦不可全盘否定。但成名者必有过人之处，那就是顽强拼搏，不甘命运，这一精神往往表现为少小立志。又一民谚曰："少小不努力，老大徒伤悲。"司马迁热衷记载少小立志的人物故事，因为这是拼搏精神最耀眼的体现。有的智慧早开，有的大器晚成，无论哪种成才，离不开个人拼争。

乱世出英雄，盛世也造就杰出人才，由于时势各异，盛世与乱世英雄，类型不同、数量不等罢了。盛世多产文人学士、科技艺术人才，如唐宋八大家。乱世多产文武将相、韬略策士，社会实践不同，结果自然不一样。当今社会，市场是大舞台，一切生活都显现出快节奏，拼搏竞争。当今世界，日新月异，人才辈出，知识爆炸，现代生活的竞争是以往任何时代所不可比拟的。本书演绎的古代故事，人才成长，所提示的哲理，通古贯今，亦有味哉！

荆轲入秦（明内府彩绘本《春秋五霸七雄通俗演义列国志传》插图）

英杰故事

七则

甘罗十二为上卿

甘罗，人名，是战国时秦国有名的神童才子，他十二岁就做了秦国大使级外交官，出使赵国建立了奇功。甘罗回国，秦王嬴政（即后来的秦始皇）破格提升他为上卿。

甘罗的祖父名叫甘茂，是秦国昭王时代的著名大将，有卓越的外交才能，为秦国的统一事业立下汗马功劳。由于奸臣排挤，甘茂被迫流亡齐国，家产也被抄没。甘罗受家庭熏陶，少小聪明，被秦国相国文信侯吕不韦看中，收在相府中差使，名义叫庶子，实质是身边的亲随。这一特殊环境与家庭变故，使甘罗更加成熟起来，很受相国吕不韦的赏识。

吕不韦打算进攻赵国，来扩大自己的封地河间。于是吕不韦派纲成君蔡泽去燕国，说服燕国与秦友好。燕王听从蔡泽的计谋，与秦国结盟，准备联合攻打赵国，还派出太子到秦国去做人质。燕国太子丹到了秦国以后，吕不韦派秦大臣张唐去燕国做大使，这样秦、燕两国互换人质，也就是互换大使。张唐不愿去燕国，找了一个冠冕堂皇的借口。张唐对吕不韦说："从秦国到燕国必定经过赵国，我曾经攻打过赵国，赵王十分怨恨我，悬赏一百里地来抓我，恐怕我到不了燕国，在半路就成了赵国的俘虏，我个人的安全是小事，可是完不成外交使命，国家就要受到损害，请丞相三思。"吕不韦找不出话来反驳张唐，闷闷不乐地回到相国府。

甘罗见吕不韦满脸愁云，早已猜个八九不离十，于是问道："相国为什么长时间地不高兴呢？"

吕不韦说："我派张唐去燕国做大使，他不肯去，我又找不到理由来说服他，因此闷闷不乐。"

甘罗说："相国不必忧愁，让我去试试，说不定能说服张唐出使燕国。"

吕不韦听了不由大怒起来，大声斥责说："你个小毛孩不知天高地厚，我堂堂相国都请不动，你有何德何能敢支使张唐？走，给我滚出去！"

甘罗也不生气，不紧不慢地说："相国息怒，听我慢慢说来。古代项橐七岁就做了孔子的老师。我现在十二岁了，怎么就不能做事呢？我是说让我去试一试，我还没去，相国何必急于发火呢？"

吕不韦见甘罗说得有道理，再说当前用人之际，就让他去试一试。就这样，吕不韦在复杂的心情下派甘罗去说服张唐。

甘罗去见张唐。张唐也知道甘罗的来意，便提高警惕，等待甘罗的游说。没想到甘罗并不直接谈来意，而是提了几个问题，让张唐考虑。

甘罗问张唐："你的功劳与武安君相比，哪个大？"

张唐说："我怎敢和武安君白起将军相比呢？武安君打败强大的楚国、赵国，战必胜，攻必取，我比不上。"

甘罗又说："秦国历史上最有权力的相国要数应侯范雎。你看，如果用范雎与吕不韦相比，哪一个的权力更大？"张唐说："谁不知道当今的相国吕不韦权力更大，应侯范雎哪比得上？"

甘罗说："秦昭王时白起是应侯范雎推荐的大将，由于白起不肯听从范雎的命令去攻打赵国都城邯郸，范雎一句话就要了白起的命，让秦昭王赐死，白起被迫自杀了。现在你张卿也是相国吕不韦所用的人，相国让你出使燕国你不去，我不知道你将来会死在什么地方呢？"

张唐一听，急了起来，在房间来回踱步，连声说："小甘罗，你说得有道理，这可怎么办？这可怎么办？小甘罗，快替我想想办法。"

甘罗说："你必须立即打点行装出发，做出上路的姿态，说不定你还没走出国都城门，相国就会下令免除你的这趟差使。"

张唐立刻高兴起来，对甘罗说："小甘罗，快去回报相国，就说张唐立即出发。我等着你的好消息。"

甘罗回到相国府对吕不韦说："张唐已经答应出使燕国了。不过我还有一计，秦国不用联合燕国攻打赵国，根本不用出兵，赵国就会主动割地给我国，增大河间之地，岂不更好！"

吕不韦说："这当然是上策，你有什么办法来实现吗？"

甘罗说："有。只要相国正式派我出使赵国，规格要高，用五辆车子送行，保证完成使命。"

吕不韦说："好。让我进宫去见秦王，推荐你出使赵国吧。"

吕不韦于是进宫向秦王详细地说出原委。他说："甘茂的孙子甘罗，年纪很轻，才思敏捷，出身名门卿相家子弟，各国都知道他的名字。我派张唐出使燕国，张唐推三阻四，我没有能力说服张唐，可是甘罗却把张唐说动了，真是不可思议！现在甘罗立下军令状，自告奋勇出使赵国，说服赵国主动割地与秦国亲善，这样就用不着联合燕国攻打赵国了。请大王裁决。"

于是，秦王召见了甘罗，看他一表人才，眉宇间透着灵气，非常高兴。

甘罗说服吕不韦

秦王任命甘罗为特命大使，出访赵国。赵襄王听到消息，亲自到远郊迎接秦使甘罗。甘罗在宴会上向赵王敬酒，十分友好地劝说赵王与秦国交好。

甘罗说："大王，您是否知道秦、燕两国互换大使的事？"

赵襄王说："寡人已接到臣下报告，说燕国太子已经到了秦国，秦国大臣张唐即将动身去燕国。"

甘罗说："大王知道秦、燕两国互换大使的后果吗？"

赵襄王说："赵国夹在秦、燕中间，秦、燕交好，对赵国来说形势是严峻的。先生从秦国来，想必有锦囊妙计告诉寡人。"

甘罗说："大王，您说得不错，秦、燕结盟就是要夹攻赵国。我甘罗不愿秦、赵两国打仗，主张睦邻友好，所以才来到赵国。"

赵襄王说："赵国怎样才能避免战争，请先生赐教寡人！"

甘罗说："秦国想扩大河间的地盘，河间原本就是赵国割让给秦国的。我劝大王再割五个城池给秦国，与秦国友好，秦国支持赵国去攻打燕国，从燕国那里去取得补偿。不知大王意下如何？"

赵襄王心里极不高兴，但也没有办法，交好秦国，避免受夹攻，这是没有办法的办法。就这样，赵襄王答应了甘罗的条件。甘罗圆满回国。果然，张唐也就不用出使燕国了。

赵国割了五个城池给秦国，取得秦国支持，出兵攻打燕国，取得燕国上谷地区三十座城池，让秦国得了其中的十一个。秦国坐享其成得了十六个城，赵国表面上从燕国取得了补偿，可是与燕国成了仇敌。燕、赵相争，秦国得利，甘罗的计谋，使秦国一箭双雕。

秦王认为甘罗立了大功，拜他为上卿，又把以前甘茂的田地房宅赐还给了甘罗。

民间还流传着甘罗四五岁时替相国吕不韦解开难题的故事。有一天秦王召见吕不韦，要他三天之内送一筐公鸡蛋进宫，否则就要刑事处分。这可急得吕不韦团团转。到了第三天，相府上下的人全都知道了，谁也拿不出办法。小甘罗前去对吕不韦说："相国放心地进宫去吧，只要如此这般就解脱了。"吕不韦将信将疑，硬着头皮进宫去见秦王。秦王见吕不韦空手进宫，怒容满面。他对吕不韦说："爱卿知道三天前我下达的命令吗？"吕不韦装着没听见不回答，唧唧哼哼闹肚子疼。秦王问："爱卿为何这般？"吕不韦说："臣的肚子几天来一直疼痛，误了大王交给的任务。哎哟，疼得好厉害，我怕是要生孩子吧。"秦王听了不觉一乐，随口而出："爱卿，你真糊涂！肚子疼，怕是吃了不洁的食物吧？哪有男人生小孩的道理？"吕不韦说："男人不生小孩，哪来公鸡下蛋？"秦王如梦方醒，知道自己下了一个荒唐的命令，于是自我解嘲地对吕不韦说："爱卿，寡人不要公鸡蛋了，你的肚子也就好了吧！来，我们商议大事吧！"说完，君臣哈哈一笑，一道公鸡下蛋的难题就这样解开了。

这个故事，说明小甘罗的确是个聪明孩子。

智慧启示

甘罗年少，出使赵国，想出奇谋妙计，损害赵国，使秦国得利，说不上是一个敦厚君子，但确实是一个了不起的谋士，所以名传后世。甘罗计谋之所以得逞，这和秦国的强大有直接关系。强国摆布弱国，大国欺负小国，总能找到借口，编出理由。这就叫弱国无外交，强国左右逢源。所以一个国家要在外交上占主动，不仅仅依靠奇谋智士，更重要的是国力强大。古今中外，都是这个道理。

樗里子甘茂列传·甘罗

甘罗者，甘茂孙也。茂既死后，甘罗年十二，事秦相文信侯吕不韦。

甘罗是甘茂的孙子，甘茂死的时候，甘罗才十二岁，在秦国丞相文信侯吕不韦门下做事。

秦始皇帝使刚成君蔡泽于燕，三年而燕王喜使太子丹入质于秦。秦使张唐往相燕，欲与燕共伐赵以广河间之地[1]。张唐谓文信侯曰："臣尝为秦昭王伐赵，赵怨臣，曰：'得唐者与百里之地。'今之燕必经赵，臣不可以行。"文信侯不快，未有以强也。甘罗曰："君侯何不快之甚也？"文信侯曰："吾令刚成君蔡泽事燕三年，燕太子丹已入质矣，吾自请张卿相燕而不肯行[2]。"甘罗曰："臣请行之。"文信侯叱曰："去！我身自请之而

三年前，秦始皇派了纲成君蔡泽去燕国当宰相，三年后，燕王喜终于把燕太子丹派到秦国来做人质了。这时秦国派张唐到燕国去做宰相，以便和燕国共同伐赵以扩大秦国在河间一带的领地。张唐对吕不韦说："我在昭王时代曾率兵打过赵国，所以赵国特别恨我，他们说：'谁要是能抓到张唐，就赏给谁百里见方的领地。'从秦国去燕国必须经过赵国，所以我不能去。"吕不韦听了心里不高兴，但又不好勉强他。甘罗见了，问吕不韦："您为什么这样不高兴呢？"吕不韦说："我让蔡泽到燕国去做宰相到今天已经三年了，燕太子丹也已经来到我们这里当人质，现在我想换张唐到燕国去做宰相，他不肯去。"甘罗说："让我来说服他去。"吕不韦呵斥了一声："去！我自己

---

1 广河间之地：增大河间的地方。河间，漳水与黄河之间一带地方，原赵地，此时已属秦。
2 卿：张唐字。

不肯，女（rǔ）焉能行之？"甘罗曰："大项橐生七岁为孔子师[1]。
请他都不行，你怎么能让他去？"甘罗说："过去项橐七岁时就能做孔子的老师。我现在都已经

今臣生十二岁于兹矣，君其试臣，何遽叱乎？"于是甘罗见张
十二岁了，您可以让我去试试，为什么一听就呵斥我呢？"于是甘罗就去见张唐，说："您的功劳

卿曰："卿之功孰与武安君？"卿曰："武安君南挫强楚，北威
和武安君白起比谁大？"张唐说："武安君曾经向南打败了强楚，向北威震燕、赵，他战必胜，攻

燕、赵，战胜攻取，破城堕邑，不知其数，臣之功不如也。"
必取，一生不知屠灭了多少城邑，我的功劳当然不如他。"甘罗又问："过去的应侯范雎，和今天

甘罗曰："应侯之用于秦也[2]，孰与文信侯专[3]？"张卿曰："应侯
的文信侯吕不韦比较，谁更在秦国专权？"张唐说："应侯赶不上文信侯！"甘罗说："您真的知

不如文信侯专。"甘罗曰："卿明知其不如文信侯专与？"曰：
道应侯比不过文信侯更有权力吗？"张唐说："知道。"甘罗说："应侯想要攻打赵国，武安君白

"知之。"甘罗曰："应侯欲攻赵，武安君难之，去咸阳七里而
起刚一表示不愿去，结果刚离开咸阳七里路就在杜邮被赐死了。今天文信侯亲自请您去做燕国的宰

立死于杜邮[4]。今文信侯自请卿相燕而不肯行，臣不知卿所死处
相而您居然不愿去，我不知道您明天将死在什么地方。"张唐一听吓得立刻说："冲着你这话，我

矣。"张唐曰："请因孺子行。"令装治行。
一定去。"于是叫人赶紧收拾行装准备出发。

行有日，甘罗谓文信侯曰："借臣车五乘，请为张唐
待至张唐出发的日期一定，甘罗对吕不韦说："请让我带着五辆车，先去替张唐对赵国说一下。"

---

1 大项橐：按，《索隐》《正义》皆云"尊其道德，故曰大"，但据《校补》所引泷、庆、殿、凌诸本，"大"作"夫"，《战国策·秦策五》亦作"夫"。兹录以备考。
2 应侯：即范雎，害死秦将白起。
3 专：专擅国政。
4 杜邮：地名，在咸阳东，白起赐死处。

先报赵。"文信侯乃入言之于始皇曰："昔甘茂之孙甘罗，

于是吕不韦就进宫对秦始皇说："甘茂有个孙子叫甘罗，年纪虽然不大，但不愧是名家的子弟，各国诸

年少耳，然名家之子孙，诸侯皆闻之。今者张唐欲称疾

侯也都知道他。前几天张唐想借口不肯到燕国去，结果被甘罗一说他就去了。现在甘罗先去向赵国通报，

不肯行，甘罗说而行之。今愿先报赵，请许遣之。"始皇

请您答应他。"秦始皇一听立即召见了甘罗，并正式派他出使赵国。赵襄王一听秦国的使者来了，就赶

召见，使甘罗于赵。赵襄王郊迎甘罗。甘罗说赵王曰：

紧亲自到郊外迎接。甘罗对赵王说："您听说燕太子丹到秦国做人质这件事了吧？"赵王说："已经听

"王闻燕太子丹入质秦欤？"曰："闻之。"曰："闻张唐相

说了。"甘罗说："您也听说张唐要去燕国做宰相这个消息了吧？"赵王说："也听到了。"甘罗说："燕

燕欤？"曰："闻之。""燕太子丹入秦者，燕不欺秦也。

太子丹到秦国做人质，这表明了燕国不欺骗秦国。张唐去燕国做宰相，这又表明秦国不欺骗燕国。燕国

张唐相燕者，秦不欺燕也。燕、秦不相欺者，伐赵，危

和秦国这么互相信任，如果一旦联合起来攻打赵国，那赵国不就危险了吗？燕国和秦国为什么要达到这

矣。燕、秦不相欺无异故，欲攻赵而广河间。王不如赍

种'不互相欺骗'呢，目的就是为了打赵国以扩大河间一带的领地。您不如主动地答应我给秦国五座城，

臣五城以广河间[1]，请归燕太子[2]，与强赵攻弱燕。"赵王立

让秦国在河间的地盘有所扩大，而我回去请秦王把燕太子丹放回去，而后让秦国和赵国联合起来一起去

自割五城以广河间。秦归燕太子。赵攻燕，得上谷三十

攻打弱小的燕国。"赵王一听立刻割给了秦国五座城，而秦国也随即放回了燕太子。接着赵国攻打燕国，

城[3]，令秦有十一。

夺得了上谷一带的三十多座城池，给了秦国十一个。

1　赍：送。指甘罗请赵送五城于秦以广河间。
2　请归燕太子：秦归燕太子，即秦与燕绝交。
3　上谷：燕郡名，在今河北省张家口市宣化、怀来一带。

甘罗还报秦，乃封甘罗以为上卿，复以始甘茂田宅赐之。

甘罗回来向秦王报告了这件事，秦王就封甘罗为上卿，并把原先甘茂的那些土地宅舍也都赐给了甘罗。

甘罗被赐还甘茂老宅

清·蒋溥《御制诗意图·荆轲山》

荆轲一怒易水寒

荆轲是战国末年的一个大英雄，他的故事历来家喻户晓。荆轲不是一个有声望的公卿贵族，文不能安邦，武不能定国，没有出将入相，没有惊天动地的功业，只是当时地位低下的游侠阶层中一个普通游侠，且剑术不精，当时有名望的剑客如盖聂、勾践都看不上他。但荆轲有一惊天动地之举，他刺杀秦王，也就是后来称帝的秦始皇。作为一个刺客，敢行刺国家元首、一国之君，没有惊人的胆量是不可想象的。而荆轲所刺的国王，又是千古一帝的秦始皇，于是荆轲名声大振。另外，值得一提的是，荆轲刺秦王还是正义之举，他既不是替个人报仇，也不是被别人收买利用。由于秦国征战东方，使用了野蛮的征服手段，例如秦赵长平之战，秦国坑杀赵降卒四十五万。秦败魏赵的华阳之战，斩魏卒十三万，沉赵卒于河两万。秦将白起在征战中斩杀东方六国九十万人，绝大部分是杀降。秦始皇统一六国，攻下赵都邯郸，亲自去部署屠城。因为秦始皇父亲子楚曾经为质于赵，秦始皇就出生在赵国，免不了受一些气，几十年后还忘不了报仇。东方人称秦国为虎狼之国。秦统一六国是进步的，但手段是野蛮的。于是荆轲刺秦王就有了争议：是正义行为还是反动行为？从历史进程来看，荆轲刺秦王好像是反动行为；从反对暴政、当时六国自救的角度来看，荆轲的行动是正义的，所以历来得到人们的称颂。我们今天评价，当然应当辩证地看待荆轲行刺。

荆轲为燕太子丹所请，在这一点上，荆轲的行动又反映了战国时代人们重义气、重然诺的豪侠精神。荆轲以身许燕太子丹，不是报个人私仇，原本也不想杀死秦王，而是效法春秋时曹沫之劫齐桓公，目的是劫持秦王订立盟约，归还六国失地，胜利回归，并不想与秦王同归于尽。他说："事所以不成者，欲以生劫之，必得约契以报太子也。"这时的形势已与春秋时大不相同。齐桓公尊王攘夷，志在为盟主而已，所以可劫、可盟。而荆轲时代，国家走向统一，秦王不兼并全天下决不罢休，因而燕太子丹与荆轲劫持秦王订盟的想法是迂腐的。今天评价荆轲刺秦王的历史，着重在荆轲的精神，他明知不成功，但义无反顾。《史记·荆轲传》写得极其生动。司马迁主要表彰荆轲反暴的精神、义无反顾的精神，可用一句话概括，叫作"荆轲一怒易水寒"。

荆轲出场能忍辱。荆轲与盖聂论剑，而"不称者"，说明他剑术不精，既为后来行刺的失败伏笔，也表明荆轲虚心好学，找高人指点论剑。但盖聂看不起他，不给他传授剑法，还"怒而目之"，后又被鲁勾践"怒而叱之"。荆轲对于这类的人身侮辱，并不去计较，不逞匹夫之勇，而是"三十六计，走为上计"，默默出走，不再复会。这生动地说明荆轲不是一个感情用事、使气好胜的人。他性格沉稳，行为理智。他绝不为个人这些小事与人打斗，做无谓的牺牲。荆轲也不随便与人交往，轻易去替人家卖命。他受燕太子丹之托，是听了田光论说的天下大势，田光以死激荆轲，行刺是弱者反抗强者的唯一道路。荆轲以身许燕太子丹，也是以身许国。荆轲与狗屠和高渐离等人在闹市击筑饮酒，引吭高歌，时而相乐，时而相泣，旁若无人，这种喜怒失常的状态，正是他忧国忧民的思想感情的沉痛反映。这些也是荆轲行刺秦王大勇精神的基础。

荆轲刺秦王，由燕太子丹出面组织，是一种国家行为，条件优越；此后张良刺秦始皇，以个人之力组织，十余年时间才好不容易等到一个秦始皇出巡的机会，又完全得不到情报，所以失败了。荆轲入秦，有燕国做后盾，情报准确，知道秦王在想些什么。秦王要土地，燕国称臣纳降，可以派荆轲为使，匕首藏在地图中，入秦宫殿，堂而皇之靠近秦王，但保密工作要非常彻底。可是仍然有许多曲折，因为秦王要政敌和叛将樊於（wū）期（jī）之头。樊於期投靠燕太子丹，太子丹不忍杀樊於期；荆轲找樊於期借头，樊於期为了报仇雪恨，痛快借头，十分悲壮。易水白衣冠送别，场面更是慷慨激昂，悲壮动人。高渐离击筑，悲绝凄婉，太子丹一行白衣白冠，这真是生离死别。人们与荆轲一道，和着节拍，唱起了壮士之歌："风萧萧兮易水寒，壮士一去兮不复还。"易水上刮来的阵阵寒风，萧萧风声与悲壮歌声汇集在一起，动人心魄，催人泪下。紧接着歌声由悲凉转向高亢，慷慨激昂，人们的情绪也随之高涨，个个激怒得头发直竖。荆轲勇往直前，头也不回地踏上了征途。

秦廷行刺，一开始就充满了紧张而又惊险的气氛。燕太子丹配给荆轲的助手秦舞阳是一个杀人不眨眼的恶少年。他十三岁时就杀人，"人不敢忤视"。但他没见过大场面，荆轲对他并不认可，迫于燕太子丹的压力与情面，只好接受了。也正由于此，荆轲思想上也早有准备。秦廷上的森严肃穆，果然震慑了秦舞阳。秦舞阳在殿上进献地图，竟吓得浑身发抖，"色变振恐"，立即引起秦廷君臣的疑虑。"群臣怪之"，使得整个宫廷气氛顿时变得紧张起来，眼看行刺的全部计划就要落空，在这千钧一发之际，荆轲镇定自若。他先是回头笑看秦舞阳，接着便对秦群臣解释说："北蕃蛮夷之鄙人，未尝见天子，故振慑。"轻描淡写几句话顿时缓和了气氛，消除秦廷群臣的疑虑，恢复了平静。这里，不仅显示了荆轲的机智、沉着和勇敢，更显示了他"不欺其志"，要完成使命的坚强信念。当"秦王发图，图穷而匕首现"时，荆轲便迅猛地把住秦王衣袖，出匕首逼迫秦王。这时荆轲要杀死秦王并不难，但他忠于燕太子丹的嘱托，"欲以生劫之"，逼秦退还"诸侯侵地"，才没有把匕首刺进秦王的胸膛。等到秦王缓过神来，挣脱荆轲，两人"环柱"而走时，秦舞阳早已吓成一摊泥，没有帮上荆轲的忙。秦王的侍臣夏无且用药囊掷荆轲，刹那间给了秦王反击的机会，由于荆轲剑术不精，为秦王所伤。最后荆轲身受八处重伤，左股被砍断，已经不能动弹，还"倚柱而笑，箕倨以骂"，毫无惧色。秦王令群臣上殿刺杀荆轲，他仍笑骂不止。荆轲之死，是那样的从容，那样的勇敢，那样的坚强，其死重于泰山！作者司马迁十分惋惜荆轲壮志未酬，他在文末借鲁勾践的口说："嗟乎！惜哉其不讲于刺剑之术也，甚矣吾不知人也！曩者吾叱之，彼乃以我为非人也。"

　　荆轲剑术不精，用匕首投刺秦王不中，因而失败了。但是，即使荆轲刺杀成功，也注定要失败，因为"悉反诸侯侵地"不合历史潮流，秦国是不会这样做的。春秋战国以来，长时期的战乱给社会带来无穷痛苦，人民渴望统一，而群雄割据，统一必须使用暴力。尽管秦取天下多暴，坑杀降卒，史不绝书，但秦统一符合历史进程，是受到司马迁肯定的。《六国年表序》说："秦取天下多暴，然世异变，成功大。"又说："学者牵于所闻，见秦在帝位日浅，不察其终始，因举而笑之，不敢道，此与以耳食无异，悲夫！"司马迁批判了西汉那些否认秦朝历史地位的肤浅观点，称这些学者为耳食之儒，迂腐可笑。但肯定秦统一战争的进步，不等于肯定秦朝施政的暴虐，秦二世而亡，就是对其暴政的历史否定。荆轲刺秦王，赢得天下人的同情，就因为荆轲反暴，他代表弱国人民抗强，且"不欺其志"，悲壮激烈，是值得赞赏的。司马迁的《刺客列传》中荆轲的传写得辞采淋漓，是非常精彩的篇章。

刺客列传·荆轲

荆轲者，卫人也。其先乃齐人，徙于卫，卫人谓之庆卿。
荆轲是卫国人。他的祖先原是齐国人，荆轲迁居到卫，卫人称他为庆卿。他到燕国后，燕国人称
而之燕，燕人谓之荆卿[1]。
他为荆卿。

荆卿好读书击剑，以术说卫元君[2]，卫元君不用。其后秦伐
荆卿喜欢读书和击剑，曾经用剑术游说卫元君，卫元君没有任用他。后来，秦国攻打魏国，设置
魏，置东郡，徙卫元君之支属于野王。
了东郡，把卫元君的旁支亲属迁到了野王。

荆轲尝游过榆次，与盖聂论剑，盖聂怒而目之。荆轲出，
荆轲曾经游历经过榆次，与盖聂讨论剑术，因话不投机遭到盖聂的怒目相视。荆轲退出去了，有
人或言复召荆卿。盖聂曰："曩者吾与论剑，有不称者，吾目
人劝说盖聂再把荆轲叫回来。盖聂说："刚才我们讨论剑术，他言语冒犯，我瞪了他一眼；试一试找他，
之；试往，是宜去，不敢留。"使使往之主人，荆卿则已驾而
我料定他走了，他不敢留下来。"派人到荆轲住处寻找，荆轲已经驾车离开榆次了。寻找的人回来报告，
去榆次矣。使者还报，盖聂曰："固去也，吾曩者目摄之[3]！"
盖聂说："他本应该离开的，我刚才用目光威吓了他。"

---

1. 庆卿、荆卿：卿，是对男子的美称。荆轲，齐人，本姓庆，出齐大姓庆氏之后。燕人呼庆为荆，方言音。庆与荆，一音之转。
2. 术：剑术。
3. 目摄之：怒目瞪眼已把他吓坏了。

盖聂怒目逐荆轲

荆轲游于邯郸，鲁勾践与荆轲博，争道¹，鲁勾践怒而叱
<small>荆轲游历到邯郸，鲁勾践与荆轲下棋，为了争棋路，鲁勾践发怒呵斥，荆轲默不作声地逃走，再</small>
之，荆轲嘿而逃去，遂不复会。
<small>不露面相会。</small>

荆轲既至燕，爱燕之狗屠及善击筑者高渐离²。荆轲嗜酒，
<small>荆轲到了燕国，与燕国的一个狗屠和一个善于击筑的叫高渐离的非常要好。荆轲喜欢</small>
日与狗屠及高渐离饮于燕市，酒酣以往，高渐离击筑，荆轲和
<small>喝酒，每天与狗屠和高渐离在燕都酒市饮酒，每当喝酒高兴时，高渐离击筑，荆轲和着节拍</small>
而歌于市中³，相乐也，已而相泣，旁若无人者。荆轲虽游于
<small>在闹市唱歌，彼此十分快乐，不一会儿又相对哭泣，旁若无人。荆轲虽然混迹于酒徒之中，</small>

---

1 博：下棋。争道：争走棋子的胜负手。
2 筑（zhù）：古代的一种弦乐器，用竹尺击弦发音。
3 和：扣紧筑声而歌。

荆轲一怒易水寒　019

酒人乎，然其为人沉深好书；其所游诸侯，尽与其贤豪长者相
然而他的举止稳重沉着，爱好读书；在他出游过的诸侯国，总是与当地德高望重的名士交往。

结。其之燕，燕之处士田光先生亦善待之，知其非庸人也。
他到了燕国，燕国的隐士田光十分友好地接待他，知道他不是一个平常人。

居顷之，会燕太子丹质秦亡归燕。燕太子丹者，故尝质
过了不久，赶上燕太子丹从做人质的秦国逃回来。燕太子丹，先前曾经在赵国做人质，

于赵，而秦王政生于赵，其少时与丹欢。及政立为秦王，而
秦王嬴政出生在赵国，由于这一渊源，小时两人很要好。等到嬴政立为秦王，燕太子丹到秦国

丹质于秦，秦王之遇燕太子丹不善，故丹怨而亡归。归而
做人质，秦王不礼遇太子丹，所以太子丹逃亡回国。燕太子丹回国后寻找报复秦王的办法，由

求为报秦王者，国小，力不能。其后秦日出兵山东以伐齐、
于国小，力量不够，搁置起来。此后，秦国天天出兵崤山以东攻打齐国、楚国和韩、赵、魏等国，

楚、三晋，稍蚕食诸侯，且至于燕，燕君臣皆恐祸之至。太
渐渐蚕食诸侯，将要到燕国了，燕国君臣都担惊受怕祸患到来。燕太子丹忧虑这件事，问他的

子丹患之，问其傅鞠武[1]。武对曰："秦地遍天下，威胁韩、
师傅鞠武想办法。鞠武说："秦国土地已遍天下，直接威胁着韩、赵、魏。北边有甘泉、谷口

魏、赵氏。北有甘泉、谷口之固，南有泾、渭之沃，擅巴、
的坚固险关，南边有泾水、渭水流域的沃野，占有巴郡、汉中的富饶，右边有陇山、蜀山的峻岭，

汉之饶[2]，右陇、蜀之山，左关、殽之险[3]，民众而士厉[4]，兵革有
左边有崤山、函谷关的险阻，人民众多，士卒勇猛，武器充足。秦国只要打定主意向外扩张，

1　傅：即太傅。
2　擅：据有。
3　左关、殽之险：指秦国东边有函谷关（今河南省灵宝市西南）和殽山（今河南省洛宁县北）险要之地。
4　士厉：士卒勇猛。厉，磨炼，指训练有素。

余。意有所出，则长城之南、易水之北[1]未有所定也。奈何
那么长城之南、易水之北这块燕国地方没有一寸安定的土地了。你怎么能够因为受欺凌这点怨恨，

以见陵之怨[2]，欲批其逆鳞哉[3]？"丹曰："然则何由[4]？"对曰：
就去触犯秦王的逆鳞呢？"燕太子丹说："已经这样了，我们该怎么办？"鞠武说："请让我

"请入图之。"
深入考虑一下。"

居有间，秦将樊於期得罪于秦王，亡之燕。太子受而舍
又过了一阵，秦将樊於期得罪了秦王，逃亡到燕国，燕太子丹接受了，把他安置下

之。鞠武谏曰："不可，夫以秦王之暴，而积怒于燕，足为寒
来。鞠武劝说："不行，秦王暴虐，对燕国本来积怨很深，已够让人寒心了，更何况听

心[5]，又况闻樊将军之所在乎？是谓委肉当饿虎之蹊也，祸必
说樊将军被收留在这里？这叫作把肉投在老虎出没的道路上，灾祸不可免了！即使有管

不振矣[6]！虽有管、晏，不能为之谋也。愿太子疾遣樊将军入
仲、晏子，也拿不出好办法。希望太子尽快送樊将军到匈奴去，来杜绝秦国要挟的借口。

匈奴以灭口[7]。请西约三晋，南连齐、楚，北购于单于[8]，其后乃
建议西面与韩、赵、魏三晋结交，南面联合齐国、楚国，北面通好匈奴，然后才可想出

---

1 长城之南、易水之北：指全燕之地。燕北有长城，南有易水与赵为界。易水即今河北省易县境内的大清河支流。
2 见陵：指燕太子丹被秦王欺凌。
3 批其逆鳞：指触怒秦王，将遭不测。批，触动。逆鳞，《韩非子·说难》说龙喉下有倒生之鳞，如被触动，便要杀人。逆鳞喻人主发怒。
4 何由：怎么办？
5 寒心：胆战心惊。
6 不振：不可挽救。
7 灭口：杜绝秦王要挟之口。
8 购：同"媾"，讲和。

可图也。"太子曰："太傅之计，旷日弥久，心惛然[1]，恐不能须
对付秦国的办法。"燕太子丹说："太傅的计划，旷日持久，我心慌意乱，片刻时间都
臾。且非独于此也，夫樊将军穷困于天下，归身于丹，丹终
不能等待了。不仅如此，那樊将军在天下无处容身的时候，投靠我燕太子丹，我总不能
不以迫于强秦而弃所哀怜之交，置之匈奴，是固丹命卒之时
在秦国的压力下抛弃我同情而有难的朋友，把他安置到匈奴，那只有等我太子丹丧生的
也。愿太傅更虑之。"
那一天。希望太傅另考虑办法。"

鞠武曰："夫行危欲求安，造祸而求福，计浅而怨深，连
鞠武说："行为危险而又想求安定，制造灾祸而又想求福分，策谋浅薄而结怨
结一人之后交[2]，不顾国家之大害，此所谓资怨而助祸矣。夫
很深，为了结交一个新朋友，不顾国家的大祸患，这叫作添加怨恨和灾祸啊。把鸿毛
以鸿毛燎于炉炭之上，必无事矣。且以雕鸷之秦[3]，行怨暴
放到炉火上烤，必然无救。何况像大雕、老鹰一样凶猛的秦国，一旦要对燕发泄仇恨
之怒，岂足道哉？燕有田光先生，其为人智深而勇沉[4]，可与
的凶暴，燕国必为秦所灭，难道还用得着说吗？燕国有个田光先生，他为人智谋深远，
谋。"太子曰："愿因太傅而得交于田先生，可乎？"鞠武曰：
勇敢沉着，可以找他谋划。"太子丹说："希望通过太傅介绍结识田先生，可以吗？"
"敬诺。"
鞠武说："遵命。"

---

1 心惛（mèn）然：心情忧闷烦乱。惛，通"闷"。
2 后交：新交，指樊於期。
3 雕鸷：两种凶猛的鸟，比喻秦极凶残。
4 智深：智慧藏于内。勇沉：勇气潜于心而表现十分沉着。

出见田先生，道："太子愿图国事于先生也[1]。"田光曰：
鞠武出宫找到田光先生，说："太子希望找先生商讨国家大事。"田光说："谨领教。"

"敬奉教。"乃造焉[2]。太子逢迎，却行为导，跪而蔽席[3]。田光坐
就去拜访太子。太子丹出门迎接，慢慢后退着走，为田光引路，又亲自跪下来拂拭座席。田

定，左右无人，太子避席而请曰[4]："燕、秦不两立，愿先生留
光坐定以后，左右没有旁人，太子丹离开座席，向田光请教说："燕国和秦国势不两立，希

意也。"田光曰："臣闻骐骥盛壮之时，一日而驰千里；至其
望先生放在心上。"田光说："我听说千里马骐骥在盛壮时，一天能跑一千里；等到衰老了，

衰老，驽马先之。今太子闻光盛壮之时，不知臣精已消亡矣。
跑不过劣等马。今天太子丹只了解我盛壮时的精力，不了解我如今已老了，精力消亡了。虽

虽然，光不敢以图国事，所善荆轲可使也。"太子曰："愿因先
然这样，尽管田光不敢谋划国家大事，幸好我的朋友荆轲可供调遣。"太子丹说："希望通

生得交于荆卿，可乎？"田光曰："敬诺。"即起趋出。太子送
过田先生引荐我与荆轲交朋友，行吗？"田光说："谨遵命。"于是立即起身，快步走出。

至门，戒曰[5]："丹所报[6]，先生所言者，国之大事也，愿先生勿泄
太子丹送到门口，慎重地说："我向先生讲的，先生所说的，是国家大事，希望先生保密。"

也！"田光俯而笑曰[7]："诺。"
田光弯下身笑着说："好的。"

---

1 图国事：商讨国家大事。
2 造：登门拜访。
3 跪而蔽席：跪着把座席扫拂干净，请客人入座。蔽，掸拂。
4 避席：古人之礼，离开原来座位请教，示极尊敬。
5 戒：同"诫"，嘱托。
6 报：告诉的事。
7 俯：点头。

偻行见荆卿曰[1]:"光与子相善,燕国莫不知。今太子闻光
田光驼背弯腰,蹒跚地走路,他见到荆轲说:"我田光和你友好,燕国没有人不知道。

壮盛之时,不知吾形已不逮也,幸而教之曰:'燕、秦不两立,
现在太子丹只听说我田光盛壮时的能干,不知道我身体已不中用了,有幸看得起告诉我国家

愿先生留意也。'光窃不自外,言足下于太子也,愿足下过
大事,说:'燕国与秦国,势不两立,希望先生留心这件事。'我自认为我俩的私交不是外

太子于宫[2]。"荆轲曰:"谨奉教。"田光曰:"吾闻之:'长者为
人,就把你推荐给了太子丹,希望你到太子丹宫走一趟。"荆轲说:"谨遵命。"田光说:"我

行,不使人疑之。'今太子告光曰:'所言者,国之大事也,愿
听说:'年长有德的人办事,不让人怀疑。'现在太子丹嘱咐我说:'所谈论的是国家大事,

先生勿泄。'是太子疑光也。夫为行而使人疑之,非节侠也。"
希望先生保密。'这是太子丹在怀疑我。做事让人怀疑,这不是一个有节操的侠士。"他想

欲自杀以激荆卿,曰:"愿足下急过太子,言光已死,明不言
用自杀来鼓励荆轲,就说:"希望你赶快到太子丹那里去,就说田光已死,证明他没有向外

也。"因遂自刎而死。
泄漏。"说完自刎而死。

荆轲遂见太子,言田光已死,致光之言[3]。太子再拜而跪,
荆轲便去见太子,说田光已死,转达了田光的话。太子丹拜了两拜,跪着膝行前进,

膝行流涕,有顷而后言曰:"丹所以诫田先生毋言者,欲以成
痛哭流涕,停了半响才说:"我告诫田先生不要往外说的缘故,是想成就大事。现在田

---

1 偻行:弯曲腰背行走,形容其老态龙钟。
2 过:探访。
3 致:传达。

大事之谋也。今田先生以死明不言，岂丹之心哉！"荆轲坐
先生用死来表示不说出去，这哪是我的本意啊！"荆轲坐定后，太子丹离开座席叩头说：
定，太子避席顿首曰[1]："田先生不知丹之不肖，使得至前，敢
"田光先生不知道我无能，使我能够到你的面前，冒昧地表达我的意愿，这真是上天哀
有所道，此天之所以哀燕而不弃其孤也！今秦有贪利之心，而
怜燕国，不抛弃它的孤臣孽子啊！当今秦国有贪利之心，它的欲壑填不满，不占尽天下
欲不可足也。非尽天下之地，臣海内之王者，其意不厌[2]。今
的土地，完全臣服海内的侯王，它的欲望决不满足。现在秦国已经俘虏了韩王，占领韩
秦已虏韩王，尽纳其地。又举兵南伐楚，北临赵。王翦将数
国全境。又兴兵南下攻楚，北逼赵国。秦将王翦率领数十万之众进抵漳河、邺县地区，
十万之众距漳、邺，而李信出太原、云中。赵不能支秦[3]，必
李信又出兵太原、云中。赵国抵敌不住，一定称臣投降；赵国投降，那么祸患就到了燕国。
入臣；入臣，则祸至燕。燕小弱，数困于兵，今计举国不足
燕国弱小，多次遭战争之祸，现在即使全国总动员也挡不住秦军的进攻。诸侯都被秦国
以当秦。诸侯服秦，莫敢合从。丹之私计，愚以为诚得天下
慑服了，不敢合纵连兵。我个人有一个愚笨的想法，真正求得一个天下的勇士出使秦国，
之勇士使于秦，窥以重利[4]，秦王贪，其势必得所愿矣，诚得劫
诱以重利，秦王贪婪，以情理推度，一定能接近秦王达到劫持他的目的，迫使他退回诸
秦王，使悉反诸侯侵地[5]。若曹沫之与齐桓公，则大善矣；则不
侯的失地。就像当年曹沫劫持齐桓公那样，那是最好的；如果做不到，趁势杀死他，那

---

1 避席顿首：离开座位叩头。
2 厌：同"餍"，满足。
3 支：抵挡。
4 窥以重利：示以重利，引诱秦国。窥，示。
5 反：同"返"，交还。

可，因而刺杀之。彼秦大将擅兵于外，而内有乱，则君臣相
时秦国大将掌握兵权在外，国内有乱，那么君臣就会相互猜疑，这时诸侯才能结成联盟，

疑，以其间[1]，诸侯得合从，其破秦必矣。此丹之上愿，而不知
击破秦国就是肯定的了。这是我最理想的愿望，不知把这个使命委托给谁好，只有请荆

所委命，唯荆卿留意焉！"
卿留心了。"

久之，荆轲曰："此国之大事也，臣驽下[2]，恐不足任
沉默了好一阵，荆轲才说话："这是国家的大事，我才智低下，不配担当这个使命。"太子丹再

使。"太子前，顿首，固请毋让，然后许诺。于是尊荆卿为上
向前靠近叩头，坚请荆轲不要推辞，最后荆轲答应了。于是尊奉荆轲为上卿，安置在最高级的府第。太

太子丹送荆轲重礼

---

1 以其间：利用这个间隙。间，间隙，机会。
2 驽下：才智低下（自谦之词）。

卿，舍上舍[1]。太子日造门下，供太牢[2]，具异物，间进车骑美
子每天亲临门下，供奉牛、羊、猪全席，备办珍奇异物，相隔一段时间选送一批车马、美女，专供荆卿
女，恣荆轲所欲，以顺适其意。
享用，让他随心所欲。

久之，荆轲未有行意。秦将王翦破赵，虏赵王[3]，尽收入其
过了很久，荆轲还没有行动的意思。秦将王翦已打破赵国，俘虏了赵王，占领赵国全境；
地；进兵北略地，至燕南界。太子丹恐惧，乃请荆轲曰："秦兵
向北进兵侵占土地，到达了燕国的南边疆界。太子丹惶恐忧惧，便请求荆轲说："秦兵旦夕
旦暮渡易水，则虽欲长侍足下，岂可得哉！"荆轲曰："微太子
将渡过易水，那时我虽然想永远侍奉你，恐怕是办不到了啊！"荆轲说："不用太子说话，我
言，臣愿谒之。今行而毋信[4]，则秦未可亲也[5]。夫樊将军，秦王
也要进言了。现在行动而没有取信于秦王的东西，那就很难接近秦王。说起樊将军，秦王悬赏
购之金千斤，邑万家，诚得樊将军首与燕督亢之地图[6]，奉献秦
一千斤黄金，再加封赏万户侯来购他的人头，如果能得到樊将军的人头和燕国督亢地区的地图，
王，秦王必说（yuè）见臣，臣乃得有以报。"太子曰："樊将军穷
奉献给秦王，秦王一定高兴召见我，才能有机会行动报效太子丹。"太子丹说："樊将军走投
困来归丹，丹不忍以己之私而伤长者之意，愿足下更虑之。"
无路来依靠我，我不忍以个人的私利来伤害一个长者的心，请你另外考虑良策"。

1 舍上舍：住上等馆舍。
2 供太牢：此谓备办丰盛筵席招待荆轲。牛、羊、猪三牲具称太牢。
3 虏赵王：公元前228年，秦破赵，虏赵王迁。
4 信：示信于秦王的礼物。
5 亲：指接近秦王。
6 督亢：地区名，为燕南部的肥沃之地，当今河北涿州、定兴、新城、固安一带。

荆轲知太子不忍，乃遂私见樊於期，曰："秦之遇将军可
<small>荆轲知道太子丹不忍心，就私下里去见樊於期，说："秦国对待将军真是狠毒极了，</small>
谓深矣[1]，父母宗族皆为戮没[2]。今闻购将军首金千斤，邑万家，
<small>父母宗族全遭杀戮。如今听说悬赏一千斤黄金和万户侯来购买将军的人头，你将怎么办？"</small>
将奈何？"於期仰天太息流涕，曰："於期每念之，常痛于骨
<small>樊於期仰天长叹，流着眼泪说："我樊於期每想起这一深仇，真是时时痛入骨髓，只是想不</small>
髓[3]，顾计不知所出耳[4]！"荆轲曰："今有一言可以解燕国之患，
<small>出什么办法来报复罢了！"荆轲说："现在我有一句话可以解除燕国的忧患，报将军的深仇，</small>
报将军之仇者，何如？"於期乃前曰："为之奈何？"荆轲曰：
<small>你看怎么样？"樊於期向前靠近问道："该怎么办呢？"荆轲说："希望得到你的人头，拿</small>
"愿得将军之首，以献秦王，秦王必喜而见臣，臣左手把其袖，
<small>去献给秦王，秦王一定高兴召见我，我的左手抓住他的袖子，右手用匕首刺进他的胸膛，那</small>
右手揕其匈[5]，然则将军之仇报，而燕见陵之愧除矣。将军岂有
<small>么将军的仇可报，燕国受欺凌的耻辱也可洗雪了。将军赞成吗？"樊於期脱下一只衣袖，露</small>
意乎？"樊於期偏袒搤捥而进曰[6]："此臣之日夜切齿腐心也，乃
<small>出肩膀，用一只手紧握另一只手腕，走近荆轲说："这是我日日夜夜切齿痛心所考虑的事，</small>
今得闻教！"遂自刭。
<small>现在才听到你的指教。"便自刎了。</small>

---

1 遇：此指秦王迫害樊於期。深：残酷。
2 戮没：被杀或没入为奴婢。
3 痛于骨髓：痛恨到了极点。
4 顾：只是，但。
5 揕（zhèn）其匈：用剑刺秦王胸膛。揕，刺杀。匈，"胸"的本字。
6 偏袒搤捥：脱下右边长袖，露出右腕，左手抓住右腕，这是极度愤怒激动的表示。搤，同"扼"。捥，同"腕"。

太子闻之，驰往，伏尸而哭，极哀。既已不可奈何，乃
太子丹听到消息，飞快驾车前往，伏尸痛哭，十分悲哀。人已死了，没有办法。于是就把樊

遂盛樊於期首函封之[1]。于是太子豫求天下之利匕首，得赵人徐
於期的人头装入匣子密封起来。这时，太子丹预先已选得天下稀有的锋利匕首，得到的是赵国徐夫人

夫人匕首[2]，取之百金。使工以药焠之[3]，以试人，血濡缕，人无
的匕首，用了一百金的重价买来，使工匠用毒药粹炼，用来试人，只要刺出能沾湿一缕血来，人无不

不立死者。乃装为遣荆卿。燕国有勇士秦舞阳，年十三杀人，
立即毙命。这就整理行装，遣发荆轲上路。燕国有一个勇士叫秦舞阳，在十三岁时就杀过人，旁人害

人不敢忤视[4]，乃令秦舞阳为副。
怕他不敢正眼看他，就派秦舞阳作荆轲的副手。

荆轲有所待，欲与俱。其人居远，未来，而为治行[5]。顷
荆轲还要等一个人，要和等的人一起行动。这人住得远，还没赶到，先替他整治行装。过了一两天，

之，未发，太子迟之[6]，疑其改悔，乃复请曰："日已尽矣，荆
荆轲还没出发，太子认为行动拖延，疑心荆轲反悔，又一次催促荆轲说："时间已经没有了，荆卿难道

卿岂有意哉？丹请得先遣秦舞阳。"荆轲怒，叱太子曰："何太
没有想到吗？让我派秦舞阳先走一步。"荆轲发了怒，斥责太子说："哪要太子来派遣！去了不能回来，

子之遣！往而不返者，竖子也[7]。且提一匕首入不测之强秦，仆
那就是无能小子。再说，用一把匕首深入到艰险莫测的强大秦国去，我之所以停留，是等我的友人同路。

1　函封：（把头）盛在木匣内封存起来。
2　徐夫人：人名，非妇人之称。
3　以药焠之：把毒汁浸染在匕首的锋刃上。焠，把烧红的铁器往水里浸泡。
4　忤视：不礼貌地看人。
5　治行：整治行装。
6　迟之：太子丹嫌荆轲拖延时日。
7　竖子：无能小子。

所以留者，待吾客与俱。今太子迟之，请辞决矣[1]！"遂发。
现在太子催我，就请告辞吧！"于是出发。

太子及宾客知其事者，皆白衣冠以送之[2]。至易水之上，既
太子丹和参与谋划的宾客，都穿着白衣戴着白帽来送行。到了易水边上，饯行后上路，

祖，取道，高渐离击筑，荆轲和而歌，为变徵之声[3]。士皆垂
高渐离击筑奏乐，荆轲和着拍子唱歌，唱出了哀伤的变徵调，送行的人都流泪抽泣。荆轲一

泪涕泣。又前而为歌曰："风萧萧兮易水寒，壮士一去兮不复
边前行，一边唱道："风萧萧兮易水寒，壮士一去兮不复还！"又变而为羽调的慷慨激昂。

还！"复为羽声慷慨，士皆瞋目，发尽上指冠。于是荆轲就车
人们感情激动，都睁大眼睛，怒发冲冠。就在这时，荆轲登车远去，始终连头也不回，一个

而去，终已不顾。
劲往前行。

遂至秦，持千金之资币物，厚遗（wèi）秦王宠臣中庶子蒙
一到秦国，拿了价值千金的厚礼，送给秦王宠臣中庶子蒙嘉。蒙嘉事先替荆轲向秦

嘉。嘉为先言于秦王，曰："燕王诚振怖大王之威[4]，不敢举兵以
王进言，说："燕王确实畏惧大王的神威，不敢发兵对抗秦兵，甘愿全国上下隶属秦国

逆军吏，愿举国为内臣[5]，比诸侯之列，给贡职如郡县，而得奉守
作臣民，排在各诸侯朝秦的行列中，像郡县一样进贡应差，以便能奉守燕国的先王宗庙。

---

1 辞决：告别。决，同"诀"。
2 白衣冠：丧服。用丧服送行，示此行志在必成，不成功，便成仁。
3 变徵之声：悲愤苍凉之声。古代乐音为宫、商、角（jué）、徵（zhǐ）、羽五音，另又有变宫、变徵二音。变徵介于角、徵之间，相当于今七阶音调中的F调，韵味苍凉。
4 振怖：恐惧。
5 内臣：内属为臣。

先王之宗庙。恐惧不敢自陈，谨斩樊於期之头，及献燕督亢之
因恐惧不敢亲自来陈述，特地斩下樊於期的头，并献出燕国督亢的地图，用匣子密封，

地图，函封，燕王拜送于庭，使使以闻大王，唯大王命之。"
燕王亲自在朝殿上举行了送行礼仪，派了使者来报告大王，请大王指示。"

　　秦王闻之，大喜，乃朝服[1]，设九宾[2]，见燕使者咸阳宫。
　　秦王听了非常高兴，就穿了朝服，安排了九位傧相传呼的隆重礼节，在咸阳宫召见荆

荆轲奉樊於期头函[3]，而秦舞阳奉（pěng）地图匣，以次进[4]。至
轲。荆轲捧着樊於期的脑袋匣子，秦舞阳捧着地图匣子，按正副使的次序前进。到了王宫台阶，

陛[5]，秦舞阳色变振恐，群臣怪之。荆轲顾笑舞阳，前谢曰：
秦舞阳吓得失色发抖，秦王群臣感到诧异。荆轲回头对秦舞阳笑了笑，然后上前谢罪说："北

"北蕃蛮夷之鄙人，未尝见天子，故振慴。愿大王少假借
方属国的粗野人，没有见过天子，所以惊恐畏惧。希望大王稍稍宽容他，让他在大王面前完成

之[6]，使得毕使于前。"秦王谓轲曰："取舞阳所持地图。"轲既
使命。"秦王对荆轲说："把秦舞阳手捧的地图取过来。"荆轲取过地图呈献给秦王。秦王

取图奏之[7]。秦王发图[8]，图穷而匕首见[9]。因左手把秦王之袖，而
打开卷轴展示，卷轴展完露出了匕首。荆轲左手趁势抓住秦王的衣袖，右手拿起匕首直刺秦

1　朝服：穿上上朝礼服。
2　设九宾：举行隆重的接待仪式。九宾，傧相九人依次传呼接引上殿。宾，同"傧"，赞礼之人。
3　奉：同"捧"。
4　以次进：按正、副使先后次序前进。
5　陛：皇宫台阶。
6　假借：宽容。
7　奏之：呈献给秦王。
8　发图：打开卷成一轴的地图。
9　图穷而匕首见：展完图卷露出了匕首。穷，尽。见，读"现"。

右手持匕首揕之。未至身，秦王惊，自引而起，袖绝。拔
王，没有刺到身上，秦王受惊，自己抽身跳了起来，袖子被扯断了。秦王抽身上佩剑，剑太长，

剑，剑长，操其室[1]；时惶急，剑坚，故不可立拔。荆轲逐秦
只抓着了剑鞘；当时惊惶紧急，剑又套得太紧，所以不能一下抽出来。荆轲追赶秦王，秦王

王，秦王环柱而走。群臣皆愕，卒起不意[2]，尽失其度[3]。而秦
绕着柱子走。群臣一个个大惊失色，这意料不到的突然事件，使得满朝文武全都惊惶，乱了套。

法，群臣侍殿上者，不得持尺寸之兵。诸郎中执兵[4]，皆陈殿
按秦国法律，群臣进殿不得携带任何兵器，而守卫在大殿下的卫兵，都站在殿下，没有诏令

下，非有诏召，不得上。方急时，不及召下兵，以故荆轲乃
也不得上殿。正在紧急时，秦王也顾不上宣召殿下的卫兵，所以荆轲才能在殿上追逐秦王。

逐秦王。而卒惶急，无法以击轲，而以手共搏之。是时，侍
秦王在仓皇紧急之中，也没找到东西可以打击荆轲，只好徒手进行搏斗。这时侍从医生夏无

医夏无且以其所奉药囊提荆轲也。秦王方环柱走，卒惶急，
且用他捧着的药囊掷击荆轲，给了秦王一个缓冲时间。由于秦王正绕着柱子跑，又在慌张之中，

不知所为，左右乃曰："王负剑[5]！"负剑，遂拔，以击荆轲，
不知怎么办，侍从们高喊："大王，把剑推到背后。"一声提醒，秦王把佩剑往背后一推抽

断其左股。荆轲废，乃引其匕首以掷秦王，不中，中铜柱。
了出来，用来刺击荆轲，砍断了荆轲左腿。荆轲倒下了，就举起匕首向秦王掷去，没有击中，

秦王复击轲，轲被八创。轲自知事不就，倚柱而笑，箕倨以
"咣啷"一声击在了铜柱上。秦王又挥剑砍杀荆轲一共砍了八刀。荆轲知道事情办不成了，靠

---

1 操其室：抓着剑鞘。室，剑鞘。
2 卒：同"猝"，突然。
3 尽失其度：满朝文武官员全部惊恐，失去了常态。
4 郎中：官名。掌宫廷侍卫。
5 王负剑：大王赶快把剑推到背上再拔。

骂曰[1]:"事所以不成者,以欲生劫之[2],必得约契以报太子也。"
在柱子上狂笑,蹲下身叉腿坐着骂道:"事情没有办好,只是想活捉你,一定要订好条约回

于是左右既前杀轲,秦王不怡者良久[3]。已而论功赏群臣及当
报燕国太子。"这时,秦王左右的人已奉命上殿杀死了荆轲。秦王心情抑郁了好长时间。不久,

坐者各有差[4],而赐夏无且黄金二百镒,曰:"无且爱我,乃以
论功行赏和惩办有罪的人,各有差等,厚赏夏无且金二百镒,说:"无且对我忠心,用药囊

药囊提荆轲也。"
击掷了荆轲。"

于是秦王大怒,益发兵诣赵,诏王翦军以伐燕。十月而拔
这件事惹得秦王极为震怒,加派军队增援驻于赵地的秦兵,命令王翦率军进攻燕国。

蓟城。燕王喜、太子丹等尽率其精兵,东保于辽东。秦将李信
十月攻下蓟城。燕王喜、太子丹等率领全部精兵向东退保辽东。秦将李信加紧追击燕王,代

追击燕王急,代王嘉乃遗燕王喜书曰:"秦所以尤追燕急者,以
王嘉给燕王喜去了一封信说:"秦国特别紧急追击燕国,是因为太子丹的缘故。现在你如能

太子丹故也。今王诚杀丹献之秦王,秦王必解,而社稷幸得血
杀了太子丹,把首级献给秦王,秦王一定撤兵,保全你的国家还有希望。"这之后,李信追

食[5]。"其后李信追丹,丹匿衍水中,燕王乃使使斩太子丹,欲
赶太子丹,太子丹躲藏在衍水边,燕王派人杀了太子丹,准备献给秦王。可是秦王还是派兵

献之秦,秦复进兵攻之。后五年,秦卒灭燕,虏燕王喜。
攻击燕王。五年以后,秦国终于灭了燕国。俘虏了燕王。

---

1 箕倨:伸开两腿而坐,形状似箕,为对人极不礼貌的动作。
2 生劫之:活捉胁迫你。
3 不怡:不愉快。
4 当坐:办罪。
5 社稷幸得血食:国家侥幸能保全。社稷,指代国家。

▲ 荆轲刺秦王（清·冯云鹏、冯云鹓《金石索》）

其明年，秦并天下，立号为皇帝。于是秦逐太子丹、荆轲之客[1]，皆亡[2]。

灭燕后的第二年，秦王统一了天下，立号为皇帝。于是通缉太子丹和荆轲的门客，他们全都潜逃了。

鲁勾践已闻荆轲之刺秦王，私曰："嗟乎！惜哉其不讲于刺剑之术也，甚矣吾不知人也！曩者吾叱之，彼乃以我为非人也！"

鲁勾践听到荆轲刺秦王的事，私下说："唉，太可惜啦！他不精通击剑的技术，我也太不了解这个人了！过去我呵斥过他，他肯定认为我不是他的同路人啊！"

---

1 逐：追捕。客：指荆轲与太子丹的党羽。
2 亡：隐匿。

▲ 明·李在《圯上授书图》

张良椎刺秦始皇

张良是西汉的开国功臣之一，封留侯。张良以军师这一特殊身份为帝王师，替汉高祖出谋划策，十分谦和温良。张良功成身退，不争功名，为后人称道。汉高祖刘邦，性格豪爽粗鲁，动辄骂人。刘邦手下的文臣武将，没有一个不被刘邦骂过，而张良是一个例外。刘邦十分尊重张良，从来不呼张良的名，只称他的字"子房如何如何"。刘邦为何对张良如此客气？这有多方面的原因。首先，张良善谋，是刘邦的左右手。楚汉成皋之战，张良紧随刘邦，助画方略。第二，张良不争功夺名，不希图封侯拜将，不带兵，少了忌疑，不做官，始终以师友的微妙关系为刘邦出谋划策，所以史称他为帝王师。第三，张良多礼，他曾在青年时专门到楚国后期的都城淮阳去学礼。他彬彬有礼，又不与人争功计利，说话很有分寸，即使出谋划策，从不主动找刘邦献殷勤，而总是刘邦向他请教时才说，刘邦找不到岔子向他发火。第四，张良是一个英雄，他青年时曾组织了刺杀秦始皇的行动，这一壮举使全天下的人佩服。刘邦也是一个豪侠人物，因此对张良十分钦佩。以上种种原因，造就了张良的特殊地位，也造成了张良与刘邦的特殊关系，所以刘邦待之以师礼。

张良少时与成人有一个质的飞跃，也可以说是从一个豪侠之士转化成长为智慧长者。张良的转变充满了传奇色彩，实际是时代的熏陶、客观环

明·佚名《张良像》

境的创造。这个故事着重讲张良少时椎刺秦始皇的故事。

张良为何刺杀秦王，还得从头说起。

张良的祖先与韩国同姓，是贵族，姓姬，韩国城父人，在今河南省宝丰县东。祖父姬开地相韩昭侯、韩宣王、韩襄王，父姬平相韩釐王、韩悼惠王。祖父两代相韩五代国君，史称"五世相韩"，历八十余年。张良祖、父与韩王君臣相知，世所罕见。公元前230年，张良二十一岁，正在守丧，还没有出仕，韩国就被秦王灭掉了。其时张良家资富有，僮仆三百人。张良兄弟二人，其弟这时不幸身亡。张良草草收葬，将全部家产变卖，用于结交豪侠，誓为韩国报仇，谋刺秦王。所以张良谋刺，是为了报国仇家恨。他毁家纾难，是一个顶天立地男子汉的作为。

张良刺杀秦始皇这一事件，《史记·秦始皇本纪》和《留侯世家》都作了记载。《秦始皇本纪》说："二十九年，始皇东游。至阳武博浪沙中，为盗所惊。求弗得，乃令天下大索十日。""乃令天下大索十日"，就是全国戒严十天，大肆搜捕，足见事件影响之大。

秦始皇二十九年，就是公元前218年，距韩国灭亡的前230年，已经是十四个年头。张良从二十一岁到三十五岁，付出了整个青年时代。十四年的潜伏与准备，可见张良的决心与毅力。

韩国灭亡，张良看到了秦并天下的大势，恢复韩国已经是不可能了，于是他把仇恨集中到秦王身上。他变易姓名为张良，到楚国都城淮阳去学礼，实际是国破家亡流落楚国。张良学礼，只是一个烟幕，他借此结交四方侠士。张良在楚都没有得遇高人，又来到齐国，访得一位叫仓海君的隐者，通过仓海君的引荐，张良结识了一位大力士。这位大力士能扔出一百二十斤的大铁椎。张良与大力士演练技术，寻找机会，一等就

张良变卖家产为报仇

是十多年。公元前218年,已是秦王统一六国,并称秦始皇的第三年。秦始皇为了巩固新建的统一王朝,他游巡全国宣传、示威。张良认为时机已到,就在前218年,秦始皇第三次出巡时下手。张良和大力士埋伏在阳武县博浪沙(在今河南省原阳县东)。当秦始皇的车队驶进埋伏圈,突然从险狭处飞出一百二十斤重的大铁椎,砸在了一辆有黄屋大盖的车上。幸好这是一辆以假乱真的副车,秦始皇有惊无险,安然无恙。秦始皇出巡,专修了驰道,宽六步,六尺为一步,六步三十六尺,以汉尺合今米制0.23米计,36尺合8.28米,可以与现代的普通公路相比。秦始皇修筑这样宽的道路,便于千军万马行动。他出巡示威,显示武力,宣扬声威,警卫森严，备有多辆副车，以假乱真。张良不知秦始皇坐在哪辆车上，因此大力士的铁锤只能是乱投了。

荆轲刺秦王，在咸阳宫殿上，仅仅是肃穆庄重的气氛，就把荆轲的随行秦舞阳吓得变了脸色。秦舞阳是一个杀人不眨眼的恶少年，见了大场面也未免心悸。张良与大力士在旷野阻击秦始皇，面对千军万马没有迟疑之心，在当时实在是一件惊天地、泣鬼神的大事。秦始皇经过荆轲事件，其警卫森严可知。秦始皇出巡，目的是耀武扬威，刻石颂功，而张良的椎刺是对秦始皇权威的挑战，其震怒情景，也可想见。

张良刺杀秦始皇，虽然没有成功，但他敢想敢为，已令人钦佩。张良又逃脱了秦人的天罗地网，说明他不仅大勇，而且有大智。张良藏匿在下邳。下邳虽不是名都大邑，却也是一个交通四达的要冲。秦始皇居然通缉不得，一则说明秦统治有薄弱环节，二则说明张良少时游楚都，结识的豪侠可靠，三则表明人民群众不与官府配合，不当耳目。当时有民谣："楚虽三户，亡秦必楚。"张良的刺杀行为，表达了人民的意志，因而正气贯斗牛。张良受到了群众的保护。

刺杀失败，全国大索十日，不知株连了多少无辜。残酷的现实逼使张良猛醒。个人单枪匹马的任侠行为，与掌握了国家机器的皇帝挑战，无异于以卵击石、飞蛾扑火，自取灭亡。此时的张良已步入中年，修养与思想也逐渐成熟起来。张良每日在下邳城郊外桥头散步，思虑今后的行动。张良复仇之心没有死，他选择交通四达的下邳就别有深意，他要联络四方豪杰，走一条新路，动员千千万万的人起来反抗。秦始皇统一全国以后，施政暴虐，人心不稳，怨气冲天，这给英雄豪杰带来用武的前景。

有一天，张良又独立桥头，沉思，彷徨。这时有一个穿短袍的老头，步履蹒跚地来到张良跟前，故意把鞋子掉到桥下，回过头来以命令口气对张良说："小伙子，下桥去给我拾鞋。"老头毫不客气的语言使张良一愣，心想，这老头莫非倚老卖老耍我吗？张良起初心想伸拳揍老头一顿。可是在闪念间，张良又想自己正在遭通缉，揍老头惹出人命官司多出是非，对自己不利。再说，一个青年怎能与老者计较，自己已下决心从头做人，不能再冒失了。再说，给老人拾鞋并不丢份儿，正如孟子所说，为长者折枝，是后生晚辈应该的。真是退一步天宽地阔，张良转念，怒火顿失，他到桥下拾起了鞋，交给了老者。可这老头真怪，他不言谢，还得寸进尺，又以命令口吻说："给我穿上。"说着伸出了光脚。张良又一怒，但很快地压下了火，心想，既然拾了鞋，就把好事做到底。于是他跪在地上恭恭敬敬给老人穿上了鞋。老人这时满意地笑着离开了张良，向来路走回去。老人的诡谲行为立刻引起了张良的注意，张良大吃一惊，呆呆地目送老人远去，他在脑子中盘旋，老人难道专门到桥头来让我拾鞋吗？莫非老人是个高人在试探我吗？张良正想着，老人已走了一里之远。突然又折回身来，走到桥头对张良说："孺子可教矣。后五日平明，与我会于此。"张良困惑不解，但对老人已生出无限敬意，他谦恭地对老人行礼，跪在地上答应与老人约会。五天之后，张良一早就到桥头，老人已先到了，生气地责备张良说："与老人约会，为何迟到？"老人说完，立即走了，又甩出一句话："后五日早会。"又过了五天，张良在天未亮的鸡鸣时就去了桥头，老人又先到了。这一次，老人声色俱厉地责备张良："为何又落在后面？"老人离开时，仍然重复一句话："后五日复早来。"又一个五天过去了。俗话说"事不过三"，这一次张良不到半夜就去了桥头，不

黄石公三试张良

一会儿老人也来了。老人十分高兴,对张良说:"这才像个样子嘛!"老人说完,从怀中取出一捆竹简书送给张良,说:"读此则为王者师矣。后十年兴。十三年孺子见我济北谷城山下,有一块黄石就是我。"说完,老人离去,从此再没有出现。十三年后,张良果然在济北谷城山下找到一块黄石头,供奉在家中,于是史称张良所遇老人为黄石公。老人给的那一编书,原来是《太公兵法》。张良潜心学习,果然成了一个谋略家。

张良遇黄石公的故事,无法考证。也许是一个隐逸的高士,指点张良兵法。张良拾鞋的故事非常生动,它说明张良从一个侠义之士,逞匹夫之勇的性格人物，转向用智，动员民众，号召天下人反秦，自己做帝王师。十年以后（前209年），陈胜、吴广起义，张良也在下邳聚集一百多青年起义。张良遇上刘邦后，认为刘邦是个奇才，全心全意辅佐刘邦打天下。张良下邳拾履，实际上显示他的十年修炼，是怎样动心忍性成为王者师的。

留侯世家

留侯张良者[1],其先韩人也。大父开地[2],相韩昭侯、宣惠王、襄哀王。父平,相釐王、悼惠王。悼惠王二十三年,平卒。卒二十岁,秦灭韩。良年少,未宦事韩[3]。韩破,良家僮三百人。弟死不葬,悉以家财求客刺秦王,为韩报仇,以大父、父五世相韩故。

留侯张良的祖先是韩国人。祖父开地,曾在韩昭侯、韩宣惠王、韩襄哀王三代国君时期为相。父亲姬平,又在韩釐王和悼惠王连续两代国君中担任宰相。悼惠王二十三年,韩平死了。再过二十年,秦国便灭掉了韩国。张良因为年纪太小,还没来得及在韩国为官做事。韩国亡国时,张良家里还有三百多个奴仆。张良的弟弟死了,也没举行隆重葬礼,却把家财都拿来用于访寻能刺杀秦王的勇士,替韩国报仇,因为他的祖父和父亲一连做了韩国五代国君的宰相。

良尝学礼淮阳[4],东见仓海君,得力士,为铁椎重百二十斤。秦皇帝东游,良与客狙击秦始皇帝博浪沙中,误中副车[5]。秦皇帝大怒,大索天下,求贼甚急,为张良故也。良乃更名

张良曾经在淮阳学过礼,又向东去拜见过仓海君,在那里物色到一个大力士,他能使一百二十斤重的大铁椎。秦始皇东巡时,张良和这个大力士在博浪沙中伏击秦始皇,误打在秦始皇的扈从车上,刺杀秦始皇没有成功。秦始皇气得暴跳如雷,下令在全国搜捕,一定要抓到凶手,这都是因为张良的缘故。

---

1 留侯:张良的封号。留,县名,在今江苏沛县东南。张良,字子房,韩贵族后裔。
2 大父:祖父。
3 宦事:为官做事。
4 淮阳:汉郡国名,治陈,即今河南省周口市淮阳区。
5 副车:天子扈从车。

姓，亡匿下邳。
张良只好改名换姓，逃跑到下邳隐藏起来。

良尝间从容步游下邳圯上[1]，有一老父，衣褐，至良
曾有一次，张良闲着无事就随便在下邳桥上散步，这时有一个老人，穿着粗布衣服，走到张良身

所，直堕其履圯下，顾谓良曰："孺子[2]，下取履！"良鄂
边时，故意把他的鞋子掉到桥下，然后回头对张良说："小伙子，下去把鞋子捡上来！"张良听了一愣，

然，欲殴之，为其老，强忍，下取履。父曰："履我！"
想握紧拳头揍他一顿，但看他年纪很大了，所以才勉强忍住火气，到桥下捡起了鞋子。老人说："给

良业为取履，因长跪履之。父以足受，笑而去。良殊
我穿上！"张良觉得既然已经捡了鞋子，索性也就跪着帮他穿好。老人伸出脚让张良给他穿上鞋子以后，

大惊，随目之。父去里所[3]，复还，曰："孺子可教矣。
就笑着离开了。张良惊得目瞪口呆，站在那里目送着老人的背影。老人走了一里来地，又回来了，他对

后五日平明，与我会此。"良因怪之，跪曰："诺。"五
张良说："小伙子还可以教导。五天以后天亮时，和我在这里约会。"张良因为感到十分奇怪，就跪着

日平明，良往。父已先在，怒曰："与老人期，后，何
答应说："好的。"到了第五天天亮时，张良到了桥上。可是老人已经先到了，老人生气地说："和老人

也？"去，曰："后五日早会。"五日鸡鸣，良往。父
约会，你反而迟到，为什么呢？"说完就离开了，临走时对张良说："再过五天早点来相会。"到第五天

又先在，复怒曰："后，何也？"去，曰："后五日复早
鸡刚叫，张良就去了。可是老人又比他先到，老人发脾气说："为什么又迟来？"说完又离开了，临走

1　圯（yí）：桥。
2　孺子：小伙子。
3　里所：一里来地。

来。"五日，良夜未半往。有顷，父亦来，喜曰："当如
前再对张良说："再过五天一定要早点来。"到了第五天，张良还不到半夜就去了。在桥上等了一会儿，
是。"出一编书，曰："读此则为王者师矣。后十年兴。
老人也来了。老人笑着说："就是应该这样。"老人拿出一编竹简给张良，并说："读了这本书就可以
十三年孺子见我济北，谷城山下黄石即我矣。"遂去，
给帝王做老师了。过了十年你一定会发迹的。再过十三年你可以在济北见到我，谷城山下那块黄石就是
无他言，不复见。旦日视其书，乃《太公兵法》也。良
我啊。"老人说完这几句话就走了，其他什么也没说，从此也不再来见张良。张良在天亮时打开书一看，
因异之，常习诵读之。
原来是一部《太公兵法》。张良十分珍惜这本书，经常学习诵读。

居下邳，为任侠。项伯常杀人，从良匿。
张良在下邳时，喜欢行侠仗义。项伯曾经杀了人，就躲藏在张良那里。

后十年，陈涉等起兵，良亦聚少年百余人。景驹自立为
过了十年，陈涉等人发动了起义，张良也趁机聚集了一百多个年轻人造反。当时，景驹自立为代
楚假王，在留。良欲往从之，道遇沛公。沛公将数千人，略
理楚王，驻扎在留县。张良打算前去投靠，在路上碰到了沛公刘邦。刘邦正领着数千人马，攻打下邳以
地下邳西，遂属焉。沛公拜良为厩将[1]。良数以《太公兵法》说
西地区，张良便归附了他。刘邦当即就任命张良为厩将，负责军中的马匹。张良数次拿《太公兵法》策
沛公，沛公善之，常用其策。良为他人言，皆不省。良曰：
略说给刘邦听，刘邦听了都认为不错，经常采用张良计策。张良给其他人讲这些，那些人都不懂。张良说：
"沛公殆天授[2]。"故遂从之，不去见景驹。
"沛公真是天才啊！"所以就倾心跟从刘邦，不再去见景驹了。

---

1 厩（jiù）将：军中主管马匹的官。
2 天授：天才。

大泽乡陈胜起义

这篇故事讲陈胜起义。提起陈胜,差不多也是家喻户晓的人物,他是中国历史上第一次农民大起义的领袖。陈胜领导的起义推翻了强大的秦王朝,在历史上产生了深远的影响。西汉历史家司马迁特为陈胜作传,称赞他首倡起义,唤醒人民起来推翻暴秦,功比天高,将他与商汤王、周武王相提并论,并称赞这是一次惊天动地的革命行为。

陈胜是一个起自平民的英雄,他的奋斗与拼搏精神,至今仍有激励人们向上的意义。

陈胜,字涉,秦末阳城(在今河南省登封市东南)人。他出身贫苦农家,为了生计,他替人做佣工,耕地种田。一般人处于这样的困顿境地,只有唉声叹气,任命运摆布了。陈胜却不这样想,那些王侯将相,那些富贵人家,同样是人,为什么他们享福,我们受难,衣不遮体,食不果腹?这不是命运,而是世道不平。别人做得,我陈胜为何做不得?这样一想,他觉得浑身有劲了。他决定要依靠自身力量来改变命运,立下壮志,要有一番作为。

有一天,陈胜同穷苦兄弟又在田间劳作,汗流浃背,浸透衣衫。陈胜劳累不堪,发恨地停下了手中的活计,来到了田垄上,对着茫茫苍天,长吁短叹,良久不休。他的这一行为使穷苦兄弟感到诧异,他们以询问疑惑的目光盯着陈胜,似乎在说:"我们受人雇佣,劳累是情理中,而且天天

陈胜在田垄中感叹命运

如此,吁叹又为何故?"陈胜理解大家的心情,冲着大伙,神情庄重地说出了斩钉截铁的两句话、六个字:"苟富贵,无相忘。"陈胜说完,肃穆注视。佣工们听了陈胜的话,乍一吃惊,沉默了一会儿,禁不住哈哈大笑起来。他们笑陈胜异想天开,穷到为人佣耕的地步,还谈什么富贵?陈胜面对大家的嘲笑,长长地叹了一口气,他既感到可怜,又感到痛苦。他可怜的是穷兄弟们安于命运,不思反抗;他痛苦的是自己不被人理解,没有知音。这时天空飞过了一只大雁。陈胜手指大雁,对嘻笑他的穷苦兄弟说:"唉,燕雀怎么能知道鸿鹄的志向呢?"

是啊,鸿鹄破长空,一举飞千里。那些安于在树梢上筑巢的燕雀,如何能知鸿鹄之志!试想在秦朝统一政权的高压下,多少英雄豪杰埋骨黄

▲ 清·永瑢《山水册·秋鸿飞天》

泉，壮志难伸！六国都被秦朝灭亡了，千千万万的亡国遗民，何尝不想报仇？张良椎击秦始皇，引来了在全国被通缉。项梁、项羽，楚国将门之后，隐姓埋名在民间。刘邦、英布等天下英雄壮士，只落得在江湖中为"群盗"。由此可见，陈胜的鸿鹄之叹，表明他高出众人远甚，扬眉壮志，非常人所及。

公元前209年七月，秦始皇在沙丘驾崩，秦二世在赵高、李斯的协助下，登上了皇帝宝座。这位二世皇帝虽然在政治、军事诸方面远不及秦始皇，但在荒淫残暴上却是"发扬光大"，可谓有过之而无不及。今日头会箕敛，明日征发徭役，使得民不聊生、怨声载道。

秦二世登基不久，就下令征发穷苦民众遭戍渔阳。当时陈胜所在的阳城恰在征发之列，所以在九百人的征发大军中，陈胜名列其中。与其同时被征发的还有阳夏（今河南省太康县）人吴广。他们二人被任命为屯长。

九百人的戍边队伍，在秦朝将尉的押解下，向着目的地渔阳进发了。天似乎是故意与这九百人作对，当他们行至蕲县大泽乡时，天降大雨，不仅接连不断，而且冲毁了道路，致使九百人对天长叹，因为他们深知大雨阻碍他们前进，已无法按期抵达渔阳，按照《秦律》是应受斩刑的。陈胜、吴广同众人一行急得团团转，不过他们二人不像其他人那样只顾长吁短叹，而是积极谋取良策。陈胜、吴广意识到：如今逃亡是死罪，发动民众造反也是死罪，反正同样是死罪，那么何不为国而死呢？陈、吴二人虽然相会不久，但一见如故，所以在谋取良策上达成了一致。良策已有，何计而行？只听陈胜说道："天下民众受苦于秦朝已很久了。我听说秦二世乃秦始皇的小儿子，按照规定，不应该登基即位，应登基的是公子扶苏。扶苏因多次进谏的原因，秦始皇将其派至长城监军。如今风闻扶苏并无罪行，秦二世却置之于死地。天下百姓只闻其贤，而不知其已死；项燕是楚国的将军，多次立过战功，此人爱士卒，故楚人怀念他，有人以为他仍在世。如今不如将我们这支队伍诈称公子扶苏、项燕的队伍，以此号召天下，天下必多响应者。"吴广听罢连声叫好。

在盛行占卜的年代，每行大事必问卜于鬼神，皇家如此，官家如此，农家也如此。正是在这种风气下，陈胜、吴广二人决定占卜问鬼神。占卜人转弯抹角地问明了陈胜、吴广占卜的用意后，便对二人暗示道："足下事都可以如愿，且立大功，然而足下想卜之于鬼吗？"陈胜与吴广听到此言，

陈胜、吴广设计用布塞进鱼肚中

高兴万分，他们理解了占卜之人的暗示，决定依计而行。

为了使众人信服，陈胜与吴广想了不少办法。他们围绕"天意"设计了一个个方案，并依计行动。陈胜先在帛上丹书"陈胜王"三字，放到了鱼腹中。当士卒买鱼回来剖腹后，有人将鱼剖腹后，惊异地发现了写有"陈胜王"三个字的帛书，这一神异发现，像吹风一样，立刻传遍戍卒中。就在这时，驻地旁边丛祠中，半夜又出现了狐鸣"大楚兴，陈胜王"，这六个字又真真切切地传入人们的耳中。从帛书到狐鸣，"陈胜王"三个字深深地激荡了人们的心，他们问自己，难道屯长陈胜要当王不成？

陈胜、吴广的帛书与狐鸣，只是整个行动方案的第一步。在第一步完成后，他们又向第二步迈进——促成起义。

吴广这个人，一向是爱护他人的。在这次征发渔阳的行进中，他身为屯长，对士卒非常关心爱护，很得士卒的爱戴。为了发动起义，吴广趁将尉醉酒之机，多次扬言要逃亡，以激怒将尉。将尉不识其计，果然勃然大怒，凌辱、鞭笞吴广。将尉的暴行激怒了戍卒，一个个摩拳擦掌要打抱不平。陈胜、吴广抓住时机，反击将尉。吴广突然起身，夺下了将尉手中的剑，将气势汹汹不可一世的将尉杀死。杀死将尉后，陈胜、吴广召集众人说道："诸公受命戍守渔阳，遇雨受阻，皆已失期，失期按律应论斩刑。况且即使不斩，戍守者十有六七难以生还。大丈夫不死则已，死则为国出力，以留身后大名，王侯将相，难道他们是天生的吗！"众人听完这慷慨激昂的一席话，甚受鼓舞，纷纷表示愿意随陈胜、吴广举义成大事。

得到众人的支持后，陈胜、吴广立即着手进行起义的工作。他们诈称公子扶苏、项燕，又令众人袒露右臂，筑坛立盟，以将尉的首级祭祀。陈胜、吴广自称大楚，陈胜为大楚将军，吴广为大楚都尉，他们率领九百人揭竿而起，在大泽乡树起了反秦的大旗。

  大泽乡起义后，陈胜、吴广首先统率士卒向蕲县发动了攻势。由于起义军来势凶猛，加之蕲县毫无准备，故一举攻下。蕲县攻克，振奋了起义军的士气，在此情况下，陈胜令部将葛婴统率支军进攻蕲县以东。陈胜、吴广则率领主力向西挺进，连续攻下了铚、酂、柘、谯等县城，并一鼓作气逼近了陈县。此时，农民起义军连战皆捷，响应参加者纷至沓来，故至陈县时已发展成战车六七百乘，骑兵千余，步卒数万人。以此强大的军势攻陈，陈县焉能抵御？当时陈郡、陈县的郡守、县令闻风逃窜，只有守丞统军与农民军战于谯门，守丞死于战阵中，秦军溃逃投降，陈胜进驻了陈县。

  攻下陈县，农民军已有了相当的势力，陈胜、吴广决定进行政权的建设。他们传出命令召集当地的地方官吏三老、豪杰聚集商讨大事。三老、豪杰闻召而至。陈胜、吴广言明相召会议的主旨后，建议道："将军身披坚甲，手执锐利的兵器，讨伐无道，诛戮暴秦，复立楚国的社稷，功当为王。"陈胜接受了三老、豪杰们的建议称王建国，国号张楚。

  陈胜、吴广发动的反秦起义，深为饱受痛苦的人民所拥护，顺利地建立了张楚政权。声威远播，到处响应，各郡各县的民众纷纷起来斩秦酷吏贪官，秦王朝陷入了人民起义的大火之中，不久也就灭亡了。

  支持陈胜起义，一同并肩战斗的吴广，也是一个英雄。后来，吴广、陈胜两人都在战斗不利时被部属杀害。起义失败了，但他们倡导的事业，即用武力推翻暴政的事业成功了，所以名垂不朽。尤其是陈胜少小立志的奋斗精神，是中华民族宝贵的精神财富，我们要发扬光大。

陈涉世家

陈胜者,阳城人也,字涉。吴广者,阳夏人也,字叔。
陈胜是阳城人,字涉。吴广是阳夏人,字叔。陈涉年轻时,曾经被人雇用耕地,有一次他放下农
陈涉少时,尝与人佣耕,辍耕之垄上[1],怅恨久之,曰:"苟富
具到田埂上休息,愤愤不平叹息了好久,他说:"如果以后富贵了,大家互相不要忘记帮一把。"那些
贵,无相忘[2]。"佣者笑而应曰:"若为佣耕[3],何富贵也?"陈涉
被雇用的人都笑着回答他说:"你一个帮人耕地的人,怎么富贵得起来呢?"陈涉叹了一口气说:"唉!
太息曰[4]:"嗟乎[5],燕雀安知鸿鹄之志哉[6]!"
小小燕雀怎么能了解鸿鹄的远大志向呢!"

二世元年七月,发闾左适戍渔阳九百人,屯大泽乡[7]。
秦二世元年(前209年)七月,朝廷征调九百名贫苦百姓去渔阳守边,走到大泽乡时,住了下来。陈
陈胜、吴广皆次当行,为屯长。会天大雨[8],道不通,度已
胜和吴广按户籍编次在征发之列,还做了下级军吏。这时,正碰上天降大雨,道路不通,他们估计不能按期赶

---

1 辍(chuò)耕之垄上:停止耕作来到田埂上。辍,停止。之,到。垄,田埂。
2 苟富贵,无相忘:如果我们中间谁富贵了,不要忘记穷伙伴。无,同"勿",不要。
3 若:你、汝。
4 太息:长声叹息。
5 嗟(jiē)乎:感叹词,略等于"唉"。
6 燕雀:即云雀,用来比喻平庸无大志的人。安:怎么。鸿鹄(hú):天鹅,用来比喻志向高远的人。
7 屯:驻扎。大泽乡:古地名,在今安徽省宿州市东南刘村集附近,为陈涉、吴广起义故地,有遗迹。
8 会:正好碰上。

失期¹。失期，法皆斩。陈胜、吴广乃谋曰："今亡亦死²，
到屯戍地了。如果不能准时到达，按秦朝的法律是要被处死的。陈胜和吴广就聚在一起商量说："现今逃跑也

举大计亦死³，等死⁴，死国可乎⁵？"陈胜曰："天下苦秦久
是死，发动起义失败了最多也是死，同样是死，为国而死好不好？"陈胜说："天下百姓受秦王朝压迫已经很

矣⁶。吾闻二世少子也，不当立，当立者乃公子扶苏⁷。扶苏
久了。我听说秦二世是小儿子，不应该继位当皇帝的，应该做皇帝的是公子扶苏。扶苏因为多次劝谏秦始皇，

以数谏故，上使外将兵。今或闻无罪⁸，二世杀之。百姓
秦始皇就生气地派他到外地去领兵了。现在传说他并没有什么罪，秦二世却把他给杀了。老百姓都知道扶苏很

多闻其贤，未知其死也；项燕为楚将⁹，数有功，爱士卒，
贤能，还不知道他已经死了；项燕是楚国名将，屡立战功，又爱护士卒，楚国人都很爱戴他。有的人认为他已

楚人怜之，或以为死，或以为亡。今诚以吾众诈自称公
死了。有的人认为他还逃亡在外。现在假如把我们这批人假称是公子扶苏和楚将项燕的部属，为天下人带头造

子扶苏、项燕¹⁰，为天下唱¹¹，宜多应者。"吴广以为然。
反，一定会有许多人响应我们。"吴广认为这个计划是可行的。于是他俩就去问算命的人。算命先生知道陈胜、

---

1. 度（duó）：估计。失期：误了期限。
2. 亡：逃跑。
3. 举大计：这里指发动起义。
4. 等死：同样是死。
5. 死国：为国而死，这里指在救国救民斗争中牺牲。
6. 苦秦：受秦王朝之压榨虐待。
7. 扶苏：秦始皇的长子，因多次劝谏而触怒秦始皇，被赶出京城去做蒙恬的监军，后被赵高、二世谋杀。
8. 今或闻：现在有一种传说。
9. 项燕：战国末年楚国的大将，项羽的祖父，楚国灭亡时他奋战不屈，因被围困而自杀。
10. 诚：如果，果真。诈：假冒。
11. 唱：通"倡"，倡导，号召。

乃行卜[1]。卜者知其指意[2],曰:"足下事皆成[3],有功。然足

吴广借迷信以发动群众的意图,就说:"你们想做的事都会如愿,而且可以建立大功。不过你们向鬼神请教过吗?"

下卜之鬼乎?"陈胜、吴广喜,念鬼,曰:"此教我先威

陈胜、吴广听了很高兴,仔细考虑"卜之鬼"的用意,恍然大悟地说:"这是叫我们用装神弄鬼的办法先在群

众耳。"乃丹书帛曰"陈胜王",置人所罾(zēng)鱼腹中。

众中树立威信啊!"于是就用红笔在一块白绸上写了"陈胜王"三个字,预先放进别人网到的鱼肚里面。有个

卒买鱼烹食,得鱼腹中书,固以怪之矣。又间令吴广之

士卒把这条鱼买去煮熟吃,剖腹时发现了这个红字条,当然非常惊奇。接着陈胜又暗中指使吴广到戍卒所住附

次所旁丛祠中[4],夜篝火,狐鸣呼曰:"大楚兴,陈胜王。"

近的荒庙中,在夜间举火,学狐狸叫,说:"大楚兴起啦,陈胜要称王。"士卒们在夜间听到这种声音,都惊

卒皆夜惊恐。旦日[5],卒中往往语,皆指目陈胜[6]。

恐不安。第二天早上,士卒们三三两两在窃窃私语,有的对陈胜指指点点,有的则以目注视陈胜。

吴广素爱人[7],士卒多为用者。将尉醉,广故数言

吴广平时很关心人,因此士卒大都愿意为他出力。有一天,当押送他们的两个军尉喝醉酒时,吴

欲亡,忿恚尉[8],令辱之,以激怒其众。尉果笞广[9]。尉

广故意在军尉面前一再扬言要逃跑,以此挑起军尉的恼怒,诱使军尉惩罚自己,以便引起众人的义愤。

---

1 乃行卜:就去问算命的人。
2 指意:意图。指借迷信发动群众。
3 足下:古时对人的敬称。
4 间令:秘密指派。次所:驻扎处。丛祠:荒野中的小庙。
5 旦日:第二天。
6 指目:用手指点,以目注视。
7 素:从来,一向。
8 忿恚(huì)尉:挑起军尉的恼怒。
9 笞(chī):用鞭、杖抽打。

剑挺，广起，夺而杀尉。陈胜佐之[1]，并杀两尉。召
军尉果然被激怒了，挥鞭抽打吴广。由于用力过猛，军尉的佩剑从剑鞘中滑了出来，吴广一跃而起，夺过
令徒属曰："公等遇雨，皆已失期，失期当斩。藉弟
宝剑，一刀杀死了那个军尉。陈胜密切配合，立即挥刀杀死了另外两个军尉。接着二人就把所有的戍卒
令毋斩[2]，而戍死者固十六七[3]。且壮士不死即已，死即
召集起来说："各位在这里遇到了大雨，已经误了到达渔阳的期限，误期是要被杀头的。即使不被杀头，
举大名耳。王侯将相宁有种乎？"徒属皆曰："敬受
守卫边塞也要死掉十分之六七。况且男子汉大丈夫不死则已，要死就死得轰轰烈烈，落个好名声，王侯
命。"乃诈称公子扶苏、项燕，从民欲也。袒右[4]，称
将相难道是天生的吗？"戍卒们都异口同声地说："我们愿意听从你的命令。"于是陈胜、吴广就假称自
大楚。为坛而盟，祭以尉首。陈胜自立为将军，吴广
己是公子扶苏、项燕的队伍，以顺从民意。大家都露出右臂，作为标志，号称大楚。接着又建起高台誓师，
为都尉。攻大泽乡，收而攻蕲，蕲下。乃令符离人葛
用秦朝军尉的头祭天地，以示开杀戒。陈胜自封为将军，吴广为都尉。他们首先攻占了大泽乡，紧接着又
婴将兵徇蕲以东。攻铚、酂、苦、柘、谯，皆下之。行
集中兵力攻打蕲县，一举获胜。于是陈胜就派符离人葛婴率兵到蕲县以东地区开辟战场号召人民起义。
收兵，比至陈，车六七百乘，骑千余，卒数万人。攻
陈胜自己和吴广则挥师西进，一路上连续攻打铚县、酂县、柘县和谯县，都成功拿了下来。他们在进军
陈，陈守令皆不在，独守丞与战谯门中[5]。弗胜，守丞
途中还不断扩充军队，等打到陈县时，已经有战车六七百乘，骑兵一千多人，士兵几万人。起义军攻打

---

1 佐：帮助。
2 藉（jiè）弟令：假使，即使。毋：同"无"。
3 十六七：十分之六七。
4 袒右：露出右臂。这是起义军的标志。
5 守丞：留守陈郡的郡丞，郡丞为郡守副职。谯门：城门楼。

死，乃入据陈[1]。数日，号令召三老、豪杰与皆来会计

<small>陈县时，陈郡郡守和陈县县令都逃跑了，只有郡丞在城门楼上进行顽抗。可是郡丞没能抵抗得住起义军</small>

事。三老、豪杰皆曰："将军身被坚执锐[2]，伐无道，

<small>的进攻，他自己也战死了。陈胜就占领了陈县。过了几天，陈胜下令召集郡中各县的三老、豪杰一起来商</small>

诛暴秦，复立楚国之社稷，功宜为王。"陈涉乃立为

<small>议大事。这些三老、豪杰都说："将军您披坚执锐，讨伐无道的昏君，诛灭残暴的秦朝，重新建立了楚国</small>

王，号为张楚[3]。

<small>的政权，劳苦功高，应该称王。"陈胜于是自立为王，国号为"张楚"。</small>

1　入据：攻占。
2　被：同"披"。
3　张楚：意为大楚，国号。

出身人奴的大将军

西汉武帝反击匈奴，前后争战数十年，是古代中华大地上游牧民族与农耕民族的一次大较量，其胜败影响深远。汉武帝倾全国之力，付出了"户口减半，海内虚耗"的代价，赢得了胜利，保住了农耕民族的先进文化，推进了民族的大融合。汉武帝反击匈奴侵扰的战争是值得肯定的。

汉武帝在反击匈奴的战争中，大胆起用青年将军，一个是大将军卫青，一个是骠骑将军霍去病。元光二年（前133年）反击匈奴开始，当时汉武帝年仅二十三岁，真是少年天子的作为。这次设谋马邑，伏击匈奴，任用的都是老将，却没有建功。这之后，汉武帝破格任用青年将军卫青、霍去病，两人年岁与汉武帝差不多，卫青约三十岁，霍去病二十三岁就独当一面。两位将军多次出征，卫青七出，霍去病六出，次次获胜，重创匈奴，为消除边患、巩固西汉王朝的版图起了重要作用。这里先说卫青，下一篇再讲霍去病。

卫青字仲卿，河东平阳（今山西省临汾市）人。霍去病是卫青姐姐卫孺的儿子，两人是甥舅关系。卫青出身寒微，命运乖蹇，为奴仆之子。他的父亲郑季是平阳县的县吏，被派到平阳侯家当差。平阳侯是西汉初开国功臣曹参的封号。平阳公主是汉武帝的姐姐，嫁给曹参的后代平阳侯曹寿为妻。平阳公主有一个女仆姓卫，人称卫媪（ǎo）。卫媪与郑季私通，生有三男两女。老大卫长子，更字卫长君，老二卫孺，老三卫少儿，更名卫子夫,老四卫青,老五卫步广。老二、老三为女性。他们都是私生子,随母冒姓卫氏。这就是卫青的出身,奴仆之子。

卫青稍长,回到生父郑季家里,郑季让卫青去牧羊。郑家人根本不把卫青看作家里人,歧视他,当作奴隶使唤。卫青曾到过甘泉宫居室(在今陕西省淳化县西北),有人看相,说他将来能大贵封侯。卫青不以为然。他说:"像我这样一个奴仆,只要不挨打受气就行了,哪有当官封侯的命啊!"

卫青长大后又回到了母亲身边,也就是到平阳侯家当差,替平阳公主当马夫。说来也巧,卫家时来运转。汉武帝即位后,年少风流。公元前139年,汉武帝出游到平阳公主府中休息,一眼看中了女仆卫子夫,把她带回宫中。古代社会,妇以夫贵,母以子贵。汉武帝的皇后陈阿娇不育,而卫子

看相人说卫青有贵气

夫入宫不久就有身孕，而且生下男孩，这就是后来的戾太子刘据。卫子夫得到了宠幸，卫青被召入宫中做了侍中。霍去病是卫青的外甥，在十八岁那年也进宫当了侍中。卫、霍就凭这样的裙带关系发迹起来。但卫、霍两人有军事才能，他们出征无往而不胜。裙带关系只是他们成功路上的一个重要条件。汉武帝的另一个受宠的李夫人，其兄李广利，是一个庸才，带兵出征总打败仗，最后投降了匈奴，死在他乡，就是一个反证。

卫青为将，七次出击匈奴。第一次在公元前129年，卫青、公孙敖、公孙贺、李广四路出击，各有骑兵万人。三路皆无功而还，只有卫青取胜，长驱龙城，斩首七百，封为关内侯。

第二次在公元前128年，匈奴两万骑入侵，杀辽西太守，围攻渔阳，又骚扰雁门。卫青率三万骑与李息两路出击。卫青又获胜利，斩敌数千。

第三次是公元前127年，汉军数路出击，卫青所部从云中（今内蒙古自治区托克托县）出击，向西越过高阙塞（在内蒙古自治区杭锦后旗北），打到陇西（今甘肃东部），击败匈奴白羊王、楼烦王，收复黄河河套地区，斩敌数千，又获匈奴牛羊上百万头。这是一次大胜仗，卫青功最大，加封食邑三千八百户，封为长平侯。

第四、第五次，卫青在公元前124年、公元前123年连续出击匈奴，大败匈奴右贤王，俘获匈奴男女一万五千多，牲畜近百万头。这次胜利，卫青被封为大将军。

第六次，公元前123年，卫青与霍去病两人分路出击，获得反击匈奴的第二次大捷，汉军把匈奴逐出漠南，夺取河西地。此役骠骑将军霍去病功最大。霍去病六出匈奴，第一、二次出征是隶属大将军打先锋，即随大将军的第四、五两次出征。这一次霍去病是独当一面，与卫青分路出击，并连续三次出击匈奴，开拓了河西地。

武帝元狩四年（前119年），汉军发动漠北大战，大将军卫青第七次出击，骠骑将霍去病第六次出击。两将各率骑兵五万，马十余万匹，大举进兵漠北，与匈奴主力决战。卫青出定襄（内蒙古自治区和林格尔县），霍去病出代郡（今河北省怀安县）。两路大获全胜。霍去病且按下不表，单说卫青一路的战果。

卫青深入漠北千余里，恰好碰上养精蓄锐的单于主力。按汉军的预计，单于在霍去病出击的路上，所以配给霍去病的一路最精锐。但卫青没有被这突发情况惊吓，碰上单于正是他的运气。他指挥若定，一派大将风度，他下令集中全部车辆环绕汉军四周，迅速构筑起一道车辆长城，防止匈奴骑兵冲击。大军屯稳以后，卫青派出骑兵向匈奴单于挑战，单于出动万骑应战，两军厮杀，喊声震天，直到黄昏，不分胜负，谁也不肯先退。这时突然刮起大风，飞沙走石，接战双方不辨东西，分不清敌我。卫青趁这混乱之际，果断地派出两支生力军投入战斗，从左右两翼包围单于。汉军越战越勇，单于支撑不住，溃退下去。汉军乘胜追击，单于趁夜色带领几百亲兵逃脱。汉军大获全胜，直追到寘颜山赵信城（今蒙古国杭爱山南），斩敌一万九千余级，缴获大批牲畜粮食。

霍去病一路深入漠北二千余里，封狼居胥山而还，也大获全胜。此次漠北大战，匈奴元气大伤，内部分裂，从此漠南无王庭。汉军也损失战马十余万匹，也无力再发动大规模远征。

这次汉、匈主力决战，汉胜匈败，大体消除了边患。卫青、霍去病两位将军，建立功业，也达到了顶峰。

卫青出身寒苦，成人贵盛后，仍保持为人厚道的品格，尊重士大夫，处事谦让。他升任大将军后,权倾一朝,满朝文武大臣格外礼重,但主爵都尉汲黯见了卫青,只是长揖,分庭抗礼,从不下拜。卫青深知汲黯耿直,不加计较,反而更尊重汲黯,传为佳话。

平阳公主的丈夫身患绝症,回到封邑平阳。平阳公主在京寡居。她向左右打听,该出嫁给哪位列侯。左右亲信说:"大将军贵盛无比。"平阳公主说:"从前他是我的马夫,怎么能嫁给他?"左右亲信说:"今非昔比。"平阳公主觉得有理,就传信给皇后卫子夫,让她说话。汉武帝知道后就下诏书令卫青与平阳公主结为夫妇。这又是一段佳话。

公元前106年,卫青病逝,谥烈侯。

▲ 卫青(明代《御制外戚事鉴》)

卫将军骠骑列传·卫青

大将军卫青者,平阳人也。其父郑季[1],为吏,给事平阳侯家[2],与侯妾卫媪通,生青。青同母兄卫长子,而姊卫子夫自平阳公主家得幸天子[3],故冒姓为卫氏。字仲卿,长子更字长君,长君母号为卫媪。媪长女卫孺,次女少儿,次女即子夫。后子夫男弟步广,皆冒卫氏。

大将军卫青,是河东郡平阳县人。他的父亲郑季是个小吏,曾在平阳侯家做事,与平侯家的婢妾卫媪私通,生了卫青。卫青的同母异父哥哥叫卫长子,姐姐叫卫子夫,卫子夫是在平阳侯家接待武帝从而进宫受到宠幸的,他们都冒充姓卫。卫青字仲卿,卫长子字长君,长君的母亲是卫媪。卫媪的大女儿叫卫孺,二女儿叫卫少儿,二女儿就是卫子夫。子夫还有一个弟弟,叫卫步广,他们都冒充姓卫。

青为侯家人,少时归其父,其父使牧羊。先母之子皆奴畜之[4],不以为兄弟数。青尝从入至甘泉居室,有一钳徒相青曰[5]:"贵人也,官至封侯。"青笑曰:"人奴之生,得毋笞骂即

卫青生在平阳侯家,但在少年时就让他去找生父郑季了,郑季让他放羊。郑季妻子所生的几个儿子都不把卫青当作兄弟。而卫青曾经跟人去过甘泉宫的监狱,那里的一个囚徒给他相面说:"你是个贵人,将来要被封侯的。"卫青笑道:"我是一个奴婢生的孩子,不挨打骂就很知足了,怎么

---

1 郑季:姓郑而史失其名,用伯、仲、叔、季之"季"以称之。
2 平阳侯:曹参封平阳侯,曾孙曹寿娶汉武帝之姐为妻,称平阳公主,生子襄。
3 卫子夫:得幸于汉武帝,生太子刘据,立为皇后,即卫皇后。卫青、霍去病因之得以贵幸,创造了发挥军事才能的条件。
4 先母:郑季的原配夫人,卫青之大母,即嫡母。
5 钳徒:受钳刑之徒。古刑法,以铁锁其颈,曰钳刑。

足矣，安得封侯事乎？"
可能封侯呢？"

青壮，为侯家骑，从平阳主。建元二年春，青姊子夫
卫青长大后，又去平阳侯家当骑士，侍候平阳公主。建元二年（前139年）春天，卫青的姐姐卫
得入宫幸上。皇后，堂邑大长公主女也，无子，妒。大长
子夫被选进皇宫受到了武帝的宠幸。当时的皇后是武帝的姑姑、堂邑侯妻子的大长公主的女儿，她没有
公主闻卫子夫幸，有身，妒之，乃使人捕青。青时给事建
生儿子，又生性嫉妒。大长公主听说卫子夫得宠，怀了孕，很嫉妒她，就派人去逮捕卫青。当时卫青在
章，未知名。大长公主执囚青，欲杀之。其友骑郎公孙敖
建章宫做事，还没有什么名气。大长公主抓住了卫青，打算杀死他。卫青的好友骑郎公孙敖，带着几名
与壮士往篡取之，以故得不死。上闻，乃召青为建章监，
壮士赶去把卫青抢了出来，救了卫青一命。武帝听说后，就征召卫青做了建章宫监，在内廷侍候武帝，
侍中，及同母昆弟贵，赏赐数日间累千金。孺为太仆公
和他那几个同母异父的兄弟们一起尊贵了起来，几天之内所得的赏赐就多达千金之巨。卫青的同母异父
孙贺妻。少儿故与陈掌通，上召贵掌。公孙敖由此益贵。
大姐卫孺是太仆公孙贺的妻子。二姐卫少儿由于曾和陈掌私通，于是武帝就任用陈掌。公孙敖因为救卫
子夫为夫人，青为大中大夫。
青有功，地位也从此越来越高。卫子夫被封为夫人后，卫青做了太中大夫。

元光五年[1]，青为车骑将军，击匈奴，出上谷；太仆公孙贺
元光五年（前130年），卫青被任为车骑将军，率兵从上谷郡北出讨伐匈奴；太仆公孙贺被
为轻车将军，出云中；大中大夫公孙敖为骑将军，出代郡；卫
任为轻车将军，从云中郡北出；太中大夫公孙敖被任为骑将军，从代郡北出；卫尉李广被任为骁骑

---

[1] 元光五年：公元前130年，卫青一出击匈奴。《汉书·武帝纪》记载为元光六年。

尉李广为骁骑将军，出雁门。军各万骑。青至茏城，斩首虏
将军，从雁门郡北出。他们各自率领着一万骑兵。卫青打到龙城，杀死和俘虏了几百人。而骑将军

数百。骑将军敖亡七千骑；卫尉李广为虏所得，得脱归。皆
公孙敖却损失了七千骑兵；卫尉李广被匈奴俘获，半道上又逃了回来。公孙敖和李广论法皆当问斩，

当斩，赎为庶人。贺亦无功。
结果花钱赎罪，被免职为民。公孙贺此行也没有战功。

元朔元年春，卫夫人有男，立为皇后。其秋，青为车骑
元朔元年（前128年）春天，卫子夫因生了儿子，被立为皇后。这年秋天，卫青作为车骑将军，

将军，出雁门，三万骑击匈奴，斩首虏数千人。明年，匈奴
又从雁门郡出发，率领三万骑兵进击匈奴，杀死和俘虏了几千人。第二年，匈奴入侵边郡杀害了辽西太守，

入杀辽西太守，虏略渔阳二千余人，败韩将军军[1]。汉令将军李
劫持俘虏了渔阳郡的吏民两千多人，打败了韩安国的军队。于是朝廷又命令李息率军从代郡出发，讨伐

息击之，出代；令车骑将军青出云中以西至高阙[2]。遂略河南
匈奴；命令车骑将军卫青出云中郡，西行直奔高阙。卫青部先攻占了黄河以南的土地，接着西下到陇西，

地，至于陇西，捕首虏数千，畜数十万，走白羊、楼烦王，遂
俘获了几千名匈奴人，夺得了几十万头牲畜，赶跑了白羊王和楼烦王，于是就把黄河以南这一地区划作

以河南地为朔方郡。以三千八百户封青为长平侯。
朔方郡。卫青因功被封为长平侯，食邑三千八百户。

元朔五年春，汉令车骑将军青将三万骑，出高阙；卫尉苏
元朔五年（前124年）的春天，朝廷命令车骑将军卫青率领骑兵三万，从高阙出发；命令卫尉

建为游击将军，左内史李沮为强弩将军，太仆公孙贺为骑将
苏建为游击将军，左内史李沮为强弩将军，太仆公孙贺为骑将军，代相李蔡为轻车将军，

1　韩将军：材官将军韩安国，屯渔阳。渔阳在今北京市密云区西。
2　高阙：塞名，在今内蒙古自治区杭锦后旗东北。阴山山脉至此中断，成一阙口，望如门阙，故称高阙，其塞城称高阙戍。

武帝派使者持大将军印等候卫青

军，代相李蔡为轻车将军，皆领属车骑将军，俱出朔方；大
都归车骑将军卫青统一指挥，一起从朔方出发；又命大行李息、岸头侯张次公为将军，

行¹李息、岸头侯张次公为将军，出右北平：咸击匈奴。匈奴
从右北平出发，同时进击匈奴。结果卫青等人的这支人马正遇上匈奴右贤王的部队，右

右贤王当卫青等兵，以为汉兵不能至此，饮醉。汉兵夜至，
贤王本以为汉兵打不到这里，这天喝得酩酊大醉。汉军趁夜袭来，包围了右贤王，右贤

围右贤王，右贤王惊，夜逃，独与其爱妾一人壮骑数百驰，溃
王大惊失色，只带了他的一个爱妾和几百名精壮骑兵，冲破包围圈连夜向北方逃去。汉

1　大行：古代接待宾客的官员，相当于外交官。

围北去。 汉轻骑校尉郭成等逐数百里，不及，得右贤裨王十
军派轻车校尉郭成等人追了几百里，没有追上，抓获了右贤王丢下的小王十几人，男女

余人[1]，众男女万五千余人，畜数千百万，于是引兵而还。 至
人丁一万五千多，牲畜几十万乃至上百万，而后率领部队凯旋。当卫青到达边境的时候，

塞，天子使使者持大将军印，即军中拜车骑将军青为大将军，
武帝派使者拿着大将军的大印在那里迎接，就在军中拜车骑将军卫青为大将军，让各路

诸将皆以兵属大将军，大将军立号而归。
将领及其统领的部队都统一归大将军指挥。

其后四年[2]，大将军青卒，谥为烈侯。
元封五年，卫青病逝，谥为烈侯。

---

1 右贤裨王：匈奴右贤王帐下的裨王，副将。
2 其后四年：即元封五年，公元前106年。

少年将军霍去病

古代战争用戈、矛、箭、戟等冷兵器，短兵相接，面对面刺杀，在两军交战中，奇谋善计，突然袭击，往往能大获全胜。快速机动是突袭的最有效手段，因而骑兵是最精锐的部队。养一个骑兵，相当于十个步兵的费用。而且中原养的战马，力量不足，不能在漠北作战。汉时匈奴是游牧民族，人人能上马，个个能弯弓射箭，全民皆兵，又都是骑兵，行动快捷，给汉帝国造成了严重的边患。匈奴人口只抵得上汉朝一个大郡，最盛时约两百万人，却有骑士四十万人，这是一支无比强大的机动队伍。汉朝可以动员百万雄兵，却挡不住四十万骑兵，因此硬碰硬打阵地战，汉兵要吃亏。汉文帝、景帝两代皇帝在西北边境，今陕北及陇东一带设置了三十六处军马场，养马数十万匹，为汉武帝反击匈奴准备了条件。汉武帝步骑兼用，每次战争数路出击，因此在与匈奴的斗争中占了上风。

有了骑兵，还要有善战之将。霍去病是一个天才骑兵统帅，他擅长用骑兵，将其战斗力发挥到了顶峰，常能以少击众，远击数千里，敢于深入。

元朔元年（前128年），霍去病年十三岁为侍中，侍从武帝左右。因为他是大将军卫青的外甥，皇后卫子夫的侄子，所以得到汉武帝的宠爱。元朔六年（前123年），霍去病十八岁，汉武帝任命他为剽姚校尉，率领骑兵随大将军出征，任先锋将。霍去病敢于长途奔袭，率领八百壮士，深入匈奴心腹地区，初战就告捷，建立大功，杀敌两千多。第二年再随大将军卫青出征，再次建功，汉武帝特用两千五百户封他为冠军侯，表彰他作战英勇为全军之冠。

元狩二年（前121年），二十岁的霍去病以骠骑将军职位率领大军独当一面。这年春、夏、秋，他连续不停地三次出击匈奴，夺取河西地，受降匈奴数万众，所建功勋超过了大将军，并在中国战争史上创造了奇迹，即不停顿地长途远征，不断地扩大战果，给予敌人最大限度地打击。这年春天，霍去病率领一万骑兵从陇西出塞，北行两千里，迂回南下进军河西，出其不意，大破匈奴。汉武帝下诏嘉奖说："骠骑将军霍去病率领军队越过乌戾山讨伐遫濮；渡过狐奴河，穿过五个王国，不掠取被慑服者的物资、人口，秋毫不犯，一直把追捉单于的儿子作为目标，迂回转战六天六夜，跨越了焉支山（今甘肃省永昌县西）追敌一千余里，跟敌人短兵相接，杀死了折兰王，砍下了卢胡王的脑袋，诛灭了全部敢于抵抗的武装之敌，俘虏了浑邪王的儿子和相国都尉，总歼敌军八千多人，缴获了休屠王祭天的金人。特此加封霍去病食邑两千户。"这年夏天骠骑将军霍去病与合骑侯公孙敖同出北地郡，分兵两路攻打匈奴。骠骑将军霍去病兵出北地郡，越过居延泽，到达祁连山一路，歼灭很多敌军。天子说："骠骑将军越过居延泽，进兵经过小月氏，攻打祁连山，俘获酋涂王，成群投降的匈奴有两千五百人，歼灭敌军三万零二百人，俘虏五个小王和五个小王的母亲，单于阏氏和小王的儿子五十九人，相国、将军、当户、都尉六十三人，只折我汉军十分之三，加封霍去病食邑五千户。合骑侯公孙敖行动迟缓，有不能按时与骠骑将军会师之罪，判处死刑，用钱赎罪为平民。"从此，骠骑将军霍去病更受皇帝宠信，也越发显贵于朝廷，跟大将军不相上下。这年秋天，单于恼怒浑邪王多次被汉军打败，并损失几万人马，打算处死浑邪王。浑邪王与休屠王商议，欲投降汉朝。武帝听到这个消息，怕他们用诈降手段偷袭边境，于是派骠骑将军霍去病前去受降。骠骑将军渡过黄河后，就与浑邪王人马相望。浑邪王部下一些人看到汉军后不想投降，以休屠王为首的反悔者想逃走。骠骑将军飞马跑进匈奴军营，与浑邪王相见，并毅然杀掉了休屠王以及想走的八千多人，稳定了军心。接着让浑邪王乘坐驿站专车先到皇帝巡行所住的地方拜见汉武帝。霍去病率领浑邪王的人马渡过黄河，回到长安。这次接收匈奴投降的人马有几万人，号称十万。天子用于赏赐的钱物价值数十亿，封浑邪王食邑万户，称漯阴侯。天子表彰骠骑将军的功劳时说："霍去病攻打匈奴西部浑邪王部，浑邪王与其部众来降，骠骑将军用自带的军粮维持降兵给养，并率领他们的射手万余人，诛杀了那些凶悍不想归服的家伙，共八千多人，降服异国王子三十二人，使十万部众倾心降服，而我将士无一伤损。骠骑将军接连出兵作战，不辞劳苦，致使黄河上游和边塞地区，没有再出现边患侵扰，得到安定和平，因此，加封一千七百户给骠骑将军。"

元狩四年（前119年）春，汉武帝经过充分准备之后，再次派卫青、霍去病各带五万骑兵，另有步兵和运输部队共几十万人，其中敢于力战深入的士兵都隶属骠骑将军，兵分两路合击匈奴。霍去病率领所部及军需物资，出代郡、右北平，行程一千余里，直指匈奴左方军队。杀俘敌人之功远远超过大将军卫青。武帝说："骠骑将军霍去病率军出征，亲自率领所俘获的匈奴勇士，带着少量军需物资，横穿大沙漠，涉水擒获章渠，诛杀比车耆，转攻左大将，夺得军旗战鼓。又越过离侯山，渡过弓闾水河，俘获屯头王、韩王等三人和将军、相国、当户、都尉八十三人。在狼居胥山祭天，在姑衍山祭地，越过大沙漠，举起千万支胜利火炬，祭天告地，并隆重祭奠为国捐躯的烈士，犒劳了战阵立功的英雄。总计歼敌七万零四百四十三人，使匈奴左部几乎全军覆没；并从敌国夺取军粮，使行军极远而军粮不绝，而我汉军损伤只有十分之三。加封五千八百户给骠骑将军。"不久朝廷增设了大司马职位，霍去病当上了大司马，官阶俸禄同大将军，从此骠骑将军更加显贵。

霍去病少言寡语、内藏胆气，不拘古法、灵活应战，年轻得志。天子给他建造府第让他去看，他说："匈奴尚未消灭，不考虑个人的家室。"因而皇帝更加看重他。

元狩六年（前117年）九月，骠骑将军病逝，年仅二十四岁，皇帝十分哀痛，发令附属的沿边五郡，身穿黑甲，列队从长安直到茂陵（今陕西省兴平市北）修筑了形似祁连山的坟墓，封谥号为景桓侯。

霍去病少时好学，精通骑射，多次击败匈奴，英武果敢，谋略深远，作战骁勇，冲锋陷阵，屡立战功，解除了北方几百年来匈奴杀害人民、破坏生产的边患，成为历史上杰出的英雄，功不可没。

霍去病在实际战斗中有着丰富的经验，从实战中得到了深刻认识。他能灵活运用战略战术，不死啃古人书本兵法。他指挥作战的特点：一是奇袭，就是集中兵力，猛攻直冲，像用利剑直刺对方心腹；二是取食于敌，即夺取敌人军粮供给自己部队，以免运输之苦；三是善用降兵，这些人久居本地，熟识道路与沙漠中的水草情况。他能充分利用各方面条件，冲锋在前。这些战略战术的做法，都给后人留下了宝贵的经验。

霍去病（明代《御制外戚事鉴》）

卫将军骠骑列传·霍去病

是岁也[1]，大将军姊子霍去病[2]，年十八，幸[3]为天子侍中。
这一年，大将军卫青的姐姐卫少儿的儿子霍去病第二次跟随大将军出征。霍去病十八岁时，就在
善骑射，再从大将军，受诏与壮士，为剽姚校尉[4]，与轻勇骑
武帝身旁做侍中，很受武帝的宠幸。霍去病能骑善射，按照武帝的诏命，让霍去病带领精选的壮士，授
八百直弃大军数百里赴利，斩捕首虏过当。于是天子曰："剽
予剽姚校尉之职。霍去病率领着八百名轻骑兵敢死队离开大军数百里去奔袭匈奴，杀敌和捕获的俘虏超
姚校尉去病斩首虏二千二十八级，及相国、当户，斩单于大父
过了自己损失的人数。于是武帝说："剽姚校尉霍去病斩杀和俘虏的敌人共两千零二十八人，其中有匈
行籍若侯产，生捕季父罗姑比，再冠军，以千六百户封去病为
奴的相国、当户等官员，还杀死了单于的祖父辈籍若侯产，活捉了单于叔父罗姑比，两次都勇冠全军，
冠军侯。"
特封霍去病为冠军侯，食邑一千六百户。"

冠军侯去病既侯三岁，元狩二年春，以冠军侯去病为骠骑
冠军侯霍去病被封以后的第三年，也就是元狩二年（前121年）春天，武帝任霍去病为骠骑将军，
将军，将万骑出陇西，有功。天子曰："骠骑将军率戎士逾乌
率领着一万骑兵从陇西出发进击匈奴，立了战功。武帝说："骠骑将军率领部队越过乌戾山，讨伐了遬濮国，

---

1 是岁也：这一年，指元朔六年（前123年），卫青第五次出击匈奴，霍去病为剽姚校尉，第二次从大将军出击匈奴。
2 大将军：即卫青，霍去病的舅父。
3 幸：受到皇帝宠爱。
4 剽姚：又作骠姚，轻捷的样子。

霍去病捕获匈奴俘虏越来越多

戾，讨遬濮，涉狐奴[1]，历五王国，辎重人众慑慴者弗取[2]，冀获
跨过了狐奴河，前后经过了五个王国，对这些地方的财物辎重和被大军吓得不知所措的人，他一般没有

单于子。转战六日，过焉支山千有余里，合短兵，杀折兰王，
去收缴抓捕，他一心希望能够抓获单于的儿子。先后转战了六天，越过了焉支山一千多里，与敌人短兵相接，

斩卢胡王，诛全甲[3]，执浑邪王子及相国、都尉，首虏八千余
杀了折兰王，又斩了卢胡王，诛灭了披甲的敌人，活捉了浑邪王的儿子及其相国、都尉，斩杀和俘虏了

---

1 乌戾：山名。遬濮：匈奴部落名。狐奴：水名。
2 慑慴：惧服。
3 折兰、卢胡：匈奴中种姓部族名。诛全甲：扫荡了披甲的敌人。

级，收休屠祭天金人[1]，益封去病二千户。"

八千余人，缴获了休屠王祭天用的金人，特此加封霍去病两千户。"

其夏，骠骑将军与合骑侯敖俱出北地，异道；博望侯张

这年夏天，骠骑将军和合骑侯公孙敖一起从北地郡出发，然后分兵两路；博望侯张骞

骞、郎中令李广俱出右北平，异道。皆击匈奴。郎中令将

和郎中令李广一起从右北平出发，也分兵两路。四路人马同时进击匈奴。郎中令李广率领的

四千骑先至，博望侯将万骑在后至，匈奴左贤王将数万骑围

四千骑兵先到达目的地，而博望侯张骞率领的一万骑兵在后面迟到了，匈奴左贤王率领着几万

郎中令，郎中令与战二日，死者过半，所杀亦过当。博望侯

骑兵包围了李广，李广与匈奴人打了两天，死者过半，所杀死的匈奴人也超过了汉兵损失的

至，匈奴兵引去。博望侯坐行留，当斩，赎为庶人。而骠骑

数量。等到博望侯张骞率领的部队到达时，匈奴军队就撤走了。于是张骞以延误军期被判处斩，

将军出北地，已遂深入，与合骑侯失道，不相得，骠骑将军

后经出钱赎为平民。而霍去病从北地郡出发深入匈奴腹地后，与合骑侯公孙敖失去了联系，只

逾居延至祁连山[2]，捕首虏甚多。天子曰："骠骑将军逾居延，

有霍去病越过了居延水，穿过小月氏，进攻祁连山，抓获了酋涂王，集体投降的有两千五百人，

遂过小月氏[3]，攻祁连山，得酋涂王[4]，以众降者二千五百人，斩

斩获三万零二百人，抓获五个小王、五个大王后，还有单于的皇后和五十九个王子，抓获相国、

首虏三万二百级，获五王，五王母，单于阏氏、王子五十九

将军、当户、都尉等官员六十三人。而自己的兵力只损失了十分之三。因此加封霍去病五千

---

1 金人：佛像。
2 居延：汉置居延塞，此处指居延水，即流入居延泽的溺水，源出祁连山。
3 小月氏（yuè zhī）：月氏族居敦煌、祁连间。汉初为匈奴所侵西迁，余众号小月氏。
4 酋涂王：据《汉书》本传，霍去病在觻得（今甘肃张掖北）获匈奴单桓王、酋涂王。

人，相国、将军、当户、都尉六十三人，师大率减什三[1]，益封
户。凡是跟着霍去病到达小月氏的校尉，都赐给左庶长的爵位。鹰击司马赵破奴两次跟随霍
去病五千户。赐校尉从至小月氏爵左庶长。鹰击司马破奴再
去病出征，杀死了遬濮王，捕获了稽且王。赵破奴手下的千骑将俘虏了匈奴王、王母各一人，
从骠骑将军斩遬濮王，捕稽沮王，千骑将得王、王母各一人，
王子以下的匈奴王室成员四十一人，其他俘虏三千三百三十人。赵破奴的先头部队捕获了匈
王子以下四十一人，捕虏三千三百三十人，前行捕虏千四百
奴一千四百人。为此封赵破奴为从骠侯，食邑一千五百户。校尉句王高不识，跟随骠骑将军
人[2]，以千五百户封破奴为从骠侯。校尉句王高不识，从骠骑
捕获了呼于屠王王子以下的宗室成员十一人，捕获了胡虏一千七百六十八人，为此封句王高
将军捕呼于屠王王子以下十一人，捕虏千七百六十八人，以
不识为宜冠侯，食邑一千一百户。校尉仆多立有战功，封为辉渠侯。"合骑侯公孙敖因为贻
千一百户封不识为宜冠侯。校尉仆多有功，封为辉渠侯。"合
误军期未能与骠骑将军按时会合，被判处斩，结果出钱赎为平民。当时其他各位老将所率领
骑侯敖坐行留不与骠骑会，当斩，赎为庶人。诸宿将所属将
的部队，从兵员马匹乃至兵器都不如霍去病精锐，霍去病所率领的都是精兵，而且霍去病也
士马兵亦不如骠骑，骠骑所将常选，然亦敢深入，常与壮骑
的确敢于孤军深入，他本人常常带着一批壮士冲锋在前，不过说来他的确也很幸运，他从来
先其大军，军亦有天幸，未尝困绝也。然而诸宿将常坐留落
没有陷入过困境。而其他各位老将则常常不是贻误了军期，就是遇不到敌军。因此霍去病一
不遇。由此骠骑日以亲贵，比大将军。
天比一天受宠，很快地其地位就和卫青差不多了。

---

[1] 大率：大抵。减什三：汉兵损失十分之三。此言骠骑将军获虏多而损失少。
[2] 前行：前锋，先锋。

其秋，单于怒浑邪王居西方数为汉所破，亡数万人，以
<small>这年秋天，单于对统领西部的浑邪王多次被霍去病击破以至于损失了几万人十分恼怒，</small>

骠骑之兵也。单于怒，欲召诛浑邪王。浑邪王与休屠王等谋
<small>单于打算将浑邪王召来杀掉。浑邪王得知后与休屠王等人密谋投降汉朝，他们先派人到边塞找</small>

欲降汉，使人先要边。是时大行李息将城河上，得浑邪王使，
<small>汉兵联络。这时大行李息正率领部队在黄河边上筑城，见到浑邪王派来的使者后，立即派人乘</small>

即驰传以闻。天子闻之，于是恐其以诈降而袭边，乃令骠骑
<small>驿车进京报告汉武帝。武帝听说后，担心他们是用诈降的办法来进行偷袭，于是就命令霍去病</small>

将军将兵往迎之。骠骑既渡河，与浑邪王众相望。浑邪王裨
<small>率领部队前去迎接。霍去病渡过黄河，与浑邪王率领的部队相隔不远时，浑邪王的偏将们一见</small>

将见汉军而多欲不降者，颇遁去。骠骑乃驰入与浑邪王相见，
<small>汉军，有些人又变卦不想投降而逃跑了。这时霍去病立即催马驰入匈奴军中与浑邪王相见，杀</small>

斩其欲亡者八千人，遂独遣浑邪王乘传先诣行在所，尽将其
<small>了八千想逃跑的人。他让浑邪王单独乘坐驿车先去武帝出巡的地方拜见武帝，自己率领着浑邪</small>

众渡河，降者数万，号称十万。既至长安，天子所以赏赐者
<small>王带来的全部人马南渡黄河而还，总共有几万人，号称十万。他们到达长安后，武帝为了赏赐</small>

数十巨万。封浑邪王万户，为漯阴侯。封其裨王呼毒尼为下
<small>他们花的金钱多达几十亿。封浑邪王为漯阳侯，食邑一万户。封随他来降的那些小王呼毒尼为</small>

摩侯，鹰庇为煇渠侯，禽梨为河綦侯，大当户铜离为常乐侯。
<small>下摩侯，鹰庇为煇渠侯，禽梨为河綦侯，大当户铜离为常乐侯。于是武帝嘉奖霍去病的功劳说：</small>

于是天子嘉骠骑之功曰："骠骑将军去病率师攻匈奴西域王浑
<small>"骠骑将军霍去病率兵进攻匈奴西部的浑邪王，浑邪王及其属下百姓都来投降了汉朝，霍将军</small>

邪，王及厥众萌[1]咸相奔，率以军粮接食，并将控弦万有余人，
<small>以自己军粮供给他们食用，带着一万多名弓箭手，杀掉了那些企图逃跑的凶悍之徒八千多人，</small>

---

[1] 众萌：部属百姓。

诛猃狁[1]，获首虏八千余级，降异国之王三十二人，战士不离
<small>使异国的三十二个国王投降了汉朝，而骠骑将军自己的部队没有任何伤亡。匈奴投降的十万人</small>
伤，十万之众咸怀集服，仍与之劳，爰及河塞，庶几无患[2]，幸
<small>都心悦诚服，从而使塞外和沿河诸郡差不多都能免除了战乱之患，有幸获得永久的和平。为此</small>
既永绥矣。以千七百户益封骠骑将军。"减陇西、北地、上郡
<small>加封骠骑将军一千七百户。"武帝又下令将戍守陇西、北地、上郡的部队减少一半，以减轻全</small>
戍卒之半，以宽天下之繇。
<small>国的徭役负担。</small>

居顷之，乃分徙降者边五郡故塞外[3]，而皆在河南，因其故
<small>过了不久，就把前来投降的匈奴人分别安置到沿边五个郡原先的国境线之外，都在黄河以南，让他</small>
俗，为属国。其明年，匈奴入右北平、定襄，杀略汉千余人。
<small>们保留着原来的风俗习惯，作为汉朝的属国。第二年，匈奴攻入右北平、定襄，杀害与虏去了汉朝一千多人。</small>

其明年，天子与诸将议曰："翕侯赵信为单于画计，常以
<small>又过了一年，武帝和将领们议论说："翕侯赵信为单于出谋划策，他总以为汉朝的大军没有能力</small>
为汉兵不能度幕轻留[4]，今大发士卒，其势必得所欲。"是岁元
<small>越过大沙漠去进攻匈奴，尤其不敢在那里停留，现在如果我们派大部队突然前往，估计一定能将单于捕获。"</small>
狩四年也。
<small>这一年是元狩四年（前119年）。</small>

元狩四年春，上令大将军青、骠骑将军去病将各五万骑，
<small>元狩四年（前119年）春天，武帝命令大将军卫青、骠骑将军霍去病各自率领五万骑兵，又派</small>

---

1 猃狁：同骁悍。
2 庶几：差不多。匈奴河西两王降汉，沿河诸郡无边害。
3 五郡：指陇西、北地、上郡、朔方、云中五郡。武帝安匈奴降民于五郡，置五属国。
4 幕：沙漠。轻留：指匈奴以汉兵无能力渡过沙漠，更不会轻易留戍漠北，因而在漠北放松对汉军的戒备。

步兵转者踵军数十万，而敢力战深入之士皆属骠骑。骠骑始
出运送军需物资的部队和后续的步兵几十万人，而那些勇猛善战、敢冲敢打的将士都在霍去病属下。起
为出定襄，当单于[1]。捕虏言单于东，乃更令骠骑出代郡，令大
初霍去病准备从定襄出发，直攻匈奴单于。后来从捕获的俘虏口中得知单于在东部，于是武帝改令霍去
将军出定襄，郎中令为前将军，太仆为左将军，主爵赵食其
病从代郡出发，而令卫青的部队从定襄出发。当时郎中令李广为前将军，太仆公孙贺为左将军，主爵都
为右将军，平阳侯襄为后将军，皆属大将军。兵即度幕，人
尉赵食其为右将军，平阳侯曹襄为后将军，都归大将军卫青指挥。当部队即将越过沙漠时，卫青率领着
马凡五万骑，与骠骑等咸击匈奴单于。赵信为单于谋曰："汉
五万人马与霍去病约定好共同进攻匈奴单于。这时赵信给单于出谋说："汉朝大军越过沙漠之后，必定
兵既度幕，人马疲，匈奴可坐收虏耳。"乃悉远北其辎重，皆
人困马乏，匈奴军队简直可以不战而胜。"于是就把他们的粮草辎重都运送到遥远的北方，而把全部精
以精兵待幕北。而适值大将军军出塞千余里[2]，见单于兵陈而
锐部队摆在沙漠以北等待汉军。卫青的部队离开边塞一千多里后，见到单于已经在那里列阵等待，于是
待，于是大将军令武刚车自环为营[3]，而纵五千骑往当匈奴。匈
卫青下令，把武刚车（一种封闭式的战车）排在四周作为营垒，而派出五千骑兵去冲击匈奴军阵。匈奴
奴亦纵可万骑。会日且入，大风起，沙砾击面，两军不相见，
也派了将近一万骑兵冲了过来。这时太阳就要落下去了，又刮起了大风，沙石打在人脸上，双方的军队
汉益纵左右翼绕单于。单于视汉兵多，而士马尚强，战而匈
都看不清对方，这时汉军左右两翼的部队向前出动包围单于。单于见汉军人多，而且战斗力尚强，如果

1 当单于：正面直趋单于。
2 适值：恰好碰到。
3 武刚车：军车。卫青以军车摆开圆形的阵势以自卫，防止匈奴骑兵冲击。

奴不利，薄莫，单于遂乘六骡[1]，壮骑可数百，直冒汉围西北驰
打下去对匈奴不利，天也快黑了，于是单于就乘着一辆六匹骡子拉的车，带着几百精壮骑兵，径直冲破

去。时已昏，汉匈奴相纷挐[2]，杀伤大当。汉军左校捕虏言单
汉军的包围向西北方向逃跑了。这时天已经黑下来，汉军和匈奴军纠缠在一起，双方的伤亡大体相当。

于未昏而去，汉军因发轻骑夜追之，大将军军因随其后。匈
汉军左校捕获的俘虏说，单于还没有等天黑就跑了，于是卫青就派出轻骑兵去追赶单于，自己率领大军

卫青把武刚车作为营垒

1　乘六骡：驾乘六匹骡马拉的车。
2　纷挐（rú）：敌我难分，混战在一起。

少年将军霍去病　081

奴兵亦散走。迟明[1]，行二百余里，不得单于，颇捕斩首虏万余
跟在后面。匈奴的部队也纷纷四散逃走。到黎明时分，追出了两百多里，没有追到单于，只是俘虏斩杀
级，遂至窴颜山赵信城[2]，得匈奴积粟食军。军留一日而还，悉
了大约一万多人。这时军队已经到了窴颜山下的赵信城，在那里缴获了匈奴积蓄的大批粮食，补充了自
烧其城余粟以归。
己的军粮。军队在那里休息了一天就往回返，把这座城和剩下的粮食全部放火烧了。

　　大将军之与单于会也，而前将军广、右将军食其军别从东
　　大将军卫青和单于接战的时候，因为前将军李广和右将军赵食其是走东路，中途迷失了道路，所以
道，或失道，后击单于。大将军引还过幕南，乃得前将军、右将
没有赶上战机。直到卫青率领部队返回大沙漠以南的时候，才找到了前将军李广和右将军赵食其的部队。
军。大将军欲使使归报，令长史簿责前将军广，广自杀。右将
卫青准备派使者回长安报告战况，先派人去责问前将军李广，李广就自杀了。右将军赵食其回到长安后，
军至，下吏，赎为庶人。大将军军入塞，凡斩捕首虏万九千级。
被交到军法处审判，结果出钱赎成了平民。这次卫青在整个作战过程中，共斩杀与俘虏了一万九千人。

　　是时匈奴众失单于十余日，右谷蠡王闻之，自立为单于。
　　当时匈奴的臣民们一连十几天找不到单于的下落，右谷蠡王听说后，就自立为单于。后来单于又
单于后得其众，右王乃去单于之号。
找到他的部下，右谷蠡王才又去掉了单于称号。

　　骠骑将军亦将五万骑，车重与大将军军等，而无裨将。悉
　　当时骠骑将军霍去病也率领着五万骑兵，车辆辎重和大将军的部队一样，而没有副将。霍
以李敢等为大校，当裨将，出代、右北平千余里，直左方兵，所
去病就把李敢等大校当作副将使用，他们从代郡、右北平出发，深入匈奴千余里后，遇到了匈奴

1　迟明：即黎明，天刚蒙蒙亮。
2　窴（tián）颜山：在蒙古境内，即今之杭爱山。

斩捕功已多大将军。军既还，天子曰："骠骑将军去病率师，躬
左翼的部队，战斗中杀死和俘虏的敌人比卫青多。部队回来后，武帝说："骠骑将军霍去病统领三军，

将所获荤粥之士，约轻赍，绝大幕[1]，涉获章渠，以诛比车耆[2]，转
并指挥着从前俘获的荤粥勇士，轻装前进，穿越大沙漠，涉水破获了单于的近臣章渠，讨伐了比

击左大将，斩获旗鼓，历涉离侯[3]。济弓闾，获屯头王、韩王等
车耆，转而攻击匈奴左翼的大将，缴获了战旗和军鼓，翻过离侯山，渡过弓闾河，俘虏了屯头王、

三人，将军、相国、当户、都尉八十三人，封狼居胥山[4]，禅于姑
韩王等三人，俘虏匈奴将军、相国、当户、都尉等八十三人。登上了狼居胥山祭天，在姑衍山祭地，

衍，登临翰海[5]，执卤获丑七万有四百四十三级，师率减什三，取
跨越大沙漠，共计斩杀和俘虏了匈奴七万零四百四十三人，自己减员只有十分之三，并且能从敌

食于敌，逴行殊远而粮不绝[6]，以五千八百户益封骠骑将军。"右
人手里夺取军粮，因而行军到了极远的地方而能粮草不断，特加封骠骑将军五千八百户。"当时

北平太守路博德属骠骑将军，会与城，不失期，从至梼余山，斩
右北平太守路博德也属于霍去病指挥，他能按时与霍去病在与城会师，并跟霍去病一起打到了梼

首捕虏二千七百级，以千六百户封博德为符离侯。北地都尉邢
余山，斩杀和俘虏匈奴二千七百人，为此封路博德为符离侯，食邑一千六百户。北地都尉邢山跟

山从骠骑将军获王，以千二百户封山为义阳侯。故归义因淳王
随骠骑将军捕获了匈奴小王，为此封邢山为义阳侯，食邑一千二百户。先前归顺了汉朝的匈奴因

复陆支、楼专王伊即靬皆从骠骑将军有功，以千三百户封复陆
淳王复陆支、楼专王伊即靬都跟随骠骑将军立了战功，为此封复陆支为壮侯，食邑一千三百户，

---

1 绝大幕：穿过大沙漠。
2 比车耆：王号。
3 离侯：漠北山名。
4 狼居胥山：在今蒙古国首都乌兰巴托东。
5 登临：作跨越解。翰海：大沙漠。
6 逴行：远行。

支为壮侯，以千八百户封伊即轩为众利侯。从骠侯破奴、昌武
封伊即轩为众利侯，食邑一千八百户。从骠侯赵破奴、昌武侯赵安稽也跟随骠骑将军立了战功，

侯安稽从骠骑有功，益封各三百户。校尉敢得旗鼓[1]，为关内侯，
各给他们加封三百户。校尉李敢因缴获了匈奴的军旗战鼓，封为关内侯，食邑二百户。封校尉徐

食邑二百户。校尉自为爵大庶长[2]。军吏卒为官，赏赐甚多。而
自为为大庶长。军吏和士兵们封官受赏的，还有很多。由于大将军卫青没有得到加封，所以他部

大将军不得益封，军吏卒皆无封侯者。
下的军吏和士兵也没有一个被封侯的。

两军之出塞，塞阅官及私马凡十四万匹[3]，而复入塞者不
当初这两支大军出塞的时候，根据边塞上的统计，共带出官马和私马十四万匹，而回来的时候，

满三万匹。乃益置大司马位，大将军、骠骑将军皆为大司马。
所剩的还不到三万匹。这次朝廷增设了大司马的职位，大将军卫青、骠骑将军霍去病都获得了大司马的

定令，令骠骑将军秩禄与大将军等。自是之后，大将军青日
头衔。并明确规定，骠骑将军的位次和俸禄与大将军相等。从此以后，大将军卫青的地位日益衰落了，

退，而骠骑日益贵。举大将军故人门下多去事骠骑，辄得官
而骠骑将军霍去病则日益受宠。昔日大将军的门客日益转到骠骑将军门下，他们中的许多人都得到了官

爵，唯任安不肯。
职爵位，只有任安不肯离开大将军。

骠骑将军为人少言不泄，有气敢任。天子尝欲教之孙吴
霍去病的为人是不爱讲话，性情内向，但果敢而有胆气。武帝曾打算教他孙吴兵法，霍去病说："关

1　敢：李广之子。
2　自为：徐自为。
3　塞阅：出塞之时检阅。出塞之时有官马和私马十四万匹，入塞时不足三万，漠北大战，汉军亦付出了沉重代价。

兵法，对曰："顾方略何如耳，不至学古兵法。"天子为治第[1]，

键在于临时置宜，没必要学古代兵法。"武帝为他修建了府第，让他去看，霍去病说："匈奴还没有消灭，

令骠骑视之，对曰："匈奴未灭，无以家为也。"由此上益重爱

不能先经营自己的小窝。"这使得武帝对他越发喜欢了。但由于霍去病从小就在宫廷中为官，地位高贵，

之。然少而侍中，贵，不省士[2]。其从军，天子为遣太官赍数十

所以从不关心下层人。他出兵时，武帝专门派遣了宫廷管理伙食的人员为他拉着几十辆车的食品，等到

乘，既还，重车余弃粱肉，而士有饥者。其在塞外，卒乏粮，

回来的时候，许多没吃完的东西都已经放坏了，与此同时士兵中却有不少人挨饿。他们在塞外的时候，

或不能自振，而骠骑尚穿域蹋鞠[3]。事多此类。大将军为人仁善

由于缺粮，有些人都饿得爬不起来了，而霍去病本人还依然开场子踢球。类似的事情很多。与此相比，

退让，以和柔自媚于上，然天下未有称也。

大将军卫青则为人善良，恭敬谦让，他以和蔼柔顺讨好武帝，天下人却不怎么称道他。

骠骑将军自四年军后三年，元狩六年而卒。天子悼之，

霍去病是在元狩四年（前119年）讨伐匈奴以后第三年，也就是元狩六年（前117年）去世的。

发属国玄甲军[4]，陈自长安至茂陵，为冢象祁连山。谥之，并武

武帝很伤心，他调集了浑邪王率众来降时分置的五个边郡属国的铁甲军，列队从长安一直排到茂陵，仿

与广地曰景桓侯。

照着祁连山的形势给他修筑了陵墓。由于他威武勇猛，开拓边疆，因而谥为景桓侯。

最骠骑将军去病，凡六出击匈奴，其四出以将军，斩捕

骠骑将军霍去病功劳最大，他总计六次出征匈奴，其中四次是以骠骑将军名号独当一面出征，斩

---

1 治第：兴建府第。
2 不省士：不体恤士兵。
3 穿域：穿地为球场。蹋鞠：古代足球，以皮为圆囊，中实以毛。
4 玄甲军：铁甲军。铁甲为黑色，故称玄甲。

首虏十一万余级。及浑邪王以众降数万，遂开河西、酒泉之
杀与俘虏匈奴十一万多人。等到浑邪王率领数万匈奴人投降的时候，于是开通了河西直到酒泉的地方，

地，西方益少胡寇。四益封，凡万五千一百户。
西边就很少匈奴人扰边了。四次增加封邑，达到了一万五千一百户。

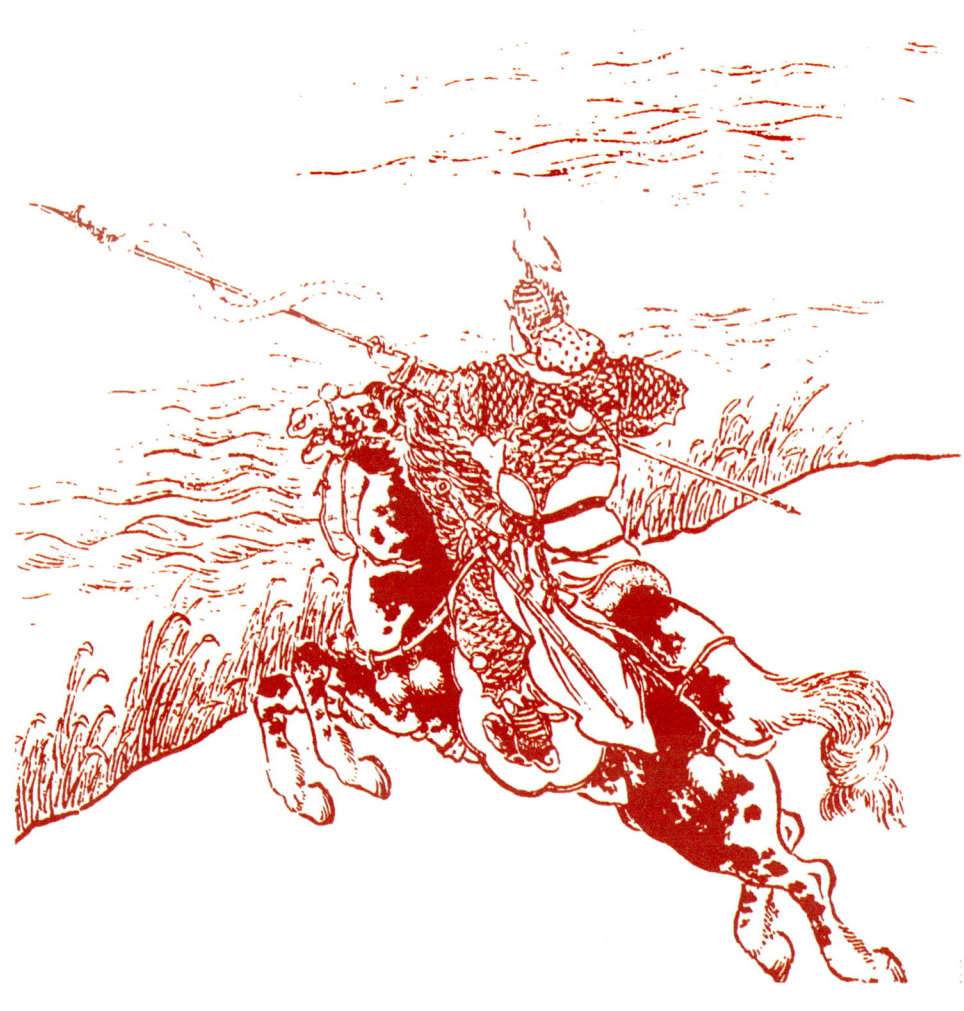

▲ 霍去病（清·马骀《古今人物画谱》）

飞将军李广

"山东出相，山西出将"，是西汉时的民谚。这里的山，指华山。山东，即华山以东的中原地区；山西，即华山以西的关陇地区。秦汉时代，陕甘地区产生了许多杰出人才，如辅佐秦始皇统一六国的大将王翦，汉武帝时出使匈奴的苏武都是关中人。但是，人才最盛的西汉王朝，山西将领却大多出生在甘肃，这不能不引起古代历史家的注意。《汉书》卷六十九《赵充国辛庆忌传》记载的西汉中叶两员大将赵充国、辛庆忌就是甘肃人。《汉书》作者班固在传末的赞语中，就引用"山东出相，山西出将"的民谚作为评论。班固还列举了一大批甘肃战将。如郁郅的王围、甘延寿，即今庆城县人；义渠的公孙贺、傅价子，即今宁县人；成纪的李广、李蔡，即今秦安县人；上邽的上官桀、赵充国，即今天水市人；襄武的廉褒，即今陇西县人；狄道的辛武贤、辛庆忌，即今临洮县人。东汉时期也涌现了一大批著名将领。这些人，立功于战阵，成名于绝域，"皆以勇武显闻"。为什么山西出将？班固解释说："山西天水、陇西、安定、北地，处势迫近羌胡，民俗修习战备，高上勇力鞍马骑射……其风声气俗自古而然，今之歌谣慷慨，风流犹存耳。"

地理环境是人类活动的历史舞台，故古有"人杰地灵"之谓。今日的甘肃是一个狭长的政区，这一特点是由自然屏障形成的，有着悠久的历史。甘肃，在西汉称凉州，就是这样的一个狭长的地理态势，它"东瞰关中，

▲ 清·佚名《李广像》

西控戈壁，南通巴蜀，北枕沙漠"（《甘肃省通志》）。河西部分，南接青藏高原，北接新疆、内蒙古大沙漠，中间由于祁连山的冰川供给水源，自然形成河西的走廊绿洲带。陇南为山地，陇东是高原，洮、河、泾、渭，流贯其中。这样的地理环境有利于农牧交错发展。自古以来这里就是多民族的聚居区，成为各民族互相割据、争逐、进退、融合的舞台。由于河西走廊的特殊地理环境，从汉武帝通西域以来，这里就是东西交通的孔道和门户，成为国防上的要塞地区。尤其是汉、唐两大盛世建都关中，河西、陇右更是中央王朝重兵控制的国防要地。西汉时特别规定陇西、天水、安定、北地、上郡、西河六郡良家子入卫京师为郎。这一措施是西汉政府从政治上对凉州人民的一种恩遇，目的是鼓励这一地区的人民习武备边。这就是"山西出将"的历史背景。东汉也继承了这一政策。因此，两汉时代，在甘肃这块土地上涌现了大批杰出的历史人物和爱国将领。今天我们来回顾历史上甘肃人民斗争的光辉篇章，重温那些对历史做出贡献和建树业绩的历代名将，是能够激发我们的爱国情怀的。本文以西汉飞将军李广作为古代山西名将的代表，试作简略述评，给他以应有的历史地位。

飞将军李广是西汉反击匈奴侵扰战争中涌现出来的一位英雄。

秦时明月汉时关，万里长征人未还。
但使龙城飞将在，不教胡马度阴山。

这首流传后世的《出塞》诗，是唐代边塞诗人王昌龄的作品。它反映了历代人民每当国家有敌警之时就想起了李广，由此可见，李广在历史上的地位和影响。李广是一位神箭手，百发百中。李广用兵神出鬼

李广从小好武

没，善于奔袭敌人，匈奴将士畏之如神，于是给他起了个绰号叫"汉朝的飞将军。"

李广，陇西成纪人，即今甘肃省秦安县人。他是将门后代，世代习骑射，其祖先有位名叫李信的人，是秦王嬴政时的大将，经常跟随王翦出征任副统帅。公元前228年，秦兵进攻燕国，燕王和太子丹退守辽东，李信率轻骑追击，终于取太子丹首级而还。以后李信又参加了灭楚的战争，以勇猛敢斗而著称于世。这样的家法传统，使李广从小爱好骑射，练就了一身过硬的骑射本领。

西汉初，北方匈奴强盛起来，西汉刚统一不久，无力对抗，只好采用和亲政策。但是匈奴百约百叛，时常犯边，掳掠财物和人口。汉文帝前元十四年(前166年)，匈奴十余万骑进犯陇东，攻破萧关(今甘肃省平凉市西北），前锋打到了汉朝的回中宫（今陕西省陇县西北）。匈奴的侦骑甚至逼近了长安郊外，京师告警。汉文帝调集大军保卫长安，匈奴才退了回去，然而汉兵却不敢追击。

就在这一年，已投身行伍的李广，二十余岁，在保卫萧关的战斗中崭露头角。他勇敢战斗，射杀了许多匈奴骑兵，从一个战士被提拔为中郎。中郎是警卫皇宫的侍从卫队官，外放就可做九卿各府属的椽吏，或做地方县令一级的官吏。因此，郎官是官僚地主子弟追求仕进的一个重要途径。李广为中郎，是汉文帝对他军功的一种恩遇。果然，李广为中郎不久就被提升为武骑常侍，直接侍从皇帝。

汉景帝即位，提升李广做了骑郎将。公元前154年，吴、楚等七国反叛，史称"七国之乱"。李广随大将军周亚夫出征，任骁骑都尉。他在昌邑之战中大显身手，敢于摧坚闯阵，率领骑兵直插叛军指挥部，夺得叛军的旗帜，立下了赫赫战功，因而显名全国。

景帝平定吴、楚七国之乱后，拜李广为上谷太守。上谷治所在今河北省怀来县东南，是匈奴经常南犯的一个边郡。李广到了那里，激励士卒，经常与匈奴打硬仗。李广前前后后担任过上郡、陇西、北地、雁门、代郡、云中等边郡太守，均以勇猛善战而闻名。他任上郡太守时，有一次带领一百余骑兵与数千匈奴骑兵相遇。匈奴不知李广虚实，于是抢先占领了有利地势，严阵以待，观察李广动静。李广手下的骑兵，见这阵势，个个惊恐，打算调转马头迅速撤退。此时汉兵远离大营几十里，如汉兵后退则示人以弱，几千匈奴骑兵追杀过来，将要全军覆灭。在这千钧一发的危急关头，李广察看了敌情，见匈奴骑兵处于守势，不敢发动进攻，料定敌人将自己当成了诱兵。李广当机立断，向大家分析了形势，下达了进军命令。当军骑行进到离匈奴阵地只有二里远的地方停留下来，并解鞍下马，佯装不加防备的样子。这是双方斗勇斗智的所在，一边是几千严阵以待的匈奴骑兵，一边是一百余名下马解鞍的汉军，双方于二里之隔的阵前相峙以待，众寡悬殊。匈奴怕有埋伏而不敢进取，李广则利用敌人的错觉而冒险坚守阵地，战场气氛异常紧张。这样一直相持到太阳偏西。一个骑着白马的匈奴将领来到前沿阵地侦察，并监护匈奴骑兵。李广毫不示弱地立即上马，带领十几个骑兵冲上去射杀了匈奴白马将。然后，李广回到军中依然下马解鞍，让战士们横七竖八地躺在地上休息。当天色黯淡下来后，匈奴乘着夜色全部退走了。第二天清晨，李广安全地带兵回营。

这只是遭遇战的一次战例。李广运用了他的智谋与胆略，巧妙地逼退了敌人，充分显示了临危不惧、应变有方和指挥若定的大将风度。另一方面是李广平时练兵有素，热爱士卒，战士乐为所用，愿效死力。李广行军打仗，"饮食与士共之"，他所得的赏赐均分给士卒。遇到缺水少食之时，兵士不人人喝到，他就滴水不沾；士卒不个个吃上，他则一口不尝。全军团结得如一人，李广焉能不逢难化吉、化险为夷？

李广为地方官时喜欢打猎。他时常亲身与虎搏斗，为民除害。他在汉武帝时做右北平（今辽宁省凌源市西南）太守，一次打猎误将草丛中的一巨石当作猛虎，一箭射去，竟把箭镞射进石头，怎么也拔不出来。他拈弓再射，只迸火花而箭不入石。这一故事传开，人们虽然多附会上神话色彩，却反映了李广在人们心目中的分量和爱戴程度，中唐诗人卢纶诗"林暗草惊风，将军夜引弓。平明寻白羽，没在石棱中。"吟咏了这个故事。

公元前133年，汉武帝设谋马邑，拉开了汉朝大规模反击匈奴战争的序幕。李广被任命为骁骑将军，参加"马邑之谋"。随后卫青、霍去病大举出征，李广为其部将，经常带轻骑为支兵别出，迎击匈奴。

汉匈战争，汉军取得决定性胜利的大战役有三次。第一次，公元前127年，大将军卫青率大军自云中向西迂回，击败匈奴白羊王、楼烦王，收复河套地方，置朔方郡。第二次，公元前121年，骠骑将军霍去病出击河西走廊，收降了驻屯河西的匈奴浑邪王，打开了走廊通道。从此，自金城(今兰州)以西至盐泽(罗布泊)，匈奴绝迹。第三次，公元前119年，卫青、霍去病分道深入漠北，直袭匈奴单于。这一战匈奴死亡八九万之众，单于险些当了俘虏，此后匈奴不敢在漠南立王庭。这三次大战，卫青、霍去病建立了大功，李广的部下许多人都立功封侯。李广之子李敢，随霍去病参加漠北之战，也立功受封关内侯。可是一生与匈奴血战的李广，却一步步走下坡路，最后演出了悲愤自杀的悲剧。

公元前129年，李广从雁门出塞，与匈奴主力遭遇。李广奋力交战，因众寡悬殊而全军败没，李广身受重伤成了俘虏。匈奴用绳索结成网罗吊在两马之间，把他押送王庭。走了十几里路程，李广假装入睡俨然像死人一般，正当押送的敌骑一个个陶醉在领赏的喜悦之中的时候，李广冷不防突然跃起，夺得一匹战马，抢过敌人手中的弓箭，调转马头向南飞奔，沿路收拾散兵回到了兵营。事后李广被削职为民。

公元前121年，李广重新被起用，他和张骞出右北平，配合霍去病西攻河西。李广率四千骑兵先行，又遭匈奴四万骑兵的重重包围。李广沉着应战，血战一日一夜，最后坚持到张骞兵到，击退了匈奴。由于汉兵牺牲过多，李广将功折罪，仍然得不到封赏。

公元前119年的漠北大战，李广已经六十多岁，然奋勇请战，得为前将军。可是大将军卫青为了让其亲信和朋友公孙敖立功，竟改任公孙敖为前将军，调李广绕出东道为支军。李广不肯，卫青则以军法强其东出。由于东出绕道路远，又失了向导，未能按期赶到会师地点，错过了围歼匈奴单于的战斗而受卫青军法责问。李广悲愤地对部下说："我一辈子与匈奴打仗，大小经七十余战。这次本为先锋，大将军偏令我走东路，又迷失了道路，这大概是老天爷的有意安排吧！我六十多岁了，难道还要去受审吗？"说毕，拔剑自刎而死。李广的悲愤自杀，全军将士痛哭失声，当地老百姓听到消息无不垂泪尽哀，都为李广鸣不平。

在第三次战役中，李广未能打胜仗，其原因很多。汉武帝迷信甚深，认为李广命不好，只给他三四千骑兵，最多时仅一万。李广带兵少，却又碰上了匈奴的主力，众寡悬殊。若悉心分析，李广则是勇敢深入，有力打击了匈奴，吸引了匈奴的注意力，有力地配合主力部队取得胜利。所以，不以成败论英雄的西汉史学家司马迁，给李广立了专传。《史记》卷一〇九《李将军列传》是《史记》中最优秀的篇章之一。司马迁饱含热情，赞扬了李广勇敢善战。最后司马迁用谚语"桃李不言，下自成蹊"来赞扬李广：桃李默默无言，果实累累，而去树下摘取果实的人，多到可以踏出一条路径来。司马迁运用的谚语，其寓意是何等的深刻！李广虽然未得封侯，可是人们在心中给他树立起了丰碑。飞将军李广智退敌兵、夺马还营、月夜射虎等故事，家喻户晓，并且成为后世文人创作的题材。

飞将军李广逝去虽然已有两千年了，但他那对于国家的报效之心，爱国之情，将永远地激荡着人们的心扉。

李将军列传

李将军广者，陇西成纪人也。其先曰李信，秦时为将，
_{李将军名广，是陇西郡成纪人。他的先祖叫李信，在秦时当将军，就是追逐燕国太子丹的那个人。}
逐得燕太子丹者也[1]。故槐里，徙成纪。广家世世受射[2]。孝文帝
_{他的老家在槐里，后来才迁到成纪。李家世世代代传习箭法。汉文帝十四年（前166年），匈奴兵大举侵}
十四年，匈奴大入萧关[3]，而广以良家子从军击胡[4]，用善骑射[5]，
_{入萧关，而李广就以良家子弟的身份从军抵抗匈奴，因为他精通骑马射箭，杀死或俘虏了很多敌人，被}
杀首虏多，为汉中郎[6]。广从弟李蔡亦为郎[7]，皆为武骑常侍[8]，秩
_{选拔出来做汉的中郎。李广堂弟李蔡也被封为中郎，他们都是侍从皇帝的武侍卫骑郎，俸禄八百石。李}
八百石[9]。尝从行[10]，有所冲陷折关及格猛兽，而文帝曰："惜乎，
_{广曾经侍卫文帝出行，每当他冲锋陷阵、破除障碍和搏斗猛兽的时候，文帝就感叹地说："可惜呀，你}
子不遇时！如令子当高帝时，万户侯岂足道哉！"
_{生不逢时！假如你生当高祖打天下的时候，封个万户侯也不算什么！"}

---

1. 燕太子丹：战国末年燕王喜的儿子，曾派荆轲谋刺秦王，事详《刺客列传》。
2. 世世受射：世代相传，学习射箭。
3. 萧关：关中北面的险关，在今宁夏回族自治区固原市东南。
4. 良家子：即经营农业人家的子弟。汉代重本抑末，凡从事医、巫、商、贾、百工之事的人家，都不能列入良家。
5. 用：因为。
6. 汉中郎：为汉中央朝廷的中郎。中郎，郎中令属下的侍从官。
7. 从弟：堂弟。
8. 武骑常侍：皇帝的侍从官，为郎官的加衔。
9. 秩：官吏的俸禄，引申为官吏的职位或品级。
10. 尝从行：经常随汉文帝出行。尝，同"常"。

及孝景初立[1]，广为陇西都尉[2]，徙为骑郎将[3]。吴楚军时，广为骁骑都尉[4]，从太尉亚夫击吴楚军[5]，取旗，显功名昌邑下。以梁王授广将军印，还，赏不行，徙为上谷太守。匈奴日以合战。典属国公孙昆邪为上泣曰[6]："李广才气，天下无双，自负其能，数与虏敌战，恐亡之。"于是乃徙为上郡太守。后广转为边郡太守，徙上郡。尝为陇西、北地、雁门、代郡、云中太守，皆以力战为名[7]。

等到了汉景帝继位时，任用李广为陇西都尉，随后调任骑郎将。吴、楚等七国叛乱的时候，李广担任骁骑都尉，跟随太尉周亚夫攻打吴楚叛军，突入敌军中坚，在昌邑城下夺得敌军帅旗功名大扬。只因为他私下接受了梁王给予的将军印信，平乱回京后，将功折罪，没有得到朝廷的奖赏，被任命为上谷太守。在此边防要地，匈奴每天都来跟李广交战。掌管民族事务的典属国公孙昆邪向皇帝哭诉说："李广的才能天下没有第二人，可是他十分自信自己本领高强，跟匈奴打起仗来常常硬拼，这样下去，我真担心他有一天要阵亡的。"于是景帝就把他调走，改封为上郡太守。后来李广又转任边郡太守，由边郡太守又回任上郡太守。他曾经做过陇西、北地、雁门、代郡、云中等地的太守，都以跟匈奴打硬仗闻名。

匈奴大入上郡，天子使中贵人从广勒习兵击匈奴[8]。中

匈奴又大规模地侵入上郡，皇帝派亲信的宦官跟随李广训练军队，抗击匈奴。有一天，这宦官带领了几

---

1 孝景：孝景帝刘启，孝文帝中子，公元前156—前141年在位。
2 陇西都尉：即陇西郡尉。景帝中元二年（前148年）改郡尉为都尉，辅佐郡守，掌一郡的军事。
3 骑郎将：郎官分户、车、骑三种，主管骑郎的长官叫骑郎将。
4 骁（xiāo）骑都尉：带领骁骑的都尉，禁军将领。
5 太尉：官名，为全国最高军职，与丞相、御史大夫并称三公。亚夫：即周亚夫，绛侯周勃之子，西汉名将，曾用三个月的时间平灭吴、楚等七国之乱。
6 典属国：官名，掌管少数民族及归附的外夷民族事务。公孙昆（hún）邪（yé）：姓公孙，名昆邪。
7 力战：勇猛作战。
8 天子：指汉景帝。从广勒习兵：跟随李广学习军事。

公孙昆邪向景帝诉说李广的勇敢

贵人将骑数十纵，见匈奴三人，与战。三人还射[1]，伤中贵
十名骑兵纵马驰骋，看到了三个匈奴人，就同他们打起来。那三个匈奴人转身放箭，射伤了宦官，把他带去的

人，杀其骑且尽。中贵人走广。广曰："是必射雕者也。"
骑兵都快杀光了。这宦官逃回到李广的营帐。李广说："这一定是专门射雕的能手。"于是，李广立刻带领了

1　还（xuán）射：返身射箭。

广乃遂从百骑往驰三人[1]。三人亡马步行[2]，行数十里，广令
一百名骑兵追上去。那三个匈奴人没有骑马，走了几十里就给追上了，李广命令手下骑兵左右散开，从两翼包
其骑张左右翼，而广身自射彼三人者[3]，杀其二人，生得一
围过去，自己亲自拉弓搭箭射杀他们，杀死二人，活捉一人，一问，果然是匈奴人当中射雕的能手。李广他们
人，果匈奴射雕者也。已缚之上马，望匈奴有数千骑，见
刚把匈奴人捆绑好，上马准备回去，远远望见了几千名匈奴骑兵。匈奴兵一见李广小股骑兵，以为是汉人诱敌
广，以为诱骑，皆惊，上山陈[4]。广之百骑皆大恐，欲驰
的疑兵，全军震惊，立刻上山摆开阵势，准备迎战。李广手下的一百名骑兵也吓得心惊胆战，都想掉转马头往
还走。广曰："吾去大军数十里，今如此以百骑走，匈奴
回逃。李广对他们说："我们已经离开大营几十里，现在就这样百把人马往回跑，匈奴兵追来射击，我们立即
追射我立尽[5]。今我留，匈奴必以我为大军之诱，必不敢击
被全歼。现在我们停留下来，匈奴兵一定认为我们是主力部队派来诱骗他们中计的，一定不敢来攻击我们。"
我。"广令诸骑曰："前！"前未到匈奴陈二里所[6]，止，令
接着，李广向手下骑兵发出命令说："前进！"前进到了离开匈奴阵地二里左右，停了下来，又发令说："一
曰："皆下马解鞍！"其骑曰："虏多且近，即有急，奈
律下马，把马鞍全卸掉！"这时骑兵们沉不住气了，说："敌人这么多，而且距离我们这么近，万一情况紧急，
何？"广曰："彼虏以我为走，今解鞍以示不走，用坚其
又怎么办呢？"李广说："敌人以为我们会逃走，现在我们卸下了马，卸了马鞍，表示不走，这样使得敌人更
意。"于是胡骑遂不敢击。有白马将出护其兵，李广上马
加相信我们是来诱骗他们中计的。"正如李广所料，匈奴骑兵没敢出击。有一个骑白马的军官，走出阵来监护

---

1 乃遂：于是立即。从百骑：使百余骑兵跟从。从，使……跟从。往驰：前往追赶。
2 亡马步行：没有马，徒步行走。亡，同"无"。
3 广身自射：李广亲自射。
4 上山陈：抢先占据高岗，摆开阵势。陈，通"阵"。
5 立尽：立即全部被歼灭。
6 二里所：二里左右。所，许、左右。

与十余骑奔射杀胡白马将,而复还至其骑中,解鞍,令士
他们的骑兵以稳定阵脚,李广看见了,立刻上马,同十几名骑兵飞奔过去,一箭把他射死,然后再回到自己的
皆纵马卧。是时会暮[1],胡兵终怪之,不敢击。夜半时,胡
队伍中,卸下马鞍,并命令士兵们都放开马匹,躺下来休息。这时,刚好天色已晚,匈奴兵始终觉得捉摸不定,
兵亦以为汉有伏军于旁欲夜取之,胡皆引兵而去。平旦[2],
不敢前来攻击。到了半夜,匈奴兵真以为汉军埋伏在附近一带,打算趁夜袭击他们,就连夜全部撤走了。翌日
李广乃归其大军。大军不知广所之,故弗从。
天亮后,李广才带着百名骑兵回到大营。大营本部不知道李广行动的方位,所以没有派兵去接应。

居久之,孝景崩,武帝立,左右以为广名将也,于是广以
过了几年,汉景帝死了,武帝登基,大臣们都认为李广是名将,可以重用,武帝就把他从上郡太
上郡太守为未央卫尉。
守任上调回京城,担任未央宫卫尉。

后汉以马邑城诱单于,使大军伏马邑旁谷,而广为骁骑
后来,汉朝用马邑城来引诱单于,派大军埋伏在马邑城旁边的山谷里,李广担任骁骑将军,受护军
将军,领属护军将军。是时单于觉之,去,汉军皆无功。其
将军韩安国节制。当时,单于觉察到这是引诱他的计谋,就逃走了,汉军都未能建树功绩。过了四年,李
后四岁,广以卫尉为将军,出雁门击匈奴[3]。匈奴兵多,破败广
广从卫尉调升将军,率领军队出雁门关讨伐匈奴。这一次,匈奴兵多势盛,打败了汉军,活捉了李广。单
军,生得广[4]。单于素闻广贤,令曰:"得李广必生致之。"胡骑
于素闻李广本领高强,命令部下说:"俘获李广,一定要活的给我送来。"匈奴骑兵俘虏了李广,那时李

1 会暮:正赶上天色将晚。
2 平旦:又称平明、旦明,天才亮的时候。
3 雁门:当时北方的要塞。雁门塞,在今山西省代县西北。
4 生得:生擒,活捉。

得广，广时伤病，置广两马间，络而盛卧广。行十余里，广

广身受创伤，就让他躺在一张网兜里，挂在并排的两匹马中间抬着走。走了十几里路，李广装死，斜眼瞧

详死[1]，睨其旁有一胡儿骑善马[2]，广暂腾而上胡儿马[3]，因推堕儿，

见旁边有个年轻的匈奴人骑着一匹好马，他突然纵身一跃，跳上那匈奴青年的马背，夺了弓箭，把那青年

取其弓，鞭马南驰数十里，复得其余军，因引而入塞。匈奴

推下马去，他快马加鞭，向南奔驰几十里，又会合了部下的残兵，就带着他们进了雁门。匈奴追捕的骑兵

捕者骑数百追之，广行取胡儿弓，射杀追骑，以故得脱。于

几百人紧追不舍，李广在奔驰行进中，拿出那匈奴青年的弓箭，转身追杀追赶他的骑兵，才得以脱险。于

是至汉，汉下广吏。吏当广所失亡多，为虏所生得，当斩[4]，赎

是他回到了京师长安，汉廷把李广交给执法官审讯，司法官认为李广损兵折将，本人又被匈奴活捉，失军

为庶人[5]。

之罪，罪该斩首，李广用钱赎了死罪，被降为平民。

居无何，匈奴入杀辽西太守，败韩将军，后韩将军徙右北

过了不久，匈奴兵侵入边境，杀死辽西太守，打败了将军韩安国，韩将军后来改调右北平，死在任

平。于是天子乃召，拜广为右北平太守。

上。于是天子召见李广，拜他为右北平太守。

广居右北平，匈奴闻之，号曰"汉之飞将军"，避之数

李广镇守右北平，匈奴听到消息，都号称他为"汉朝的飞将军"，一直避开他，好几年都不敢侵

岁，不敢入右北平。

犯右北平地区。

1　详死：装死。详，同"佯"。
2　睨（nì）：斜视。
3　暂腾：忽然跳起来。暂，突然、猝然。
4　当：判罪。
5　赎：纳钱减罪。

广出猎，见草中石，以为虎而射之，中石没镞[1]，视
<small>有一次，李广出外打猎，远远望见草丛里一块石头，以为是老虎，一箭射去，射中石头，箭头全</small>
之石也。因复更射之，终不能复入石矣。广所居郡闻
<small>钻了进去，走过去一看，才知道是块硬石头。于是就重新再射，始终不能射进石头了。李广从前所驻守</small>
有虎，尝自射之。及居右北平射虎，虎腾伤广，广亦
<small>的各郡，听说有老虎出没，他就常常亲自去射杀。等到驻守右北平，李广又去射杀老虎，老虎跳跃起来，</small>
竟射杀之。
<small>扑伤了李广，但结果李广还是把老虎射死了。</small>

广廉，得赏赐辄分其麾下[2]，饮食与士共之。终广之身，
<small>李广为人廉洁，得了赏赐就分给自己的部下，吃喝都和士兵在一起。李广一生做了四十多年俸禄两</small>
为二千石四十余年[3]，家无余财，终不言家产事。广为人
<small>千石的高级官员，家里没有多余的财产，也始终不谈个人家产的事。李广个子高大，臂膀长得像长猴臂一</small>
长[4]，猿臂，其善射亦天性也，虽其子孙他人学者，莫能及
<small>样又长又灵活，他射箭的本领也是一种天赋，即使他的子孙和别人跟他学习射箭技术的，都比不上他李广。</small>
广。广讷口少言[5]，与人居则画地为军陈，射阔狭以饮。专
<small>李广说话迟钝，不善言谈。休闲和人们相聚时，总是在地上划成阵势，比赛射箭，输了的就罚酒。他把比</small>
以射为戏，竟死[6]。广之将兵，乏绝之处[7]，见水[8]，士卒不尽
<small>赛射箭当作唯一消遣的游戏。一直到死，都是这样。李广带兵行军，走到水源缺乏、粮食断绝的时候，士</small>

1　中（zhòng）石没镞（zú）：射中石头，连箭头都没入石中。
2　辄（zhé）分其麾（huī）下：就分给他的部下。辄，就、即。麾下，指自己直属的部队。
3　二千石（dàn）：汉九卿大臣及郡国守相的秩禄为二千石，月俸百二十斛。
4　为人长：身材高大。
5　讷（nè）口少言：说话迟钝，不善讲话。
6　竟死：一直到死。
7　乏绝：指缺粮断水。
8　见（xiàn）水：发现了水。

饮，广不近水；士卒不尽食，广不尝食。宽缓不苛，士以
_{兵们不全喝遍了，他不到水边去；不全吃遍了，他不尝一口饭。对待士兵十分宽和，一点也不怕烦劳，所}

此爱乐为用。其射，见敌急，非在数十步之内，度不中不
_{以士兵们都爱戴李广，甘心情愿为他效力。他射箭杀敌，直到敌人逼近了，估计如果不是在几十步可以射}

发，发即应弦而倒。用此，其将兵数困辱，其射猛兽亦为
_{中的范围里，就不发射；只要他一发箭，弓弦拉响，敌人就应该倒毙。因此，他带兵出战多次与敌短兵相}

所伤云。
_{接而遭受围困，他射猛兽也因靠近常常被扑伤。}

居顷之，石建卒，于是上召广代建为郎中令。元朔六
_{过了不多久，石建死了，于是武帝召见李广让他替代石建做郎中令。元朔六年（前123年），李广}

年，广复为后将军，从大将军军出定襄，击匈奴。诸将多中
_{又被任命为后将军，跟随大将军卫青，从定襄出击匈奴。和李广一道出征的将领们，大多数因为斩敌首级}

首虏率[1]，以功为侯者，而广军无功。后二岁，广以郎中令将
_{达到奖励标准，封了侯，而只有李广这支部队没有军功。两年以后，李广以郎中令率领四个骑兵从右北平}

四千骑出右北平，博望侯张骞将万骑与广俱[2]，异道。行可数
_{出发，博望侯张骞带领一万名骑兵和李广一起出征，出塞后，两支军队分路进军。李广军队大约前进了几}

百里，匈奴左贤王将四万骑围广，广军士皆恐，广乃使其子
_{百里，遭到匈奴左贤王带领的四万骑兵的包围，李广部下士兵都恐慌起来，李广就派他的儿子李敢骑马驰}

敢往驰之。敢独与数十骑驰，直贯胡骑，出其左右而还，告
_{奔敌阵探察敌情。李敢领着几十名骑兵前去，直贯敌人的包围圈横穿左右，然后回到自己阵地，向李广报}

---

1 中首虏率（lǜ）：斩首和虏获的数量符合封侯的标准。率，标准、规格。
2 张骞：汉中成固（今陕西省城固县）人，因出使西域和伐匈奴有功，封博望侯。事详《大宛列传》，又《汉书》有传。

广曰:"胡虏易与耳[1]。"军士乃安。广为圜陈外向[2],胡急击
告说:"匈奴兵是好对付的。"军心才安定下来。李广命令士兵们摆成圆形阵势,人人面向敌军。匈奴兵

之,矢下如雨。汉兵死者过半,汉矢且尽。广乃令士持满毋
疯狂进攻,箭如雨下。汉军死亡过半,箭也快射光了。李广就命令士兵们把箭搭在弦上,不要发射,他亲

发,而广身自以大黄射其裨将[3],杀数人,胡虏益解[4]。会日暮,
自用威力极大的黄间弩射向敌军的副将,一连射杀了几个,敌军的攻势才渐渐散开。这时,刚好天色已晚,

吏士皆无人色,而广意气自如,益治军[5]。军中自是服其勇也。
官兵们都吓得面无人色,可是李广的神色还是和平常一样,而且更加整饬军队。从此以后,他的部属更加

明日,复力战,而博望侯军亦至,匈奴军乃解去。汉军疲,
佩服他的勇气了。第二天,又和匈奴拼死作战,这时,博望侯张骞的大军也赶到了,敌军才解围而去。汉

弗能追。是时广军几没,罢归[6]。汉法,博望侯留迟后期[7],当
军已经非常疲乏,没有力量再去追击。这时,李广的军队几乎全军覆没,打完仗,回到朝廷。根据汉朝法令,

死,赎为庶人。广军功自如,无赏[8]。
博望侯行动迟缓,耽误军机,应当处死。张骞出钱赎回了死罪,被降为平民;李广功过相抵,没有得到赏赐。

初,广之从弟李蔡与广俱事孝文帝。景帝时,蔡积功劳
当初,李广的堂弟李蔡和李广一起事奉汉文帝。景帝时,李蔡的功劳累积起来,已经做到二千石

---

1. 易与:容易对付。
2. 圜陈:把部队排成圆形。外向:面向外。
3. 大黄:弩名,即黄间弩,又称黄肩弩,色黄体大,为当时射程最远的强弩。裨将,副将。
4. 益解:渐渐散开。益,逐渐。解,同"懈"。
5. 益治军:更加整顿军队。
6. 罢归:罢兵回师。
7. 留迟后期:行动迟缓,未能如期会师。留,滞留。
8. 广军功自如,无赏:李广功过相当,故未受赏。

▲ 明朝南薰殿旧藏《圣君贤臣全身像·武帝》

至二千石。孝武帝时,到代相[1]。以元朔五年为轻车将军,从
的高官。武帝时,升到了代相国的位置。于元朔五年(前124年)被任命为轻车将军,跟随大将军卫青攻

大将军击右贤王,有功中率,封为乐安侯。元狩二年中,代
打匈奴右贤王有功,符合奖励标准,被封为安乐侯。元狩二年(前121年),替代公孙弘为丞相。李蔡的

公孙弘为丞相。蔡为人在下中,名声出广下甚远,然广不得
人品在九品中属第八等,名气声望比李广相差甚远,可是李广却没有得到爵位和封邑,做官没有越过九卿,

爵邑,官不过九卿[2],而蔡为列侯,位至三公[3]。诸广之军吏及士
而李蔡却被封为列侯,担任丞相。李广麾下的一些军官和士兵们,甚至也得到了侯爵和封赏。李广曾经

卒或取封侯。广尝与望气王朔燕语[4],曰:"自汉击匈奴而广未
同观测星象云气,占卜吉凶的阴阳家王朔私下交谈说:"自从汉朝攻打匈奴以来,我李广没有一次不参

尝不在其中,而诸部校尉以下,才能不及中人,然以击胡军功
加战斗,而各部队校尉以下的军官,他们的才能比不上中等的人,可是以攻打匈奴有功而取得侯爵高位

取侯者数十人,而广不为后人,然无尺寸之功以得封邑者[5],何
的有几十人。我李广不比别人差,可是却没留下尺寸之功而得封邑,这是为什么呢?难道是我的骨相不

也?岂吾相不当侯邪,且固命也[6]?"朔曰:"将军自念,岂尝
应该封侯,还是本来命运注定这样呢?"王朔说:"将军自己回想一下,是否曾经做过自己认为遗憾的事?"

有所恨乎?"广曰:"吾尝为陇西守,羌尝反[7],吾诱而降,降者
李广说:"我曾经做过陇西太守,有一次羌族反叛,我用计诱降,投降的有八百多人,我用欺骗的手段

---

1 代相:做代国的相。代,汉初同姓封国之一。相,汉朝中央派往诸侯王国治理政务的官,与郡太守同级。
2 九卿:秦汉时以奉常(太常)、郎中令(光禄勋)、卫尉、太仆、廷尉、典客(大鸿胪)、宗正、治粟内史(大司农)、少府为九卿。
3 三公:西汉以丞相、太尉、御史大夫合称三公。
4 望气:候测星象,占卜吉凶。王朔:当时的天文家,善占候。燕语:私下交谈。
5 尺寸之功:很少的功劳。尺寸,喻极少。
6 命:命数,占候人妄称根据人的骨相、命数予卜吉凶,均属迷信说法。
7 羌:汉时居住在今甘肃、青海一带的少数民族。

李广私下里和王朔埋怨朝廷不公

八百余人，吾诈而同日杀之。至今大恨独此耳。"朔曰："祸
在同一天把他们全杀了。直到今日，使我感到最大遗憾的，就只有这一件事。"王朔说："罪过没有比

莫大于杀已降，此乃将军所以不得侯者也。"
杀死已经投降的人更大的了，这就是将军所以不能封侯的原因呢。"

后二岁，大将军、骠骑将军大出击匈奴，广数自请行。天子
二年后，大将军和骠骑将军大举出征匈奴，李广多次请求随军出征。武帝认为他年老没

以为老，弗许；良久乃许之，以为前将军。是岁，元狩四年也。
有允许；过了好久，才答应他，任命他为前将军。这一年，是元狩四年（前119年）。

广既从大将军青击匈奴，既出塞，青捕虏知单于所居，乃
已经决定李广跟随大将军卫青出击匈奴，就要出边塞，卫青捉到俘虏，问出了单于所住的地方，

自以精兵走之，而令广并于右将军军，出东道。东道少回远，
自己率领精锐部队在出击单于，而命令李广的部队和右将军赵食其的部队合并，从东路出发。东路稍为

而大军行水草少，其势不屯行。广自请曰："臣部为前将军，今
迂曲绕远，而大部队行经水草稀少的地方，形势逼迫快速挺进，不能中途住留。李广就自动向卫青请求说：

大将军乃徙令臣出东道，且臣结发而与匈奴战[1]，今乃一得当单
"我是部队的前将军，现在大将军却把我改调从东路行军。况且我年轻时就开始和匈奴作战，今天才得

于，臣愿居前，先死单于[2]。"大将军青亦阴受上诫，以为李广
到一次与单于对阵的机会，我愿意担任前锋，首先与单于决一死战。"大将军卫青曾秘密受到武帝的告诫，

老，数奇[3]，毋令当单于，恐不得所欲。而是时公孙敖新失侯[4]，
认为李广年老，遇事不吉，不要让他正面同单于对阵，因为这样子恐不能达到俘获单于的愿望。而这

为中将军从大将军，大将军亦欲使敖与俱当单于，故徙前将军
时，公孙敖刚刚失掉侯爵，担任中将军跟随大将军出征，大将军也想让公孙敖同自己一起与单于对阵，

广。广时知之，固自辞于大将军[5]。大将军不听，令长史封书与
所以调开前将军李广。李广当时也知道内情，向大将军表示坚决拒调动。大将军不理会李广的请求，命令

广之莫府[6]，曰："急诣部，如书[7]。"广不谢大将军而起行[8]，意甚
长史下一道公文给李广的幕府，说道："赶快到右将军的军部去报到，照文书所说的办。"李广不辞而别，

---

1 结发：犹"束发"，古代男孩十五以上束发为髻，此指年轻的时候。
2 先死单于：先和单于决一死战。
3 数奇（jī）：命运不好，遇事多不利。奇，单数。古代一种迷信说法认为单数为凶，双数为吉。
4 公孙敖：卫青早年好友，初为骑郎，曾救过卫青。卫青任大将军，他随之出击匈奴有功，封合骑侯。元狩二年出征匈奴，与霍去病约会，因未能如期，当斩，赎为庶人。"新失侯"即指此事。
5 固自辞：坚决要求不出东路。
6 长史：官名，西汉时三公府、大将军幕府属官，处理常务，职位颇重，相当于秘书长，大将军的长史可带兵。
7 急诣部，如书：赶快到右将军的军部去报到，执行出东道的命令。诣，前往。书，指命令。
8 不谢：不辞而别。

愠怒而就部，引兵与右将军食其合军出东道。军亡导，或失
内心怨怒地去到军部，带领士兵和右将军的人马合并从东路出发。部队没有向导，因此迷了路，落在大

道，后大将军[1]。大将军与单于接战，单于遁走，弗能得而还。
将军的后面，耽误了和大将军约定的军期。大将军与单于交战，单于逃走了，未能取得预期效果而还。

南绝幕[2]，遇前将军、右将军。广已见大将军，还入军。大将军
大将军向南渡过沙漠，才遇到前将军和右将军。李广谒见大将军后，回到自己军部。大将军派长史拿着

使长史持糒醪遗广[3]，因问广、食其失道状，青欲上书报天子军
干粮酒浆送给李广，顺便问了李广、赵食其迷失道路的情况，因为卫青要上书报告天子军中曲折的军情。

曲折。广未对，大将军使长史急责广之幕府对簿。广曰："诸
李广没有回答，大将军派长史迫令李广的幕府人员前去听候审讯。李广说："校尉们都没有罪，是我自

校尉无罪，乃我自失道。吾今自上簿。"
己迷失了道路。现在我亲自上供状，听候审问。"

至莫府，广谓其麾下曰："广结发与匈奴大小七十余战，
李广回到军中幕府，对部属说："我李广从小就与匈奴作战，大小七十多次，而今有幸跟

今幸从大将军出接单于兵，而大将军又徙广部行回远，而又迷
随大将军出兵与单于交战，可是大将军却让我部改道绕行，本来路程就远，偏又迷失了道路，难

失道，岂非天哉？且广年六十余矣，终不能复对刀笔之吏[4]。"
道这是天意吗？再说，我李广已经六十多岁了，总不能再去对簿公堂受那般文吏的审问。"于是

---

1 后大将军：误了与大将军会师的期限。后，后期。
2 南绝幕：往南行，穿过沙漠。约，穿过、越过。幕，同"漠"，沙漠。
3 糒（bèi）醪（láo）：酒食。糒，干饭。醪，酒浆。遗（wèi）：赠予。
4 刀笔之吏：治文书的官吏。古时字写在竹简上，错了即用刀刮削，刀笔都是掌文书官吏不可缺少的工具，故以此借代。

遂引刀自刭[1]。广军士大夫一军皆哭。百姓闻之，知与不知，无
抽刀自刎而死。李广全军将士痛哭。老百姓听到消息，了解内情与不了解内情的人，无论老少都

老壮皆为垂涕。
为李广而哭泣。

---

1 引刀自刭（jǐng）：抽刀自刎。引，抽。

孟尝君入秦（明内府彩绘本《春秋五霸七雄通俗演义列国志传》插图）

智慧故事

七则

鸡鸣狗盗显神威

孟尝君田文，是战国时四公子之一，事齐湣王、齐襄王两代齐王。孟尝君继承父亲田婴的封邑为薛公，养士三千人。他在战国四公子中，成名最早，名望最高，历仕齐、赵、秦三国相。孟尝君养士，最不择人品行，凡有一技之长，他都接纳。各国迁居到薛邑的有六万家，大多为暴桀子弟，使薛地变得人人都喜欢争强好胜，不大讲究礼仪和谦虚。

在孟尝君的食客中有两个知名小偷，一个会学鸡叫，一个会学狗吠。孟尝君的门客都看不起这两个人，纷纷劝孟尝君不要接纳，孟尝君没有听从。秦昭王八年（前299年），秦昭王听说孟尝君贤明，他不愿意孟尝君为齐国的国相，想除掉孟尝君，便派使臣到齐国，请孟尝君到秦国为相。战国时，两国友好，互派王子或大臣到对方做人质，称为质子、质臣。对方也可任用质子、质臣做象征性的高官，如同现代互派大使。秦昭王多次点名孟尝君入秦，心意不善，孟尝君和他的门客都知道。但孟尝君一行还是带了重礼和一技之长的门客入秦，小心谨慎，静观事变。

孟尝君带的礼物中有一件白狐皮大衣，天下无双，价值连城。孟尝君送给了秦昭王，对秦昭王左右及亲信大臣都送了重礼，加上门客的精明，消息十分灵通。

秦昭王迟迟不宣布孟尝君为相，而是琢磨着如何除掉他。孟尝君得知这一情况后，便派人联络秦昭王的一个宠姬，要她设法帮忙。秦昭王宠姬

孟尝君门客用鸡鸣赚开城门

说:"我也要一件白狐皮袍。"联络人员机灵地答应了,回去报告给了孟尝君。孟尝君手中不要说白狐袍,即使一般的狐皮袍也没有,大家急得团团转。这时,那个会学狗叫的门客兴冲冲地说:"大家不要急,今晚我到秦宫中把那件白狐袍偷出来,不就得了。"大家半信半疑,没有别的办法,只好如此。那个会狗叫的门客,果然身手不凡,他在深夜潜入秦宫府库,以狗叫声掩人耳目,居然盗出了那件白狐袍。孟尝君把白狐袍献给了秦昭王的宠姬,宠姬撒娇要昭王放了孟尝君。秦昭王答应了。

孟尝君深知秦昭王反复无常。他得到秦昭王放他回国的指令后,不声不响地准备好行囊，在当天夜里飞马出逃。孟尝君一行半夜来到了函谷关，只要出了关，就出了秦国国境。当时秦国开关有条禁令，即夜里不开关，天明开关，以鸡叫为开关起点。鸡在黎明时叫鸣，这时天还漆黑，正值深夜。孟尝君担心秦昭王反悔，派人来追，又是急得团团转。这时那个会鸡叫的门客大显神威。只见他伸了伸脖子，学着公鸡叫开了，声音逼真而洪亮。门客的鸡鸣，引起了守关的雄鸡叫鸣，此起彼落叫起来。守关的秦兵口里念叨，怎么今夜鸡叫得这么早，但还是稀里糊涂地打开了关门。孟尝君一行，刚出函谷关，秦昭王派去追缉孟尝君的人也就来到了函谷关，真险啊！

宋朝王安石读史至此，写了一篇《读孟尝君传》，大发感慨。认为孟尝君，号称贤能，得天下之士，原来不过是"鸡鸣狗盗之雄耳"，由于食客中杂有鸡鸣狗盗，真正的贤士就不去了。如果以齐国之强，有真正的贤士辅佐，完全可以统一天下，打败秦国还用得着要弄鸡鸣狗盗的小计吗？王安石的感慨，从治国高度上讲，很有道理。但从人尽其才的角度，鸡鸣狗盗也是一技之长，《水浒传》英雄中就有一个鼓上蚤时迁，在关键时刻还真发挥了作用。技能就是特长，特长就能有用，它本身并无善恶，要紧的是，特长怎么使用罢了。

孟尝君列传

孟尝君客无所择[1],皆善遇之。人人各自以为孟尝君亲己。
孟尝君养士不加选择,对所有来投靠的客人都一律很好的对待。客人们一个个都认为孟尝君对
秦昭王闻其贤,乃先使泾阳君为质于齐[2],以求见孟尝君。
自己很亲近。秦昭王听说孟尝君有才干,就派泾阳君到齐国做人质,用以交换让孟尝君到秦国。
齐湣王二十五年,复卒使孟尝君入秦,昭王即以
齐湣王二十五年,秦国又一次派人质做交换,终于使孟尝君到了秦国,秦昭王立即让孟尝君做了
孟尝君为秦相。人或说秦昭王曰:"孟尝君贤,而又
秦国的相国。这时有人对秦昭王说:"孟尝君有才干,又是齐王的本家,今天您让他当秦国的宰相,肯定
齐族也,今相秦,必先齐而后秦,秦其危矣。"于是
他是先为齐国打算然后才为秦国打算的,这样一来,秦国就有危险了。"秦昭王一听,就改变了主意,准
秦昭王乃止,囚孟尝君[3],谋欲杀之。孟尝君使人抵昭
备把孟尝君关起来,杀死他。孟尝君只好派人到秦昭王的一个宠姬那里去求救。这个宠姬说:"我希望得
王幸姬求解[4]。幸姬曰:"妾愿得君狐白裘[5]。"此时孟尝
到您那件白狐狸皮做的大衣。"当时孟尝君的确有一件白狐狸皮做的大衣,价值千金,天下找不出第二件,
君有一狐白裘,直千金,天下无双,入秦献之昭王,
可是他一到秦国就已经把它送给了秦昭王,现在手上再没有什么可送的。孟尝君很为此事伤脑筋,他问

---

1 客无所择:孟尝君招致宾客,不加选择,故鸡鸣狗盗之徒亦养之。
2 泾阳君:秦昭王弟,名悝。
3 囚:监视起来。
4 抵:冒昧相求。
5 狐白裘:集狐腋之皮而白色者为裘,价值千金。

鸡鸣狗盗显神威 115

唐·张萱《函关策蹇图》

更无他裘。孟尝君患之，遍问客，莫能对。最下坐有
遍了身边的门客，没有一个能想得出什么方法。这时一个坐在最下位的专会偷鸡摸狗的宾客出来说："我

能为狗盗者，曰："臣能得狐白裘。"乃夜为狗，以入
有办法得到白狐狸皮大衣。"于是他在夜间学狗叫钻进了秦国宫中的仓库，偷回了孟尝君送给秦昭王的白

秦宫臧中，取所献狐白裘至，以献秦王幸姬。幸姬为
狐狸皮大衣，献给秦昭王的宠姬。就这样，宠姬在秦昭王面前替孟尝君一说好话，秦昭王把孟尝君释放了。

言昭王，昭王释孟尝君。孟尝君得出，即驰去，更封
孟尝君一被释放，就赶紧逃走，他们自己伪造了通行证，改名换姓，准备混出关去。结果在半夜时赶到了

传，变名姓以出关。夜半至函谷关。秦昭王后悔出
函谷关。这时秦昭王已经后悔放孟尝君走了，当他再派人去找，发现孟尝君已经走了，于是秦昭王又马上

孟尝君，求之已去，即使人驰传逐之。孟尝君至关，
派人坐驿车去追。孟尝君来到函谷关下，按照守关的规定，是要等鸡叫才能开门放行的。孟尝君正在害怕

关法鸡鸣而出客，孟尝君恐追至，客之居下坐者有能
追兵来到而没有办法，这时一个会鸡鸣的下等客人叫开了，守关的雄鸡一起鸣叫，于是开关放行。孟尝君

为鸡鸣，而鸡齐鸣，遂发传出。出如食顷[1]，秦追果至
等出示了通关文牒，出了关门。等到他们过关后大约一顿饭的工夫，秦昭王派的人果然追到了关下，但是

关，已后孟尝君出[2]，乃还。始孟尝君列此二人于宾
已经晚了一步，只好空手回去了。当初孟尝君收留这两个鸡鸣狗盗的客人时，其他门客都觉得和他们在一

客，宾客尽羞之。及孟尝君有秦难，卒此二人拔之。
起是一种耻辱。等到孟尝君这次在秦国遇到了危险，全是靠着这两个人救了大家的危难。这以后，门客们

自是之后，客皆服[3]。
才都对孟尝君的眼力服气了。

1　食顷：吃一顿饭的时间。
2　已后：已经晚了一步。
3　客皆服：宾客们都佩服孟尝君有眼力，有远见，能识人而得人。

魏公子窃符救赵（明内府彩绘本《春秋五霸七雄通俗演义列国志传》插图）

信陵君窃符救赵

公元前260年，秦赵长平大战，秦胜赵败，秦兵坑杀赵国降卒四十余万，赵国精壮尽死于长平之战，元气大伤。秦兵乘胜围攻赵国都城邯郸，一连三年，秦兵没有攻下邯郸，但赵国已筋疲力尽，危在旦夕，而秦兵还在增加力量。这时，如果没有外援，眼看就要灭亡。平原君夫人是魏国信陵君的姐姐，而魏王是信陵君的长兄，也是平原君夫人的长兄。赵国凭着这层亲戚关系，由平原君出面，通过信陵君，要求魏国出兵救援。本来魏、赵两国就是唇齿相依的合纵关系，婚姻就是加强这种关系。秦国派出使者四处活动。发出话来，谁敢援助赵国，秦兵灭赵后就首先打援助赵国的国家。魏安釐王害怕秦兵，不敢救赵，但又不公开与赵决裂，还要保全合纵的面子。于是魏王派大将晋鄙率兵十万救赵，但暗中命令他把军队驻扎到魏国临近赵国的边境邺城，不再前进，实际上是保持中立。

平原君派出了一批又一批使者到魏国，催促魏国出兵，最后责备起信陵君来，说他不顾亲戚情面，见死不救。公元前257年，信陵君准备行装，带了门客，共一百多辆车，打算一同到赵国去效力。走之前，信陵君特意去了一趟夷门，去找侯嬴商量办法，说明自己的想法，希望侯嬴同行。不料侯嬴却对公子说："公子努力吧，我老了，不能跟您走。"态度非常冷淡。信陵君闷闷不乐地走了。信陵君行了几里路，越想越不是滋味。信陵君对侯嬴极为尊重，称他为"侯生"，即侯老先生，曾亲自替侯生驾车，

信陵君返回向侯嬴请教

奉为上宾，而今自己有难，向侯生辞行，他既不陪同赴义，也不出主意，态度冷淡，怕是反对自己的行动吧。信陵君这样一想，感到自己的决定太冒失，带着门客与秦军拼命，无益于赵，也不是赵国希望的。信陵君掉转车头，再次去见侯生，侯生果然在等待公子呢！侯嬴对公子说："我料到公子准会回来。公子礼贤下士，天下闻名。想不到今天走投无路，要去和秦军拼命，这好比拿一块肉投给一只饿虎，毫无意义。我之所以不送公子，公子一定在心里发恨，也是必然要回来的。"一席话说到信陵君的心坎上，魏公子连忙拜了两拜，请求侯嬴出妙计。侯嬴说："你要救赵，不是去送死，而是要掌握兵权，带兵去救赵。大将晋鄙率领大军驻扎在赵魏边境，军队已经有了准备。公子要夺过这支军队的兵权。我听说魏王宠姬如姬，常出入魏王卧室内。如姬有杀父之仇，悬赏了三年没有捉住凶犯，是你魏公子替如姬报了父仇，杀了如姬父亲的仇人。如姬是一个知恩必报的贤德女子。你让如姬从魏王卧内偷出发兵的虎符，到边境夺了晋鄙的军队，率军救赵，这才是上策。"信陵君听了侯嬴的计谋，不觉恍然大悟，第二天依计而行，拿到了虎符。

魏公子第二次向侯嬴辞行。侯嬴说："我年老了，不能上战场，就让我的朋友大力士朱亥跟随你。晋鄙是员老将，他顾全大局交了兵权最好，如果他不听从，要派人向魏王请示，就露馅了，那时要不失时机让朱亥立即杀掉他。"魏公子听后流下了眼泪。侯嬴说："公子害怕了？"魏公子说："我不是害怕，我担心晋鄙固执，不肯交兵权，这是魏国的一员老将，害了他太可惜。"侯嬴说："公子救赵是件大事，我应跟随公子。但我老了，跟随是个拖累，决心以死送公子。我估计某日公子到达晋鄙军，那一天我侯嬴面朝公子的方向自杀。"侯嬴以死坚定公子的心意，想到侯生之死而下狠心椎杀晋鄙。侯嬴说话算数，在魏公子到达晋鄙军营的那天，他真的自杀了。魏公子也果断地示意朱亥椎杀了晋鄙，夺了兵权。

魏公子为魏国国相，魏安釐王畏忌公子才能，不让他带兵。魏公子窃符救赵，不得已夺了兵权。他下令整编，让老弱独子退伍，得精兵八万人，一举攻破了秦军。楚国听说魏国出兵，也与赵国合纵，春申君黄歇领兵救赵。楚、赵、魏合兵击秦，秦军败退，赵国复存。这次合纵是魏公子的义举促成的，他的名声传遍了诸侯。

信陵君列传

魏安釐王二十年[1],秦昭王已破赵长平军,又进兵围邯郸。
魏安釐王二十年,秦昭王在长平大破赵军后,又进兵包围了赵国的首都邯郸。魏公子的姐姐是
公子姊为赵惠文王弟平原君夫人,数遗魏王及公子书,请救
赵惠文王的弟弟平原君的夫人,平原君一连几次地给魏王和魏公子写信,向魏国求救。开始时魏王也
于魏。魏王使将军晋鄙将十万众救赵,秦王使使者告魏王曰:
曾派出了将军晋鄙率兵十万前往援救赵国,但后来秦派使者来威胁魏王说:"邯郸很快就要被我们
"吾攻赵旦暮且下,而诸侯敢救者,已拔赵,必移兵先击之。"
攻下来了,哪个国家如果胆敢援救赵国,等我们攻下邯郸后,就首先移兵打它。"魏王听了害怕,于
魏王恐,使人止晋鄙,留军壁邺,名为救赵,实持两端以观
是就让晋鄙把军队停在邺县,名义上是要救赵,实际上是观望动静,脚踩两只船。这时平原君告急的
望。平原君使者冠盖相属于魏[2],让魏公子曰:"胜所以自附为
使者,一批批络绎不绝,平原君责备魏公子说:"赵胜当初之所以和你结为亲戚,就是看在你为人高尚,
婚姻者,以公子之高义,为能急人之困。今邯郸旦暮降秦而
到关键时刻能给人帮忙。如今邯郸很快就要投降秦国了,而魏国的救兵却迟迟不到,你能够给人帮忙
魏救不至,安在公子能急人之困也!且公子纵轻胜,弃之降
的表现在哪儿呢?再说,你即使不把我看在眼里,可以让我去给秦国当奴隶,难道你就不可怜你的姐
秦,独不怜公子姊邪?"公子患之,数请魏王,及宾客辩士说
姐吗?"魏公子听了也是心急如焚,他多次去向魏王请求,他周围的宾客辩士们也千方百计地对魏王

---

1 魏安釐二十年:公元前257年。
2 冠盖相属(zhǔ):极言使者之多,一个接一个。冠盖,指使者冠冕与车盖。

王万端。魏王畏秦，终不听公子。公子自度终不能得之于王，
进行劝说。但魏王由于害怕秦国，无论如何不答应。魏公子估摸着怎么做也不能说服魏王了，而自己

计不独生而令赵亡，乃请宾客，约车骑百余乘[1]，或以客往赴秦
又不能眼看着赵国灭亡而自己活着，于是他就邀集了他的宾客家丁等，凑了一百多辆车，准备率领他

军，与赵俱死。
们去跟秦军拼命，和赵国共存亡。

行过夷门，见侯生，具告所以欲死秦军状。辞决而行，
当他临走时特地到夷门来见侯嬴，把自己如何准备去跟秦军拼命的想法向侯嬴说了一遍。

侯生曰："公子勉之矣[2]，老臣不能从。"公子行数里，心不快，
说罢就要走了，侯嬴说："公子好自为之吧，我不能随您去啦。"魏公子走出了几里地后，心里很

曰："吾所以待侯生者备矣，天下莫不闻，今吾且死而侯生
不痛快，心想："我对待侯嬴应该说是不错了，天下没有不知道，可是今天轮到我去拼命，侯嬴竟

曾无一言半辞送我，我岂有所失哉？"复引车还，问侯生。
然连一言半语的好话都没有对我说，莫不是我有什么事情做得不对吗？"于是又率领着车马回来了。

侯生笑曰："臣固知公子之还也。"曰："公子喜士，名闻天
当魏公子再问侯嬴的时候，侯嬴笑着说："我就知道您会回来的。"侯嬴说："公子喜欢招贤纳士，

下。今有难，无他端而欲赴秦军，譬若以肉投馁虎，何功之
天下无人不知。可是轮到今天有难了，您不想别的办法而只顾自己去向秦军拼命，这样做如同拿着

有哉？尚安事客？然公子遇臣厚，公子往而臣不送，以是知
肥肉朝饿虎口里扔，那会有什么好处呢？照这样，那还养客做什么？您待我是天高地厚，您刚才说

公子恨之复返也。"公子再拜，因问。侯生乃屏人间语[3]，曰：
走而我不送您，我知道您心里会起疑问而再回来的。"魏公子向侯嬴拜了两拜，接着向他请教办法。

---

1 约车：套车。
2 勉：努力。
3 屏人：使其他人回避。间语：私语，密谋。

"嬴闻晋鄙之兵符常在王卧内，而如姬最幸，出入王卧内，力

侯嬴支开了众人，和魏公子悄悄地说："我听说晋鄙的兵符就放在魏王的卧室内，在魏王的周围只

能窃之。嬴闻如姬父为人所杀，如姬资之三年，自王以下欲

有如姬最受宠幸，她可以自由地在魏王的卧室出出进进，她可以把兵符偷出来。我听说如姬的父亲

求报其父仇，莫能得。如姬为公子泣，公子使客斩其仇头，

是被人杀害的，当初如姬积恨三年，到处求人替她报仇而找不到。最后如姬来向您哭诉，是您派人

敬进如姬。如姬之欲为公子死，无所辞，顾未有路耳。公子

割了她仇人的人头，交给了如姬。如姬想报答您的恩情，是死都不怕的，只是没有机会罢了。现在

诚一开口请如姬，如姬必许诺，则得虎符夺晋鄙军，北救赵

您只要一开口，如姬肯定会答应，这样我们就可以拿到虎符，夺得晋鄙的兵权，而后率兵北救赵，

而西却秦，此五霸之伐也。"公子从其计，请如姬，如姬果盗

西破秦，这不俨然是春秋五霸一样的功业吗？"魏公子接受了侯嬴的意见，请求如姬，如姬果然把

晋鄙兵符与公子。

兵符给他偷了出来。

公子行，侯生曰："将在外，主令有所不受，以便国家。

魏公子拿到兵符后，马上又要出发了，侯嬴说："大将带兵在外，君主的命令有时可以不接受，

公子即合符，而晋鄙不授公子兵而复请之[1]，事必危矣。臣客

总的是以对国家有利为原则。您到晋鄙那里，即使兵符合上了，但如果晋鄙不把兵权交给您，他要是回

屠者朱亥可与俱，此人力士。晋鄙听，大善；不听，可使击

头再请示，那事态就危险了。我的朋友屠户朱亥可以跟您一起去，他是个大力士。到时候晋鄙听话便罢；

之。"于是公子泣。侯生曰："公子畏死邪？何泣也？"公子

如果不听话，就让朱亥当场把他杀掉。"魏公子一听这话，不由得落下了眼泪。侯嬴说："公子是怕死吗？

---

1 复请之：回复请示于魏王。

曰:"晋鄙嚄唶宿将[1],往恐不听,必当杀之,是以泣耳,岂畏死哉?"于是公子请朱亥。朱亥笑曰:"臣乃市井鼓刀屠者,而公子亲数存之[2],所以不报谢者,以为小礼无所用。今公子有急,此乃臣效命之秋也。"遂与公子俱。公子过谢侯生,侯生曰:"臣宜从,老不能。请数公子行日,以至晋鄙军之日,北向自刭,以送公子。"公子遂行。

至邺,矫魏王令代晋鄙。晋鄙合符,疑之,举手视公子曰:"今吾拥十万之众,屯于境上,国之重任,今单车来代之,何如哉?"欲无听。朱亥袖四十斤铁椎,椎杀晋鄙,公子遂将晋鄙军。勒兵下令军中曰:"父子俱在军中,父归;兄弟俱在军中,兄归;独子无兄弟,归养。"得选兵八万人,

---

1 嚄(huò)唶(zé)宿将:勇猛的老将,国家之宝也。嚄唶,声音雄武的样子。
2 存:慰问。

进兵击秦军。秦军解去,遂救邯郸,存赵。赵王及平原君
这样整编后还剩下精兵八万人,于是前进攻击秦军。秦军被迫撤退,邯郸终于得救了,赵国得到了保全。赵
自迎公子于界,平原君负韊矢为公子先引[1]。赵王再拜曰:"自
王和平原君亲自到国境上来迎接魏公子,平原君亲自替魏公子背着箭袋,在前头引路。赵王对公子拜了两拜,
古贤人未有及公子者也。"当此之时,平原君不敢自比于人。
感激地说:"自古以来的贤人没有一个能比得上公子您。"到这时,平原君再也不敢和魏公子相比了。再说侯嬴,
公子与侯生决,至军,侯生果北向自刭。
等魏公子走后,当他估计着魏公子已经到达晋鄙军队的时候,果然向着北方自杀了。

魏王怒公子之盗其兵符,矫杀晋鄙,公子亦自知也。已
魏王对魏公子盗窃兵符,假传命令杀死晋鄙的事情很生气,魏公子当然也很清楚这一点。所以等
却秦存赵,使将将其军归魏,而公子独与客留赵。赵孝成王
他击退了秦兵,保全了赵国之后,立刻就让别的将领带着军队回了魏国,他自己和他的那些门客们就在
德公子之矫夺晋鄙兵而存赵,乃与平原君计,以五城封公子。
赵国留了下来。赵孝成王很感谢魏公子夺军救赵的义举,于是就和平原君商量,想要封给魏公子五座城。
公子闻之,意骄矜而有自功之色。客有说公子曰:"物有不可
魏公子听说后,心里也很得意,觉得是理所当然的。这时有位门客就去劝他说:"有些事情我们不能忘掉,
不忘,或有不可不忘。夫人有德于公子,公子不可忘也;公
也有些事情我们不能不忘掉它。凡是别人对您有德,您是不应该忘记的;如果是您对别人有德,那您就
子有德于人,愿公子忘之也。且矫魏王令,夺晋鄙兵以救赵,
应该把它忘掉。更何况假传命令夺取兵权以解救赵国,这对于赵国当然是有功的,但对于魏国这就不能
于赵则有功矣,于魏则未为忠臣也。公子乃自骄而功之,窃
算是忠臣了。可是您现在还自以为有功而心安理得,我认为这是不可取的。"魏公子一听立刻反省自责,

---

[1] 韊(lán)矢:装有箭矢的箭矢囊。

赵王欲封无忌(明内府彩绘本《春秋五霸七雄通俗演义列国志传》插图)

赵王宴请魏公子

为公子不取也。"于是公子立自责，似若无所容者。赵王扫除
都愧悔得好像无地自容了。当赵王洒扫街道，以主人身份亲自把魏公子接到了王宫时，赵王请魏公子从

自迎，执主人之礼，引公子就西阶。 公子侧行辞让，从东阶
西边的台阶上堂。魏公子谦让随赵王之后从东阶上堂，口称有罪过。夺军救赵，对魏国来说是一种背叛，

上。自言罪过，以负于魏，无功于赵。赵王侍酒至暮，口不
而对于赵国也没有什么功劳。赵王陪着公子喝酒，一直喝到晚上，由于魏公子的谦虚退让，使得赵王竟

忍献五城，以公子退让也。 公子竟留赵。赵王以鄗为公子汤
没有再开口说要献给魏公子五座城的事情。从此以后，魏公子就在赵国留下来。赵王把鄗邑给了魏公子，

沐邑，魏亦复以信陵奉公子。 公子留赵。
以供给他日常生活的开销，而魏国也把信陵邑给了魏公子。魏公子就继续留在了赵国。

刘邦智赴鸿门宴

设置圈套，让对方陷入困境，称为摆鸿门宴。这故事发生在公元前206年楚汉相争时。设宴的一方是项羽，赴宴的一方是刘邦。鸿门宴拉开楚汉相争的序幕。几年以后，楚王项羽失败，汉王刘邦胜利，建立了汉朝。

鸿门宴，本来是刘邦为鱼肉，项羽为刀俎，结果刘邦占了主动，项羽被动，这场斗争已经预示了汉胜楚败。项羽依靠的是武力，刘邦依靠的是智谋。楚汉相争，项羽曾提出，两人单打斗力，决出胜负停止打仗，刘邦说："我愿意咱们两人斗智，我不愿意斗力。"结果是智战胜了力。刘邦赴鸿门宴，也是智战胜力，可以称为智赴鸿门宴。

公元前206年十二月，项羽率兵四十万来到函谷关，看到的是刘邦军队守关，不让诸侯军队进关。项羽大怒，传令黥布打破函谷关，驻军鸿门（在今陕西省西安市临潼区东）。刘邦军队只有十万，驻在咸阳东面渭水南岸的霸上。沛公的左司马曹无伤见项羽势大，想投靠项羽，就秘密地向项羽报告，把刘邦想做关中王，以及刘邦军的部署虚实，一一告诉项羽。项羽大怒，传令士兵饱餐，天明攻击刘邦军。夜幕降临，旷野一片沉寂。项羽军进入了临战的准备，刘邦还蒙在鼓里，只要天一亮，这支军队就要陷入灭顶之灾。

然而，刘邦命不该绝，突然间来了一个救星。这个救星就是项羽的叔

▲ 鸿门设宴（清代年画）

父项伯。项伯是张良的好朋友,张良曾是他的救命恩人。张良这时正跟随沛公,项伯连夜跑到刘邦军营找到张良,要他立即逃走。项伯说:"你我是好朋友,我才劝你,不要跟沛公一块儿送死啊。"张良想了想说:"我是韩王派来护送沛公的,这时候他遇到危难,我不能就这么不仁不义地逃走,还是请你等一下,让我去跟沛公说一声。"项伯只好答应了。张良急忙进入军帐,把项伯告诉他的话一五一十地说了,刘邦吓出一身冷汗,连忙说:"怎么办?怎么办?"张良说:"谁出的主意派兵守关?"刘邦说:"我听了一个浑小子的意见,想闭关做关中王。"张良说:"你能打过项羽吗?"刘邦沉默了一阵说:"当然打不过。但事已至此,怎么办?"张良说:"只有一个办法,把实情瞒过项伯,把他拉过来就有转机了。"刘邦问张良:

刘邦款待项伯

"你俩谁年长?"张良说:"项伯年长。"刘邦说:"你把项伯请进来,我要待他为兄长。"于是张良把项伯请进了军营。

刘邦在酒席上亲自替项伯斟酒,左一个大哥,右一个大哥,叫得项伯心花怒放。三人越谈越高兴,经过张良撮合,刘邦与项伯结为儿女亲家。当然啦,刘邦兑不兑现不重要,这只不过是拉拢项伯的办法。这时刘邦想好了托词,对项伯说:"我进关以后,没拿一针一线,查封了府库,专等项将军到来。我派兵守关,是为了防备其他盗贼入关,哪里是拦阻项将军呢?这真是大水冲了龙王庙,自家人不识自家人,一场误会,请大哥在项将军面前好好疏通,我刘邦绝不忘恩负义。"项伯点头称是,对刘邦说:"我得立即赶回去阻止军队出发。天一亮你就来亲自向项羽道歉,我会保证你的安全。"刘邦说:"当然,当然。"项伯告辞走了。

项伯回答一一告诉了项羽,又说:"如果不是沛公先打破关中,您怎么能进关呢?如今人家有大功反而要打人家,这不合道义。我已约好沛公明早来向你赔罪,不如好好招待,两家和好。"项羽答应了。

项羽的谋臣范增对项羽说:"刘邦做平民时贪财好色,这次进入咸阳,不贪财,不好色,我看他的志气不小,一定要铲除刘邦。"范增还说他观察天象,刘邦有天子气,应在宴会上想办法杀死他。项羽拿不定主意,含糊地答应了。

第二天一清早,刘邦带着张良、樊哙和一百多个随从,去鸿门拜见项羽。一见项王赶忙赔罪,说:"我跟将军合力攻打秦国,将军您在河北作战,我在河南作战。没想到我先于将军入关攻破秦朝,能在这里和将军相见。如今有小人不知从中说了什么坏话,使得将军和我之间有了隔阂。"

项羽想了想说:"是您的左司马曹无伤说的,不然,怎么会误会到这个地步。"刘邦听后暗吃一惊。

项王当天留下刘邦一起喝酒,项王、项伯面向东坐,范增面向南坐,沛公面向北坐,还有张良面西陪坐。范增好几次给项王递眼色,又几次举起所佩戴的玉佩向项王示意,想让项王下命杀了刘邦。项羽却总是没有反应。范增起身,到外面叫来了项羽的堂兄弟项庄说:"项王他心肠太软,你进去给沛公献酒,然后请求舞剑,趁舞剑的机会把刘邦给杀掉。"

项庄进入军营后,先敬酒,敬完酒后,项庄对项羽说:"军营里没有什么娱乐,请让我舞剑助兴吧!"项羽随声答道:"好吧。"项庄便在酒宴上舞起剑来,舞着舞着就到了沛公的面前。项伯一见项庄舞剑,料知这是冲沛公去的。项伯也舞起剑来,并时时用身体掩护着刘邦,使得项庄没有机会刺到刘邦。

张良见情形紧急,离开酒席起身出来,找到樊哙。樊哙急忙问:"里面怎么样?"张良说:"形势很紧迫,项庄正在舞剑,他有意利用舞剑来刺杀沛公。"樊哙跳起来说:"情况紧急,让我进去,跟他们拼了,要死就死在一起。"樊哙提着宝剑闯进了军营中,气呼呼地望着项羽,头发一根根地直立着,眼睛瞪得大大的,连眼角都快裂开了。项羽不知来者是何人,挺直了身子,手握宝剑问道:"这位客人是干什么的?"张良在旁连忙答道:"是沛公的护卫樊哙。"项羽说:"好一个壮士,赐给他一杯酒!"旁人递给樊哙一杯酒,樊哙接酒后一饮而尽。项羽又令左右说:"赏给他一个猪腿。"樊哙接过生猪腿,把它放在反扣在地上的盾牌上,拔出剑来一边切一边吃。项王说:"真是一位壮士,还能喝酒吗?"樊哙说道:"我连死都不怕,还怕喝这点酒吗?秦王的凶残如虎狼,杀人唯恐杀不尽,加刑唯恐加不尽,所以,失去了天下的人心。楚怀王跟诸将约定:'谁先入关谁做关中王。'现在沛公攻入关中,并没有做王,他封了库房,闭了宫室,把队伍退到霸上,等着将军的到来,并派人驻守函谷关,为的是提防盗贼和发生其他意外。如此劳苦功高,没有得到将军的赏赐,反而听信小人之言想将沛公杀死,这是走秦朝灭亡的老路啊!我认为将军这样做是不可取的。"

项羽听了樊哙的一席话,无话回答,只是说:"坐吧。"樊哙便挨着张良坐下。过了一会,刘邦称上厕所,便起身走出去。樊哙也紧跟着出来了。

沛公对跟出来的张良和樊哙说:"我现在出来,没有给项王告辞,怎么办?"樊哙着急地说:"我们现在像放在砧板上的鱼和肉,他们是刀啊,我们还有什么可告辞的呢?不要拘泥什么小礼节了,我们赶快走吧。"刘邦决定立即逃走,让张良留下来向项王告辞。张良问道:"您来时带什么礼物没有?"沛公说:"我带来一双白璧,准备献给项王;带来玉斗一对,准备献给亚父的。还没来得及献上,你就替我献给他们吧!"张良说:"遵命。"沛公的军队驻在霸上,与鸿门相距四十里。沛公丢下车马、随从,独自骑马。樊哙、夏侯婴、靳强、纪信等人握剑持盾紧随其后,跑步跟随沛公从骊山麓,抄山路回到霸上。

刘邦走后,张良回到酒席上,对项王说:"沛公酒量小,喝多了点,不能亲自给项将军辞行了。特让我奉上白璧一双献给将军;玉斗一对,赠给亚父范将军。"项王问道:"沛公现在什么地方?"张良说:"沛公听说将军有意责备他,他就一个人先走了,想必现已回到了军营。"项羽接过白璧,把它放在了座位上。亚父接过玉斗,扔在了地上,抽出剑来将玉斗击个粉碎,说:"唉!竖子没法跟他们共谋大事,夺取项王天下的,必定是刘邦。我们这些人将要成为刘邦的俘虏了！"沛公回到军营后，立即杀了曹无伤。一场剑拔弩张的宴会，终于在刘邦君臣的智谋下化险为夷了。

　　项羽设鸿门宴，他本可以不费吹灰之力杀掉刘邦，如果这样，历史将是另一番模样。当时项羽才是一个二十七岁的将军，性情又直爽，听了几句好话就飘飘然，刘邦抓住这个弱点，老谋深算，与樊哙一行对好口径，颠倒事实，以攻为守，反而数落得项羽自觉理亏，其政治手腕之高明，由此可见一斑。鸿门宴拉开楚汉相争序幕，这是一场文斗，说理斗智，项羽主动变被动，它预示项羽必败，所以范增说："今天放走刘邦，日后我们都要成为他的俘虏！"不幸言中。

项羽本纪

沛公旦日从百余骑来见项王[1]，至鸿门，谢曰："臣与将军戮
_{沛公第二天带着一百多人马拜见项王，来到鸿门，谢罪说："我与将军协力}
力而攻秦，将军战河北，臣战河南，然不自意能先入关破秦[2]，
_{攻秦，将军在河北作战，我在河南作战，然而没有料到我能先入关攻破秦军，得}
得复见将军于此。今者有小人之言，令将军与臣有郤。"项王
_{以在这里再次见到将军。现在有小人说坏话，让将军和我产生嫌隙。"项王说："这}
曰："此沛公左司马曹无伤言之，不然，籍何以至此？"项王即
_{是沛公的左司马曹无伤说的，不然，项籍怎么会这样呢？"项王当天就留沛公一}
日因留沛公，与饮。项王、项伯东向坐，亚父南向坐。亚父
_{起喝酒。项王、项伯面朝东坐，亚父面南就座。亚父，就是范增。沛公面朝北坐，}
者，范增也。沛公北向坐，张良西向侍。范增数目项王，举所
_{张良面西陪坐。范增多次以目示意项王，举起所佩玉玦来暗示了三次，项王默然}
佩玉玦以示之者三[3]，项王默然不应。范增起，出召项庄[4]，谓曰：
_{不应。范增起身，出来召唤项庄，对他说："君王为人不忍心，你进去上前祝寿，}
"君王为人不忍，若入前为寿，寿毕，请以剑舞，因击沛公于
_{完毕后请求舞剑，趁机刺杀沛公于座席上。不然的话，你们这帮人终将为他所俘}

---

1 从：带领随从。
2 不自意：自己也没有料到的。
3 玉玦：一种半圆形的佩戴玉器。玦与"决"谐音，举玉玦示意项羽下决心杀掉刘邦。
4 项庄：项羽堂兄弟。

刘邦智赴鸿门宴

坐，杀之。不者[1]，若属皆且为所虏。"庄则入为寿。寿毕，曰：
虏。"项庄就进去奉酒祝寿，奉酒完毕，说："君王与沛公饮酒，军中没有什么

"君王与沛公饮，军中无以为乐，请以剑舞。"项王曰："诺。"
可以取乐，请让我舞剑吧！"项王说："好。"项庄拔剑起舞，项伯也拔剑起舞，

项庄拔剑起舞，项伯亦拔剑起舞，常以身翼蔽沛公[2]，庄不得
常用身体掩护沛公，项庄没有机会刺击。这时张良到军门，见到樊哙。樊哙问：

击。于是张良至军门，见樊哙。樊哙曰："今日之事何如？"良
"今天的事情怎么样？"张良说："很危急！现在项庄拔剑起舞，其意常常在沛

曰："甚急！今者项庄拔剑舞，其意常在沛公也。"哙曰："此迫
公身上。"樊哙说："紧迫了，我请求进去，与沛公同生死。"樊哙立即带剑拿

矣，臣请入，与之同命。"哙即带剑拥盾入军门。交戟之卫士
盾进入军门。卫士矛戟交叉想阻止不让进去，樊哙侧过盾一撞，卫士仆倒在地，

欲止不内，樊哙侧其盾以撞，卫士仆地[3]，哙遂入。披帷西向立，
樊哙于是进去，揭开帷帐，面西站立，瞪大眼睛看着项王，头发竖起，两边眼角

瞋目视项王[4]，头发上指，目眦尽裂[5]。项王按剑而跽曰[6]："客何为
都睁裂了。项王提剑挺身跪起问："来客是干什么的？"张良说："这是沛公的

者？"张良曰："沛公之参乘樊哙者也[7]。"项王曰："壮士！赐之
参乘，叫樊哙。"项王说："壮士！赐他一杯酒。"就给他一大斗酒，樊哙拜谢，

---

1 不者：否则。不，读否。
2 翼蔽：像鸟翼一样遮住，掩护。
3 仆：倒地。
4 瞋目：瞪大眼睛。
5 目眦（zì）尽裂：眼眶都睁得绽开了，形容樊哙怒不可遏。
6 按剑而跽：提剑跪起。古人席地而坐，两膝着地，臀部坐于小腿上。如果臀部离开小腿，准备起身就形成长跪姿势，这就是跽。项羽按剑而跽，是准备决斗的戒备姿势。
7 参乘：同车而乘，在右侧担任警卫的甲士。

卮酒。"则与斗卮酒[1]。哙拜谢，起，立而饮之。项王曰："赐之
彘肩。"则与一生彘肩[2]。樊哙覆其盾于地，加彘肩上，拔剑切而
啖之[3]。项王曰："壮士，能复饮乎？"樊哙曰："臣死且不避，卮
酒安足辞！夫秦王有虎狼之心，杀人如不能举，刑人如恐不胜，
天下皆叛之。怀王与诸将约曰：'先破秦入咸阳者王之。'今沛
公先破秦入咸阳，毫毛不敢有所近[4]，封闭宫室，还军霸上，以
待大王来。故遣将守关者，备他盗出入与非常也。劳苦功高
如此，未有封侯之赏，而听细说[5]，欲诛有功之人。此亡秦之续
耳，窃为大王不取也。"项王未有以应，曰："坐！"樊哙从良
坐。坐须臾，沛公起如厕，因招樊哙出。

---

1 斗卮酒：容一斗的大酒杯。
2 生彘肩：一整条猪肘。
3 啖（dàn）：大口地吞吃。
4 毫毛：同"秋毫"，喻微小。
5 细说：小人的谗言。

沛公已出，项王使都尉陈平召沛公[1]。沛公曰："今者出，
沛公已经出去，项王派都尉陈平召唤沛公。沛公说："刚才出来，没有告

未辞也，为之奈何？"樊哙曰："大行不顾细谨，大礼不辞小
辞，怎么办呢？"樊哙说："干大事不要顾忌细小的差池，行大礼不要怕小的责

让。如今人方为刀俎[2]，我为鱼肉，何辞为！"于是遂去。乃令
难。眼下人家是屠刀的砧板，我们是鱼肉，还告辞什么？"当时就离去。临走时

张良留谢，良问曰："大王来何操？"曰："我持白璧一双，欲
让张良留下致来辞行，张良问："大王来时带了什么？"沛公说："我带了白璧

张良建议刘邦快走

---

1 陈平：第二年即归刘邦为谋主。事详《陈丞相世家》。
2 俎：刀砧板。

献项王；玉斗一双[1]，欲与亚父。会其怒，不敢献。公为我献
一双，想献给项王；玉斗一双，想献给亚父。正赶上他们发怒，没敢进献。您替

之。"张良曰："谨诺。"当是时，项王军在鸿门下，沛公军在
我献上吧！"张良说："遵命。"当时，项王驻军在鸿门下，沛公驻军在霸上，

霸上，相去四十里。沛公则置车骑，脱身独骑，与樊哙、夏
相距四十里。沛公就丢下车马侍从，脱身而走，独自骑马，樊哙、夏侯婴、靳强、

侯婴、靳强、纪信等四人持剑盾步走[2]，从郦山下[3]，道芷阳间
纪信等四人持剑拿盾徒步随身护卫，沿着骊山悄然而下，顺着经芷阳的小路走。

行[4]。沛公谓张良曰："从此道至吾军，不过二十里耳。度我至
沛公告诉张良说："从这条小道到我们的军营，不过二十里。你估计我已到军营

军中，公乃入。"沛公已去，间至军中，张良入谢，曰："沛公
中时，再进去辞行。"沛公已经离去，从小路回到军中，张良估摸着时间，进去

不胜杯杓[5]，不能辞，谨使臣良奉白璧一双，再拜献大王足下[6]；
谢罪，说："沛公没有酒量，不能告辞，谨让小臣张良奉上白璧一双，敬献大王

玉斗一双，再拜奉大将军足下。"项王曰："沛公安在？"良
足下；玉斗一双，敬奉大将军足下。"项王问："沛公在哪里？"张良答道："听

曰："闻大王有意督过之，脱身独去，已至军矣。"项王则受
说大王有意责罚他，他便独自离开了，此时大概已经回军营里了。"项王便接受

1　玉斗：玉制酒器。
2　夏侯婴：号滕公，封汝阴侯，与樊哙同传。靳强：封汾阳侯。纪信：从刘邦为将军。
3　郦山：在临潼东。
4　道芷阳间行：取道经芷阳的小路走。芷阳，秦县名，县治在今陕西长安东。
5　杯杓：这里作酒的代称。
6　再拜献：谦辞，郑重奉上的意思。

璧，置之坐上。亚父受玉斗，置之地，拔剑撞而破之，曰：
了玉璧，放在座席上。亚父接过玉斗，扔在地上，拔出剑来击成碎片，骂道："唉，

"唉，竖子不足与谋[1]！夺项王天下者，必沛公也，吾属今为之
这小子不足以共谋大事。夺取项王天下的，必定是沛公了！我辈眼下就要成为他

虏矣！"沛公至军，立诛杀曹无伤。
的俘虏了！"沛公回到军营，立刻杀了曹无伤。

---

[1] 竖子：小子。范增明骂项庄，暗斥项羽。

烧绝栈道惑项王

张良为韩王司徒,辅佐韩王成在韩国旧地颍川一带展开游击,但没有打开局面。沛公刘邦率军西征,进入韩国旧地,张良引兵会合,这才打下了十多座县城。沛公让韩王成留守韩地,命张良跟随自己南下攻取南阳郡的宛城,按计划从武关迂回破秦。沛公前进遮挡了秦兵,韩王成当然乐意,就让张良代表自己护送沛公,一同攻秦。张良有军师之才,但不宜领兵野战,非常高兴随从沛公做谋士,展示自己的才华。

沛公得到了张良辅佐,如鱼得水,如虎添翼。沛公军一路势如破竹,从武关迂回进入了咸阳。项羽滞后一个月从函谷关进入关中。楚怀王与诸将有约:"先入定关中者王之。"沛公刘邦应当为关中王,占有秦地。项羽不肯,派人请示楚怀王,希望楚怀王发话改变主意。楚怀王不同意,传话说:"如约。"即按事先约定的办事。项羽大怒,他对各路诸侯说:"天下义兵反秦时,暂立诸侯以便讨秦。亲身与秦军战斗的是我项籍和各位将军的力量,我们血战三年,灭掉了秦国。怀王没有什么功劳,就尊他为义帝,我们大家出了力的,应当分地为王。"诸侯们听了都心领神会。大家兴高采烈,齐声说:"好。"于是项羽分封了十八个王,自称西楚霸王,为诸侯盟主。项羽把秦国土地分为四份,关中地区分为三块,封给三个秦朝的降将:章邯为雍王,占有咸阳以西土地;司马欣为塞王,占有咸阳以东土地;董翳为翟王,占有陕北土地。汉中、巴、蜀为一份,封给沛公刘邦做汉中王。项羽说:"汉中也在关中,汉中王也就是关中王。"刘邦很不高兴,想发动战争与项羽拼命,被萧何、张良劝止了。

公元前206年四月,诸侯各就国。项羽命汉王刘邦带三万人入汉中。张良要随韩王成回韩地,他先送汉王一程。张良送汉王,为的是沿途观察地形,做好准备日后打回关中。汉王一行从褒斜道入汉中,一路经过绝壁、栈道。张良劝汉王烧掉栈道,有三大作用。第一,麻痹项羽,表示汉王没有东出的意思;第二,防止项羽和三秦王追击偷袭;第三,阻止思乡心切的东方士兵逃散。汉王认为这计谋十分高明,一路行军,一路放火,烧了栈道。张良送汉王直到褒中,快望见了汉中,才依依惜别。

张良回到韩王成身边,项羽怨恨张良替沛公出谋划策,不让韩王成就国,把韩王成带到了彭城。不久山东齐王田荣反叛。张良写信对项羽说:"田氏不满项王分封,带头造反,是楚国的心腹大患。汉王烧了栈道,不想东出,安心做汉中王了。"项羽疑惑不定,可眼见汉王烧了栈道,于是放心地出兵征讨山东田氏。

又过了几个月,汉王派民工、军队大肆修整栈道,给三秦王示意,汉王终究要东出。但修复栈道,不是一朝一夕的事,没有一两年是修不成的。雍王章邯不放在心上。原来是刘邦的大将韩信,明修栈道,暗度陈仓。他修栈道是麻痹章邯,大军已经偷偷地出动了,出其不意从陈仓(今陕西省宝鸡市东)进入关中,偷袭章邯,大获全胜。韩信很快平定了三秦,把章邯残部包围在雍王都城废丘(今陕西省兴平市)。接着韩信挥师出关,向东攻击楚国。

项王听到汉王灭了三秦,便杀了韩王成,张良逃出彭城,回归汉王。

从此，张良为汉王军师，谋划天下大事，汉王灭楚的奇谋善计，多出自张良。汉朝建立后，张良受封为留侯。

烧绝栈道，出人意料，谁都想不到有何深意，在汉王力量弱小的时候，这是麻痹敌人的最好方略。汉王做了多次利用，君臣配合，奇谋发挥了高效益，使人拍案叫绝。

留侯世家

沛公之从洛阳南出轘辕[1],良引兵从沛公,下韩十余城,击
<small>当沛公刘邦从洛阳南部向轘辕山行进时,张良领着一些兵马跟从沛公,打下了韩地的十多座县城,</small>
破杨熊军。沛公乃令韩王成留守阳翟,与良俱南,攻下宛,
<small>击破了秦将杨熊的部队。沛公就命令韩王成留守在阳翟,自己则与张良一起继续南下,攻克了宛城,向</small>
西入武关[2]。沛公欲以兵二万人击秦峣下军,良说曰:"秦兵尚
<small>西进入了武关。这时,沛公想用两万兵马去攻打秦朝镇守峣关的军队,张良劝阻说:"秦军还十分强大,</small>
强,未可轻。臣闻其将屠者子,贾竖易动以利。愿沛公且留
<small>不可掉以轻心。我听说峣关守将是屠夫的儿子,商贩出身的人容易被利诱打动。希望沛公暂时坚壁不动,</small>
壁[3],使人先行,为五万人具食,益为张旗帜诸山上,为疑兵,
<small>而派人先去准备好五万人吃的东西,并在各座山上多插上一些旗帜,作为疑兵,然后派郦食其拿着价值</small>
令郦食其持重宝啖秦将[4]。"秦将果叛,欲连和俱西袭咸阳,沛
<small>昂贵的珍宝去引诱秦将。"峣关守将果然背叛了秦朝,想要和刘邦联合起来一同西进袭击咸阳,沛公打</small>
公欲听之。良曰:"此独其将欲叛耳,恐士卒不从。不从必
<small>算同意他们的要求。张良说:"这恐怕只是那守将愿意叛变罢了,士兵们不一定会听从。如果不听从那</small>
危,不如因其解击之[5]。"沛公乃引兵击秦军,大破之。遂北至
<small>就很危险了,不如趁他们懈怠不防备时消灭掉。"于是沛公就领兵袭击秦军,大获全胜。接着又穷追猛</small>

---

1. 轘辕,山名,在河南省偃师市东南。
2. 武关:在今陕西省丹凤县东南。
3. 留壁:坚壁不动。
4. 郦食(yì)其(jī):刘邦谋士,《史记》有传。啖(dàn):吃,此为引诱。
5. 解:同"懈"。

蓝田[1],再战,秦兵竟败。遂至咸阳,秦王子婴降沛公。
打到了蓝田,又大打一仗,秦兵终于招架不住了。这样,沛公就进了咸阳,秦王子婴投降了沛公。

沛公入秦官,宫室、帷帐、狗马、重宝、妇女以千数,意
沛公刘邦进入秦王宫中以后,看到宫殿、帷帐、狗马、珍宝、妇女等成千上万,心里就想留在宫
欲留居之。樊哙谏沛公出舍,沛公不听。良曰:"夫秦为无
里不走了。樊哙劝谏沛公住到宫外去,沛公不予理睬。张良说:"那秦朝暴虐无道,所以沛公您才能来
道,故沛公得至此。夫为天下除残贼,宜缟素为资[2]。今始入
到这里。既是为天下铲除残害百姓的暴政,就应该以生活俭朴为凭借。如今刚刚打进秦都咸阳,就想安
秦,即安其乐,此所谓'助桀为虐'。且'忠言逆耳利于行,
享逸乐,这正是所谓'助桀为虐'。况且'忠言逆耳利于行,良药苦口利于病',希望沛公您能听从樊
毒药苦口利于病',愿沛公听樊哙言。"沛公乃还军霸上[3]。
哙的劝告。"于是沛公才撤出咸阳把军队驻扎在霸上。

项羽至鸿门下,欲击沛公,项伯乃夜驰入沛公军,私见
项羽到了鸿门以后,准备攻打沛公,项伯就在晚上快马加鞭跑到沛公的军营里,私下会见张良,
张良,欲与俱去。良曰:"臣为韩王送沛公,今事有急,亡去
想让张良和他一起离开沛公军营。张良说:"我替韩王成护送沛公,现在遇到紧急情况,逃走是不仗义的。"
不义。"乃具以语沛公。沛公大惊,曰:"为将奈何?"良曰:
于是张良就把情况全都报告了沛公。沛公听了大吃一惊,说:"这该怎么办呢?"张良问:"您真的想
"沛公诚欲背项羽邪?"沛公曰:"鲰生教我拒关无内诸侯[4],秦
背叛项羽吗?"沛公说:"一个小杂种教唆我封锁关口,不要放诸侯进来,那样就可以占据全部秦地称王,

---

1 蓝田:秦县名,在今陕西省蓝田县西。
2 宜缟素为资:应该以生活俭朴为凭借。缟素,有丧之服,引申为俭朴,如同居丧之生活。
3 霸上:地名,在西安市东南古霸水西岸。
4 鲰生:骂人语,犹今语小杂种。鲰:小鱼,以喻小人。

地可尽王，故听之。"良曰："沛公自度能却项羽乎？"沛公默
所以我听信了他的话。"张良又问："您自己估计一下能打退项羽吗？"沛公沉默了好一会儿才说："当

然良久，曰："固不能也。今为奈何？"良乃固要项伯。项伯
然不行。现在怎么办呢？"张良就固执地邀请项伯去见刘邦，项伯见到沛公后，沛公就与项伯饮酒祝寿，

见沛公。沛公与饮为寿，结宾婚，令项伯具言沛公不敢背项
结为朋友和儿女亲家；并让项伯向项羽具体说明沛公绝不敢背叛，之所以守住关口，目的是防范盗贼

羽，所以拒关者，备他盗也。及见项羽后解，语在项羽事中。
骚扰。到刘邦见到项羽以后，危难便解除了。这些事详细记载在《项羽本纪》中。

汉元年正月，沛公为汉王，王巴蜀。汉王赐良金百
汉高祖元年正月，沛公刘邦被封为汉王，统辖巴蜀地区。汉王刘邦赐给张良黄金百镒，珍珠二斗，

镒[1]，珠二斗，良具以献项伯。汉王亦因令良厚遗项伯，
张良把这些东西全部送给了项伯。汉王刘邦也趁机让张良帮他送了份厚礼给项伯，请项伯帮他向项羽请

使请汉中地。项王乃许之，遂得汉中地。汉王之国，良
求汉中地区。项羽答应了这个要求，于是刘邦就得到了汉中地区。汉王刘邦到封国去时，张良送他到了

送至襃中，遣良归韩。良因说汉王曰："王何不烧绝所过
襃中，刘邦让张良回归韩王成。张良趁机劝说汉王刘邦："大王为什么不把所经过的栈道全部烧掉，向

栈道[2]，示天下无还心，以固项王意。"乃使良还。行，烧
天下人表示绝无再回去的念头，以此来让项羽放松警惕。"刘邦让张良回归。刘邦还采纳了张良的建议，

绝栈道。
在向汉中的行军途中，一边走，一边烧掉了栈道。

良至韩，韩王成以良从汉王故，项王不遣成之国，
张良回到韩国时，由于韩王成让张良跟从汉王刘邦的缘故，项羽不肯放韩王成回国了，而是带着

---

1 镒：二十四两为一镒。
2 栈道：在山谷中架木构建的山腰通道。

从与俱东。良说项王曰:"汉王烧绝栈道,无还心矣。"
他一道东归彭城。因此张良又从韩国来到彭城,他劝导项羽说:"汉王刘邦已经烧毁了所经过的栈道,

乃以齐王田荣反,书告项王。项王以此无西忧汉心,
不再有回来的打算了。"接着又把齐王田荣起兵造反的情况,写了一封信告知项王。项王从此不再防备

而发兵北击齐。
西边的汉王刘邦,而专心致志地引兵北上去攻打齐国了。

项王竟不肯遣韩王,乃以为侯,又杀之彭城。良亡,
项羽终究不肯遣送韩王成回到韩国,还把他贬为侯,后来又杀死在彭城。张良立即逃出彭城,走

间行归汉王,汉王亦已还定三秦矣,复以良为成信侯,从东
小路回到了刘邦那里。这时,汉王刘邦也已东出平定了三秦,重新封张良为侯,取名成信侯,让他跟随

击楚。
向东攻打楚国。

张良智计安天下

本书在"英杰故事"中讲了张良椎刺秦始皇,潜逃下邳得黄石老人授书,十年后当为王者师。这个王者就是刘邦。公元前209年,陈胜、吴广起义,天下响应。张良在下邳也聚合少年,拉起了一支一百多人的队伍。张良打算去投靠自立为楚王的景驹,在留县境内的途中遇上了沛公刘邦。张良以兵法说刘邦,两人一见如故,恨相见之晚,张良决定追随刘邦。因为张良对别人说兵法都不懂,与刘邦一谈,刘邦就开窍。张良感叹地说:"沛公真是个天才。"

张良佐沛公灭秦,以及劝沛公烧绝栈道迷惑项羽,使汉军顺利地还定三秦,前一篇故事已讲了,这里不再重复。本篇讲张良佐刘邦灭项羽,以及巩固汉政权过程中所出的奇谋妙计,真是天下无双。

公元前205年四月汉王从彭城败还,诸侯又转向,有的观望中立,有的反叛汉王倒向项羽,形势对汉极为不利。刘邦和张良在逃跑中并没有乱了方寸,他们都在思考如何扭转形势与项羽抗争。一天刘邦与张良等人已逃到下邑,摆脱了楚军的追击,汉王刘邦来不及休息,就急切地问计于张良。张良规划了楚汉相争的持久方略,史称"下邑划策"。

刘邦对张良说:"我打算把关东地区分割给英雄,谁能担当此重任,与寡人共同消灭项羽?"

刘邦的提问,说明他已对局势有了冷静分析,汉兵独家无法抗衡项羽,汉王打算分土地与共灭项羽的人，有了持久的考虑。张良总是在刘邦自己有了考虑后才说话，这样君臣一拍即合，效果最佳。张良于是趁机和盘托出他的灭楚方略。张良说："汉王果真要打天下，分土地给功臣，一定要重用三个人。一个是九江王黥布，他是项羽的先锋将，作战勇猛，派一个使臣去说服他佐汉，就破坏了楚王的南翼；一个是聚众在梁地的彭越，让他扰乱楚国后方，切断楚军粮饷；第三个是大王部将韩信，放手让他独当一面开辟北方战场，从太原、河北，迂回到山东，完成对项羽的战略包围。大王自己率众守洛阳、成皋，坚守不战，拖住项羽，使其屯兵于坚城之下，欲战不得，欲退不能，待时机成熟，一定可以一战灭楚。"

张良一席话，分析天下大势，规划持久方略，极为得体，使汉王顿悟。汉王立即付诸实行。楚汉相争，全部进程都是依照下邑划策执行的。汉王派随何说降了黥布，派刘贾佐彭越袭楚后方，打到了楚都彭城附近，甚至南进到下邳，迫使项羽两度回救，疲于奔命。韩信在北方战场，擒了西魏王魏豹，灭了赵、代，胁迫燕国投降，又打败齐国，到公元前203年十月，完成了对项羽的战略包围。汉王坚守洛阳、成皋，项羽虽然两度攻下成皋，又两次被汉王夺回，始终没有前进一步。史称成皋之战。

在成皋之战对峙最激烈的时候，郦食其劝说汉王立六国后，多树党援分项羽之势。封王的大印已经刻好，还没有送出。张良知道后，迫不及待在汉王的饭桌上分析说，这是一个馊主意，如果封六国后，汉王立即败亡。陈胜起义，六国乘势起来，互相观望，被秦兵各个击破，项羽分封十八王，项羽还没有回到彭城，山东田氏就已反叛。这都是眼前的教训。张良从八个方面分析封王不可。汉王只有打着统一的旗号，天下才能归一，拥汉灭楚。刘邦立即销毁了封王大印。

刘邦改口封韩信为真王

  公元前202年，项羽败局已定，而韩信、彭越反而消极观战，韩信公然要求立为假王。韩信派出使者向汉王报告，刘邦听后勃然大怒，他脱口怒骂。其时张良在座，立即用脚碰了刘邦一下，刘邦十分机敏，感到失言，立即改口道："大丈夫在世，要的是真王，要假王做什么。"刘邦一贯爱骂人说脏话，他甚至骂出了脏话，这一骂还真骗过了韩信的庸才使者，一点没觉察。接着刘邦派张良亲自到齐国去宣布立韩信为齐王。张良完成了使命，安抚了韩信。接着又封彭越为梁王。黥布归汉时已许诺封为淮南王。

张良返回对刘邦说:"当前的大敌是项羽,只要灭了项羽,汉王威震天下,谁也反不起来,如果拖下去,事情就很难说了。"刘邦又心领神会,利用项羽兵疲食尽的机会,派出陆贾、侯公等谈判高手一次又一次主动与项羽求和,以鸿沟为界中分天下,韩信、彭越、黥布三人的封地都在项羽鸿沟以东的境内。项羽中计,退出战场,向东撤兵,汉王刘邦趁势追击,又一面派出使者煞有介事绘制地图送给齐王韩信、梁王彭越,命他们领兵会围项羽。这一切做得天衣无缝。黥布回淮南策动。最后韩信、彭越、黥布都在汉王掌握中率兵会围项羽于垓下,一战灭了项羽,结束了楚汉战争。这一切谋划方略,都出自张良的神机妙算。

垓下战后,刘邦立即夺了韩信的军权,把他徙封为楚王。后来刘邦把黥布、彭越、韩信等异姓王都屠灭了。

汉王朝建立,张良被封为留侯。他功成身退,练气功导引之术,辟谷不吃饭,崇尚道家神仙术。张良故意这样做,为的是明哲保身。

张良为了汉王朝的巩固,还出了许多计谋。例如刘邦要废太子刘盈,改立赵王如意,大臣都不同意,但拿不出什么办法来改变刘邦的主意。吕后找到张良,张良略施小计保住了太子。在终南山有四位不愿做官的长者,东园公、角里先生、绮里季、夏黄公。刘邦多次派人请他们下山,他们不肯。张良说:"太子给这四人写亲笔信,态度谦恭,诚恳地拜他们为老师。只要这四个人下山,太子的地位就保住了。"吕后依计而行,四人为了保太子,稳定国家政局,果然下山,辅导太子。有一天宫中举行宴会,摆出酒席,太子出来迎候皇帝刘邦入座,后边跟了四位七八十岁的老人,胡须眉毛都白了,一派仙风道骨模样。一一介绍,刘邦知道是商山(即终南山)四老,非常吃惊。刘邦对四老说:"寡人礼请你们,不

清·佚名《福寿齐天册·商山四皓》

肯下山,你们为何跟我儿子交往?"四老回答:"陛下好骂人,因此我们躲起来了。如今太子仁慈,天下的人都称颂,所以我们前来辅佐。"刘邦说:"好,但愿有始有终,好好照应太子吧。"四老告退。刘邦召来戚夫人,心情沉重地说:"我想更换太子,但如今太子羽翼已成,四老都来帮助,我无能为力了。"戚夫人只好大哭一场。从这以后,刘邦再不提换太子的事。

智慧启示

  青年张良椎刺秦始皇,可以说是一个壮士。中年成熟,羽扇纶巾为帝王师,筹策妙计,高人一等,没有一次失算。当时人们都想象张良身材魁伟,是一个高高的男子汉,实际上张良的画像很像一个妙龄少女。刘邦行为粗鲁,许多人他都看不上,动不动张口骂人,可是他对张良十分恭敬,始终待为师长。刘邦懂得人才的重要性,尊重有智慧的人,不以貌取人,使张良感激,为汉家事业尽力。张良与刘邦的这一关系,留给我们许多启示。

留侯世家

良亡，间行归汉王……从东击楚。至彭城，汉败而还。
张良逃出彭城，走小路回到了刘邦那里……跟随刘邦向东挺进，攻打楚国项羽。到了彭城，汉王刘邦吃了败仗只好回师。至下邑，汉王下马踞鞍而问曰："吾欲捐关以东等弃之，谁可与共功者？"良进曰："九江王黥布，楚枭将[1]，与项王有郄[2]；彭越与齐王田荣反梁地，此两人可急使。而汉王之将独韩信可属大事，当一面。即欲捐之，捐之此三人，则楚可破也。"汉王乃遣随何说九江王布，而使人连彭越。及魏王豹反，使韩信将兵击之，因举燕、代、齐、赵。然卒破楚者，此三人力也。
到达下邑时，汉王刘邦坐在马鞍上休息，问大家说："我如果把函谷关以东的地盘都拿出来送人，谁可以帮我一道破楚立功？"张良进言说："九江王黥布是楚国的勇将，但是跟项羽有怨恨；彭越与齐王田荣在梁地造反，这两个人可以尽快利用。而汉王您的将领中，只有韩信可以委以重任，独当一面。假如您想把关东之地送人，就送给这三个人好了，那样楚国一定可以打败的。"于是汉王刘邦就派遣随何去游说九江王黥布，同时又派人去联合彭越。当魏王豹背叛刘邦时，刘邦派韩信率兵前去攻打，取得了胜利，接着又平定了燕、代、齐、赵等国的大片地区。刘邦最后能打败楚国项羽，正是这三个人出的力。

张良多病，未尝特将也[3]，常为画策臣，时时从汉王。
张良体弱多病，因此从来没有独自将兵作战，作为一个出谋划策的人，他每时每刻跟在刘邦身边。

---

1 枭将：勇将。
2 郄：同"隙"，怨恨。
3 特将：独自将兵作战。

汉三年，项羽急围汉王荥阳，汉王恐忧，与郦食其谋桡

汉高祖三年，项羽把汉王刘邦紧紧包围在荥阳，汉王刘邦恐惧忧虑，就与郦食其商量削弱项羽势

楚权[1]。食其曰："昔汤伐桀，封其后于杞。武王伐纣，封其后

力的办法。郦食其说："从前商汤伐桀以后，把夏桀的后代封在了杞国。周武王推翻殷纣王以后，也把

于宋。今秦失德弃义，侵伐诸侯社稷，灭六国之后，使无立

他的后代封在了宋国。现在秦朝不行德义，侵占了诸侯各国，灭掉了六国的后代，使他们没有一点立足

锥之地。陛下诚能复立六国后世，毕已受印，此其君臣百姓

之地。您如果能重新封立六国的后代，让他们都拿到封赏的印信，那么这些国家的君臣百姓一定都会对

必皆戴陛下之德，莫不向风慕义[2]，愿为臣妾。德义已行，陛

您感恩戴德，无不归服向往，希望做您的臣仆。这样一来，您的德义风行天下，然后南面称霸，楚王项

下南向称霸，楚必敛衽而朝[3]。"汉王曰："善。趣刻印，先生

羽必定肃敬顺从地向您俯首称臣了。"汉王刘邦听了以后说："很好。赶快去刻制印章，刻好后你就可

因行佩之矣。"

以去替他们挂起来了。"

食其未行，张良从外来谒。汉王方食，曰："子房前！

郦食其还没有出发，这时张良从外面回来见刘邦。汉王刘邦正在吃饭，说："子房你过来，有位客

客有为我计桡楚权者。"具以郦生语告，曰："于子房何如？"

卿替我想了个削弱楚国力量的办法。"于是就把郦食其的话都告诉了张良，并问道："子房，你认为怎么

良曰："谁为陛下画此计者？陛下事去矣。"汉王曰："何哉？"

样？"张良说："谁帮你出这个主意的？你的大事就要完了。"汉王刘邦说："为什么呢？"张良回答说：

张良对曰："臣请籍前箸为大王筹之。"曰："昔者汤伐桀而封

"我请求用你跟前吃饭的筷子作筹码算一算。"他说："从前商汤讨伐夏桀以后还封他的后代在杞国，是

---

1 桡（náo）：摧折，削弱。
2 向风：归服。
3 敛衽：整理衣襟，表示肃敬顺从。

其后于杞者，度能制桀之死命也。今陛下能制项籍之死命
估计到自己有力量置夏桀于死地的。现在您能置项羽于死地吗？"刘邦说："我不能。"张良说："这是

乎？"曰："未能也。""其不可一也。武王代纣封其后于宋
不能那样做的第一条理由。周武王伐纣以后还把他们后代封在宋国，是估计到能够割下纣王的脑袋。现在

者，度能得纣之头也。今陛下能得项籍之头乎？"曰："未能
您能割下项羽的脑袋吗？"刘邦说："我不能。"张良说："这是不能那样做的第二条理由。周武王打进

也。""其不可二也。武王入殷，表商容之闾，释箕子之拘，
殷都以后，曾给商容住过的地方挂匾，又把箕子从监狱里放了出来，还给比干重修了坟墓。现在您能够去

封比干之墓。今陛下能封圣人之墓，表贤者之闾，式智者之
为圣人修墓，去为贤人挂匾，到智者门前表示敬意吗？"刘邦说："我不能。"张良说："这是不能那样

门乎？"曰："未能也。""其不可三也。发巨桥之粟，散鹿
做的第三条理由。周武王当时曾分发巨桥的存粮，疏散鹿台的钱财，用来救济贫穷的百姓。现在您能够把

台之钱，以赐贫穷。今陛下能散府库以赐贫穷乎？"曰："未
府库中的钱财都拿来散发给贫苦百姓吗？"刘邦说："我不能。"张良说："这是不能那样做的第四条理由。

能也。""其不可四矣。殷事已毕，偃革为轩[1]，倒置干戈，覆
周武王伐纣胜利以后，废弃兵车以制造乘车，把兵器倒转头来放置府库中，盖上虎皮，表示天下从此不再

以虎皮，以示天下不复用兵。今陛下能偃武行文，不复用兵
打仗了。现在您能够偃息旗鼓，改行文治，不再用兵吗？"刘邦说："我不能。"张良说："这是不能那

乎？"曰："未能也。""其不可五矣。休马华山之阳[2]，示以无
样做的第五条理由。周武王当时还把马放在华山的南坡上休息，表示不用了。现在您能够放马休息不再使

所为。今陛下能休马无所用乎？"曰："未能也。""其不可六
用吗？"刘邦说："我不能。"张良说："这是不能那样做的第六条理由。周武王用来转输的牛放养在桃

---

1 偃革为轩：废弃兵车，制造乘车。革，指兵车。轩，有篷的车。
2 休马：放马休息。

矣。放牛桃林之阴[1]，以示不复输积。今陛下能放牛不复输积
林的北面，表示从此不再用牛运送粮草了。现在您能够放牛出去，不再运送粮草吗？"刘邦说："我不能。"

乎？"曰："未能也。""其不可七矣。且天下游士离其亲戚，
张良说："这是不能那样做的第七条理由。再说天下所有的游客谋士之所以背离他们的亲人，舍弃祖先的

弃坟墓，去故旧，从陛下游者，徒欲日夜望咫尺之地。今复
坟墓，离开故交旧友，不顾一切地来跟从您，就是朝思暮想希望得到一块小小的封地。现在您重新立了六国，

六国，立韩、魏、燕、赵、齐、楚之后，天下游士各归事其
立了韩、魏、燕、赵、齐、楚的后代为王以后，天下的游客谋士就各自回国事奉他们的君主了，等他们都

主，从其亲戚，反其故旧坟墓，陛下与谁取天下乎？其不可
跟着亲戚，返回故土去祭扫祖先的坟墓时，您还依靠谁来打天下呢？这是不能那样做的第八条理由。再说

八矣。且夫楚唯无强，六国立者复桡而从之，陛下焉得而臣
现在没有强过项羽的，立了六国以后，他们见楚强盛，反而不听王命追随您了，您又怎么能够指挥他们呢？

之？诚用客之谋，陛下事去矣。"汉王辍食吐哺，骂曰："竖
果真采用这位客卿的计谋，您的大事就全给葬送了。"汉王刘邦听后立即停止吃饭，吐出口中的食物，大

儒，几败而公事！"令趣销印。
骂说："这些儒生小子，差点毁了大事！"下令赶紧销毁了那些印章。

汉四年，韩信破齐而欲自立为齐王，汉王怒。张良说汉
汉高祖四年（前203年），韩信攻破齐国以后，想要自己做齐王，汉王刘邦大发脾气。张良劝导

王，汉王使良授齐王信印，语在淮阴事中。
汉王刘邦以后，汉王刘邦才派张良把齐王印授给韩信，这些事都记载在《淮阴侯列传》中。

其秋，汉王追楚至阳夏南，战不利而壁固陵，诸
这年秋天，汉王刘邦追击楚军到了阳夏南面，交战失利，只好坚守固陵，而诸侯的军队都没有按

---

1 放牛：让牛休息，即停止用牛转输。桃林：地名，在潼关东。

侯期不至。良说汉王，汉王用其计，诸侯皆至，语在
期来围攻项羽。张良劝说汉王刘邦割地，刘邦采纳了他的计策，各路诸侯才都来垓下围攻项羽，这些事
项籍事中。
都记载在《项羽本纪》中。

　　汉六年正月，封功臣。良未尝有战斗功，高帝曰："运筹
汉高祖六年（前201年）正月，刘邦大封功臣。张良未曾带兵打仗立过战功，刘邦说："决
策帷帐中，决胜千里外，子房功也。自择齐三万户。"良曰：
策于营帐之中，制胜于千里之外，这就是张良的功劳。可以从齐地选择三万户作封邑。"张良说：
"始臣起下邳，与上会留，此天以臣授陛下。陛下用臣计，幸
"当初我在下邳起兵，与您在留县相会，这是老天爷把我交给您的。您采用我的计策，有幸常

张良在刘邦吃饭时劝诫

而时中，臣原封留足矣，不敢当三万户。"乃封张良为留侯，
常成功，我只求封在留县就足够了，不敢领受这三万户的厚赏。"于是刘邦就封张良为留侯，

与萧何等俱封。
与萧何等人同时受封。

上已封大功臣二十余人，其余日夜争功不决，未得行封。
刘邦已经封了二十多个立了大功的人以后，其余的整天整夜地在争论功劳大小，一时定不下

上在洛阳南宫，从复道望见诸将往往相与坐沙中语[1]。上曰：
来，无法进行封赏。有一天刘邦在洛阳南宫，从连属宫殿的空中阁道上远远看见诸将们三三两两地

"此何语？"留侯曰："陛下不知乎？此谋反耳。"上曰："天下
共坐在沙地上议论着什么。刘邦问张良说："这些人在说什么？"张良说："陛下还不知道吗？这

属安定，何故反乎？"留侯曰："陛下起布衣，以此属取天下，
是在商量造反啊！"刘邦说："天下刚刚安定下来，为什么又要造反呢？"张良说："陛下出身平

今陛下为天子，而所封皆萧、曹故人所亲爱，而所诛者皆生
民，依靠这些人打下了天下，如今您做了天子，而所得到封赏的都是萧何、曹参等亲近喜欢的老朋

平所仇怨。今军吏计功，以天下不足遍封，此属畏陛下不能
友，而所杀掉的都是您平时最痛恨的仇人。眼下军吏们在计算大家的功劳，觉得把整个国家封出去

尽封，恐又见疑平生过失及诛[2]，故即相聚谋反耳。"上乃忧曰：
都还不够，这些人担心陛下不能一一行封，又害怕因平时有过失而被陛下疑心，甚至杀掉，所以

"为之奈何？"留侯曰："上平生所憎，群臣所共知，谁最甚
互相聚集在一起想谋反。"刘邦听后就忧心忡忡地说："现在怎么办呢？"张良问道："您平时最

者？"上曰："雍齿与我故[3]，数尝窘辱我。我欲杀之，为其功
恨的，大家也都知道的，是哪一个人？"刘邦说："是雍齿，他与我有旧仇，曾经多次让我难堪，

---

1 复道：连属宫殿的空中阁道。
2 平生：平时。
3 雍齿：刘邦部将，在刘邦初起未壮之时曾反叛过刘邦，故汉高祖恨之切齿。

多，故不忍。"留侯曰："今急先封雍齿以示群臣，群臣见雍齿
我打算杀掉他，因为他的功劳多，所以不忍心下手。"张良说："如今赶快先封雍齿，做个样子给

封，则人人自坚矣。"于是上乃置酒，封雍齿为什方侯，而急
群臣看，大家看到雍齿都能受封，就会人人安枕无事了。"于是刘邦就大摆酒席，封雍齿为什方侯，

趣丞相、御史定功行封。群臣罢酒，皆喜曰："雍齿尚为侯，
并当众催促丞相和御史赶紧评定好大家的功劳，以便及时行封。大臣们吃完酒宴，都高兴地说："雍

我属无患矣。"
齿都能封侯，我们还有什么好担心的。"

　　刘敬说高帝曰："都关中。"上疑之。左右大臣皆山东
　　刘敬劝谏刘邦说："应该定都关中。"刘邦对此犹豫不决。刘邦身边的大臣都是华山以东的人，

人，多劝上都洛阳："洛阳东有成皋，西有殽黾[1]，背河，向
他们都劝刘邦定都在洛阳，说："洛阳东有成皋，西有殽山和渑池，背靠黄河，面对伊水和洛水，形势险要，

伊洛，其固亦足恃。"留侯曰："洛阳虽有此固，其中小，不
完全可以依靠。"张良说："洛阳虽然有它险固的一面，但地方狭小，方圆不过几百里，土地又贫瘠，

过数百里，田地薄，四面受敌，此非用武之国也。夫关中
它的四面都容易受到敌人的攻击，这不是可以发挥军事优势的地方。那关中左边有殽山和函谷关，右边

左殽、函，右陇、蜀，沃野千里，南有巴蜀之饶，北有胡
有陇山和蜀山，中间沃野千里，南边有物产富饶的巴蜀，北边挨着盛产牛马的匈奴大草场。我们凭借南、

苑之利[2]，阻三面而守，独以一面东制诸侯。诸侯安定，河、
北、西三面屏障坚守国家，只要一心对付东边的诸侯就行了。诸侯安定无事时，可以通过黄河和渭水把

渭漕挽天下，西给京师；诸侯有变，顺流而下，足以委输。
全国各地的粮食运到长安，供给京城；诸侯一旦有变，关中的人力物力可以通过黄河、渭水顺流而下，

1　殽黾：殽，指殽山。黾，指渑池县。为洛阳西边屏障。
2　胡苑：匈奴所居大草场。

张良智计安天下

此所谓金城千里，天府之国也，刘敬说是也。"于是高帝即
足以输送军队和粮草。这就是人们通常所说的'金城千里，天府之国'啊，刘敬的话是对的。"于是刘

日驾，西都关中。
邦当天就起程，把国都定在了关中。

　　留侯从入关。留侯性多病，即道引不食谷[1]，杜门不
　　张良也跟随刘邦进了关中。张良平时体弱多病，进关后，就学习道家的导引吐纳长生术，不吃五

出岁余。
谷杂粮，一年多闭门不出。

　　上欲废太子，立戚夫人子赵王如意。大臣多谏争，未能
　　刘邦想要废掉太子，立戚夫人的儿子赵王如意为太子。大臣们多次加以谏说反对，但都

得坚决者也。吕后恐，不知所为。人或谓吕后曰："留侯善画
未能改变刘邦的主意。吕后很害怕，不知道怎么办好。有人对吕后说："张良善于出谋划策，

计策，上信用之。"吕后乃使建成侯吕泽劫留侯[2]，曰："君常为
皇上也特别相信他。"于是吕后就派建成侯吕泽强求张良，说："你一直是皇上的谋臣，现在

上谋臣，今上欲易太子，君安得高枕而卧乎？"留侯曰："始
皇上想更换太子，你怎么能高枕无忧呢？"张良说："当初皇上多次处于危急之中，所以能采

上数在困急之中，幸用臣策。今天下安定，以爱欲易太子，
纳我的计策。如今天下安定了，由于喜欢戚夫人而想另立太子，这是皇家内部的事情，即使有

骨肉之间，虽臣等百余人何益。"吕泽强要曰："为我画计。"
一百个张良也无济于事的。"吕泽固执地要求说："一定要替我想个办法。"张良说："这是

留侯曰："此难以口舌争也。顾上有不能致者，天下有四人。
难以用口舌谏争。我知道皇上想招而招不来的，天下只有四个人。这四个人年纪都大了，他

1　道引：同导引，一种深呼吸的健身运动。不食谷：又称辟谷，不食荤腥的养身之术。
2　劫：挟持，强求。

四人者年老矣，皆以为上慢侮人，故逃匿山中，义不为汉臣，
们认为皇上对人轻慢无礼，所以逃到山中躲了起来，坚决不肯做汉朝的臣民。但是皇上仍对这

然上高此四人。今公诚能无爱金玉璧帛，令太子为书，卑辞
四人很崇敬。现在你如果能不爱惜金玉璧帛的话，就让太子写封信，用谦逊的语言，舒适的车子，

安车，因使辩士固请，宜来。来，以为客，时时从入朝，令
派能言善辩的人去坚决邀请，他们应该会来。来了以后，让他们做太子的宾客，经常跟着太子

上见之，则必异而问之。问之，上知此四人贤，则一助也。"
上朝，让皇上看见他们，那皇上一定会惊异地问他们。问了以后，皇上知道这四人是个贤者，

于是吕后令吕泽使人奉太子书，卑辞厚礼，迎此四人。四人
那对太子是一种帮助。"于是吕后就命令吕泽派人带着太子的书信，用卑辞厚礼，请来了这四

至，客建成侯所。
个人。四人到京城以后，先住在建成侯吕泽家里。

　　汉十一年，黥布反，上病，欲使太子将，往击之。四人
汉高祖十一年（前196年），黥布起兵造反，这时刘邦刚好有病，想让太子率兵前往镇压。四

刘邦会见商山四皓

张良智计安天下

相谓曰:"凡来者,将以存太子。太子将兵,事危矣。"乃说
位老人互相商量说:"我们之所以来到这里,目的是保护太子。现在太子领兵出战,那事情就危险了。"

建成侯曰:"太子将兵,有功则位不益太子;无功还,则从
他们就对建成侯吕泽说:"太子带兵出战,立了功劳也不会有什么好处;如果无功而还,那太子从此

此受祸矣。且太子所与俱诸将,皆尝与上定天下枭将也,今
就要遭殃了。而且太子所统领的那些将军,都是曾经跟随皇上平定天下的猛将。现在让太子去指挥他

使太子将之。此无异使羊将狼也,皆不肯为尽力,其无功必
们,这和让羊去指挥狼没有什么两样,都不会为太子尽心尽力的,太子不能建功是肯定的。我们听说

矣。臣闻'母爱者子抱',今戚夫人日夜侍御,赵王如意常抱
'母亲得到宠爱,她的儿子就常被父亲抱持',眼下戚夫人日夜都陪侍在皇上身边,她的儿子赵王如

居前,上曰'终不使不肖子居爱子之上',明乎其代太子位
意又常常被抱放在皇上面前,皇上还说'终究不能让那不成材的儿子坐在我这心爱的儿子上头',很

必矣。君何不急请吕后承间[1]为上泣言:'黥布,天下猛将也,
明显赵王如意一定要取代太子的地位了。你为什么不赶快请吕后找机会对皇上哭诉:'黥布是天下最

善用兵,今诸将皆陛下故等夷[2],乃令太子将此属,无异使羊
厉害的将领,善于用兵打仗,现在诸将都是陛下的平辈人,如果让太子统领这些人,无异于让羊统率狼,

将狼,莫肯为用,且使布闻之,则鼓行而西耳。上虽病,强
大家都不肯出力,而且让黥布知道太子领兵,就会大张旗鼓地杀向长安。皇上虽有病,但还该强打精

载辎车,卧而护[3]之,诸将不敢不尽力。上虽苦,为妻子自
神坐镇在车上,即使躺在那里监护诸将,他们也不敢不奋战。皇上虽然要吃些苦,但为了老婆孩子,

强。'"于是吕泽立夜见吕后,吕后承间为上泣涕而言,如四
应该坚持一下。'"于是吕泽当天晚上去见吕后,吕后便找机会向刘邦哭诉了一番,达到的效果和四

---

1 承间:找机会。
2 故等夷:原本是平辈的人。刘邦旧将,原来与刘邦平起平坐,故不服太子统领。
3 护:监护。

人意。上曰:"吾惟竖子固不足遣,而公自行耳。"于是上自
位老人的预料完全一样。刘邦说:"我本来就觉得这孩子不能差遣,还是老子自己去吧!"于是刘邦

将兵而东,群臣居守,皆送至霸上。留侯病,自强起,至曲
亲率军队向东进发,令群臣坚守京城,大臣们一起把刘邦送到霸上。张良这时正生病,也勉强起来送行,

邮,见上曰:"臣宜从,病甚。楚人剽疾,愿上无与楚人争
到曲邮见到刘邦时说:"我本来应该跟您出征的,实在是病得太厉害了。楚地的人剽悍迅猛,希望皇

锋。"因说上曰:"令太子为将军,监关中兵。"上曰:"子房
上不要跟楚人硬拼。"并劝刘邦说:"应该任命太子为统帅,节制关中军队。"刘邦说:"子房你虽

虽病,强卧而傅太子。"是时叔孙通为太傅,留侯行少傅事。
病着,但躺着也要勉为其难替我照顾好太子。"当时叔孙通为太子太傅,张良便代理太子少傅的职务。

汉十二年[1],上从击破布军归,疾益甚,愈欲易太子。留侯
汉高祖十二年,刘邦从打败黥布的军队回来,病情更加重了,想更换太子的心情也越来越急迫了。

谏,不听,因疾不视事。叔孙太傅称说引古今,以死争太子。
张良加以劝谏,未被采纳,他就称病不再插手朝廷大事了。这时,太子太傅叔孙通引述古往今来的历史经验

上佯许之[2],犹欲易之。及燕[3],置酒,太子侍。四人从太子,年
教训,甚至不惜一死来捍卫太子的地位,刘邦假意接受叔孙通的意见,不废太子,但心里还是想换太子。有

皆八十有余,须眉皓白,衣冠甚伟。上怪之,问曰:"彼何为
一次刘邦举行宴会,摆上酒席,让太子在旁侍候。这时,那四位老人就跟在太子身后,年纪都在八十以上,

者?"四人前对,各言名姓,曰东园公、角里先生[4]、绮里季、
须眉雪白,衣冠装束庄重华丽。刘邦很奇怪,问道:"他们是干什么的?"四位老人就走上回答,每人通报

---

1 汉十二年:公元前195年。
2 佯许:假意接受叔孙通的意见,不废太子。
3 燕:同"宴",一般宴饮。
4 角里:复姓。

夏黄公。上乃大惊,曰:"吾求公数岁,公辟逃我,今公何自
了自己的姓名,分别叫东园公、里先生、绮里季、夏黄公。刘邦这才大为吃惊,说:"我找了你们许多年,

从吾儿游乎?"四人皆曰:"陛下轻士善骂,臣等义不受辱,
你们都躲避我,今天你们为什么自己来和我儿子打交道呢?"四位老人异口同声说:"陛下轻视名士,动不

故恐而亡匿。窃闻太子为人仁孝,恭敬爱士,天下莫不延颈
动就骂人,我们决意不愿受到侮辱,所以害怕地逃亡躲了起来。后来我们私下听说太子为人仁厚孝顺,礼贤

欲为太子死者,故臣等来耳。"上曰:"烦公幸卒调护太子。"
下士,普天之下没有谁不愿意为太子效死,所以我们就来了。"刘邦说:"烦劳诸先生始终如一教护太子。"

四人为寿已毕,趋去。上目送之,召戚夫人指示四人者
四位老人向刘邦敬酒以后,就一起小步快速离开了。刘邦目送着他们,叫过戚夫人,指着四

曰:"我欲易之,彼四人辅之,羽翼已成,难动矣。吕后真而
人的背影说:"我想废太子,可是那四人辅佐他,他的翅膀已经长硬,无法再动摇了。吕后真的是

主矣[1]。"戚夫人泣,上曰:"为我楚舞,吾为若楚歌。"歌曰:
你的主人了。"戚夫人听完就哭了,刘邦说:"你替我跳个楚舞,我为你唱首楚歌。"歌词大意说:

"鸿鹄高飞,一举千里。羽翮已就[2],横绝四海[3]。横绝四海,当可
"鸿鹄展翅高飞,一飞横空千里。翅膀已经长硬,可以横越四海啊。可以横越四海,谁也无可奈何!

奈何!虽有矰缴[4],尚安所施!"歌数阕[5],戚夫人嘘唏流涕,上
虽有弓箭在手,又能向哪里发射!"刘邦连唱几遍,戚夫人更是唉声叹气,涕泪横流,刘邦起身离去,

起去,罢酒。竟不易太子者,留侯本招此四人之力也!
酒宴草草收场。后来刘邦终于没有另立太子,原因就在于张良出主意招来了这四位老人啊!

---

1 而主:做你的主人。
2 羽翮(hé):羽翼。
3 横绝:横越。
4 矰(zēng)缴(zhuó):系有丝绳的短箭。
5 歌数阕:连唱几遍。

吕后劝张良恢复进食

留侯从上击代，出奇计马邑下，及立萧何相国。所与上
张良还跟从刘邦攻打代国陈豨的叛乱，在马邑城下为刘邦出过奇计，以及劝刘邦任萧何为相国，也
从容言天下事甚众，非天下所以存亡，故不著。留侯乃称曰：
是张良的主意。张良与刘邦平时随便谈论过天下大事很多，不是关系到天下存亡的，都不写了。张良自己
"家世相韩，及韩灭，不爱万金之资，为韩报雠强秦，天下振
说："我家世世代代做韩国宰相，等到韩国灭亡以后，我不惜万贯家财，为韩国向强秦报仇，闹得天下震动。
动。今以三寸舌为帝者师，封万户，位列侯，此布衣之极，
如今依靠三寸不烂之舌做了帝王师，封了万户，位至列侯，作为一介平民，已经到了顶点，对我来说也心
于良足矣。愿弃人间事，欲从赤松子游耳。"乃学辟谷，道
满意足了。希望抛弃人世间的一切事务，想跟着仙人赤松子去做交游。"于是就开始学习不吃五谷，练习
引轻身。会高帝崩，吕后德留侯，乃强食之，曰："人生一世
导气引体养生之法。这时正碰上刘邦死了，吕后感激张良，就强迫他吃饭，并说："人活在世上，就像白

张良智计安天下　169

▲ 清人绘《张良像》

间，如白驹过隙[1]，何至自苦如此乎！"留侯不得已，强听而食。
马飞过一条墙缝那样短暂，何必自找苦吃到这个地步呢！"张良没有办法，只好勉强听从吕后的话恢复进食。

后八年卒，谥为文成侯。子不疑代侯。
高祖死后八年，张良死了，谥号是文成侯。他的儿子张不疑继承了爵位。

子房始所见下邳圯上老父与《太公书》者，后十三年从高
张良早年在下邳圯上遇见了黄石老人得到《太公兵法》，过了十三年，他跟从刘邦经过济北时，

帝过济北，果见谷城山下黄石，取而葆祠之[2]。留侯死，并葬黄
果然在谷城下看到了一块黄石，他便取回去珍重地供着它。张良死后，这块黄石就成了殉葬品。每年在

石。每上冢伏腊，祠黄石。
伏日和腊日两次祭祀张良时，也同时祭祀黄石。

太史公曰：学者多言无鬼神，然言有物[3]。至如留侯所见
太史公说：学者大多认为没有鬼神，然而承认有怪物。至于留侯张良遇老人授以兵书，也

老父予书，亦可怪矣。高祖离困者数矣，而留侯常有功力焉，
是一桩怪事。高祖多次陷入困境，留侯总有智计帮助解脱，难道不是天意吗？汉高祖说："运谋

岂可谓非天乎？上曰："夫运筹策帷帐之中，决胜千里外，吾
定计于帷帐之中，取得胜利于千里之外，我不如子房。"我原以为留侯是一个身材魁伟、相貌堂

不如子房。"余以为其人计[4]魁梧奇伟，至见其图，状貌如妇人
堂的人，等到看见其画像，却像个苗条的美女。孔子说："用相貌评论人，子羽就要被人看不起。"

好女[5]。盖孔子曰："以貌取人，失之子羽。"留侯亦云。
对于留侯来说，这话也是适用的。

---

1 白驹过隙：极言其人生短暂。《庄子·知北游》称："一生天地之间，若白驹之过隙。"
2 葆祠之：珍重地供着它。
3 物：精怪。
4 计：揣测、设想。
5 好女：美貌女子。

重金离间范增死

范增，居巢（今安徽省桐城市南）人，年七十，好奇计。他投身项梁军中为谋士。项梁死后，范增为项羽出谋划策，项羽尊为亚父。

楚汉成皋对峙，按照汉谋臣张良的战略，汉王坚守成皋，吸引项羽在正面作战，汉军坚壁，楚军攻坚，欲战不能，欲退不得。汉王启用三人，令韩信开辟北方战场，扫荡河北，迂回山东，完成对项羽的战略包围。彭越居河上，深入梁地扰楚后方。黥布，原是项羽的先锋将，封为九江王，汉王使随着说降黥布归汉，建立南翼战线，并彻底动摇楚国大后方江东的根本。完成这些计划需要时间，所以汉军利在持久，张良的战略非常高明，但瞒不住范增的眼睛。范增提出破汉的战略。由于项羽手下缺少独当一面的人才，即或有项羽也不用，他只亲信诸项及妻之昆弟，这些都是庸才。打持久，项羽不利。但项羽也有优势，亲自冲锋陷阵，擅长野战和攻坚，可以说是所向披靡。项羽充分发挥自己的优势，就是不顾一切在正面突破，只要打破汉军的成皋防线，楚军越过洛阳。破关入秦，那么汉王的一切战略都将瓦解。汉三年（前204年）四至八月，项羽采纳范增之策，全力攻荥阳、成皋，汉王招架不住，两度丢失成皋，项羽再努一把力就可大功告成。汉王深为忧虑。在这节骨眼上，由楚归汉的陈平提出了离间楚君臣的策略。这是效法秦始皇统一六国，反间东方六国君臣的故智。具体执行，分明暗两条路线。明的路线是派出使者与项王谈判，分化瓦解

刘邦用酒席离间

做上层工作，用今天的话说就是做统战工作。暗的路线是派遣大批间谍，打入敌人内部，刺探情报，制造舆论，中伤忌疑的敌方大臣将相，离间敌方君臣，从中取利。陈平诡计多端，又在项羽身边跟随数年，对楚方君臣了如指掌，他受命专门做反间工作，极有成效。重点是借项王之手排除范增，使项羽失去谋士。汉王遣使与项王联络，项王派人回访，当然也要打探汉军虚实。项王使者到来，刘邦摆出丰盛的筵席，而后故作惊讶，撤去盛筵，拿出一般饭菜招待项王使者，说什么这筵席是给亚父使者准备的。自然汉王也不接待项王使者，故意给项王使者难堪。这是拙劣的挑拨离间，稍有头脑的人就能识破。但恰恰是这等伎俩奏效了，其原因是项王多疑，所派使者乃阿谀奉承无能之辈。陈平知彼知己，所以施计成功。

项王中反间计，驱逐了范增，范增一气之下，毒疮发作，加之年老体衰，一命呜呼，项羽失去了智囊。而且项羽又削夺了钟离眜几个能征敢战之将的兵权，重用庸将，走向失败。汉三年八月，项羽回师击彭越，开通后方粮道，而把守成皋的重任交给曹咎，曹咎丢了成皋，失了粮草积聚。项羽没有让钟离眜守成皋，这些都是失计。范增死后，项羽成了无头苍蝇，被汉王调动，东走西奔。范增临去，嘱咐项羽，汉兵容易对付，只需迅速从中央突破。项羽两得成皋，是用了范增之计；项羽两失成皋，因为没有了范增。汉王刘邦即皇帝位后说，项羽有一范增而不能用，所以成了他的手下败将。这话非常有道理。范增之死，是范增的悲剧，也是项王的悲剧。从此，楚汉相争发生了重大转折。

项羽本纪

汉之三年[1]，项王数侵夺汉甬道，汉王食乏，恐，
<small>汉三年，项王多次侵夺汉军的甬道，汉王粮食匮乏，非常惊恐，请求和约，</small>

请和，割荥阳以西为汉。项王欲听之。历阳侯范增
<small>汉王只分割荥阳以西的土地。项王打算答应刘邦的条件。历阳侯范增说："汉军</small>

曰："汉易与耳[2]，今释勿取[3]，后必悔之。"项王乃与范
<small>容易对付，现今丢掉不取，以后一定要后悔。"项王于是和范增加紧围攻荥阳。</small>

增急围荥阳。汉王患之，乃用陈平计间项王。项王使
<small>汉王深为忧虑，就采用陈平的离间之计，挑拨项王与范增的关系。项王使者到来，</small>

者来，为太牢具[4]，举欲进之，见使者，佯惊愕曰："吾
<small>故意摆出牛、羊、猪三牲齐备的太牢筵席，就在请使者入席的时候，汉王假装惊</small>

以为亚父使者，乃反项王使者[5]！"更持去，以恶食
<small>讶，说："我以为是亚父的使者，原来是项王的使者。"撤去盛筵，换上一般饭菜。</small>

食[6]项王使者。使者归报项王，项王乃疑范增与汉有
<small>项王使者回去报告了这些情况，项王竟疑心范增与汉王有私，稍稍限制了范增的</small>

---

1 汉之三年：公元前204年。
2 易与：容易对付。
3 释：放弃了这个机会。
4 太牢具：摆上牛、羊、猪三牲俱全的筵席。古代祭祀三牲具全称太牢，只具羊、猪叫少牢。
5 乃反：原来竟是。
6 食（sì）：拿食物给人吃。

重金离间范增死

私，稍夺之权。范增大怒，曰："天下事大定矣，君
权力。范增大怒说："天下形势，大局已定，君王好自为之，请赐还我的这把老
王自为之，愿赐骸骨归卒伍[1]。"项王许之。行未至彭
骨头，回到平民中去。"项王答应了他。范增走了，还没回到彭城，背上毒疮发
城，疽发背而死[2]。
作死了。

---

1 赐骸骨：请赐还我身体，即允许致仕为自由之身。归卒伍：回到平民中去。卒伍，古代的基层服役户籍编制，五家为伍，三百家为卒。
2 疽（jū）：也叫痈（yōng），一种生于颈部、背部或臀部的毒疮。

南游云梦擒韩信

汉朝大将韩信,独当一面,在楚汉战争中破魏、取代、灭赵、胁燕,又东破齐,南下楚,垓下一战击灭项羽。韩信替汉王打下半壁江山,是西汉开国的第一等功臣。汉丞相萧何月下追韩信,他慧眼识英雄,替刘邦寻找了打天下的将才。如果没有萧何,也就没有韩信。韩信是千里马,萧何是伯乐。

人间世情,变化万千。韩信功高震主,刘邦称帝以后,吃饭不香,睡觉不安。韩信封了齐王,彭越封了梁王,黥布封了淮南王。这三个异姓王都是汉朝的开国大将,威信很高,手握重兵,他们要是造了反怎么办?韩信等人即使不造反,成百上千的大大小小功臣,都看着榜样,天天争功,个个要封,哪来那么多土地?公元前203年,楚汉战争相持最紧张的时候,韩信打下齐国,却按兵不动,要求封为齐王。汉王刘邦很不高兴,破口大骂韩信,在陈平、张良劝解下,汉王封韩信做了齐王,可终究还是耿耿于怀。垓下之战,汉王立即夺了韩信兵权,改封为楚王,表面上是让韩信衣锦还乡,回到老家,实际是削弱韩信的土地,改到生疏的地方。汉王仍不放心,时时与陈平、萧何等人谋划,一是除掉韩信,二是杀鸡儆猴,给争功的大臣们一个下马威。计议已定,运作程序由陈平来办。

汉六年(前201年),陈平提出了方案。他事先指使人无中生有告发韩信谋反,交给朝臣讨论,制造逮捕韩信的舆论。朝臣们多数主张讨伐。

陈平指出，诸将不是韩信的对手，再说，韩信谋反又没有真凭实据，韩信本人都蒙在鼓里，只可智取，不可力敌。陈平建议，汉高祖巡视云梦，云梦近楚，地方诸侯应当朝拜，等韩信来朝拜时，只需几个力士就擒拿了。汉高祖认为这是一个好计策，于是采纳了。

汉高祖发出诏令，皇帝巡视云梦，诸侯到陈县朝会。韩信接到诏书，同时也听到一些风声，他害怕到陈县去被擒拿，如不去朝拜，就是抗命。韩信拿不定主意，急得六神无主。这时他的部下出了一个坏主意，让韩信借人头立新功。这个人头叫钟离昧，他是韩信的同乡，从小就是好朋友。钟离昧也很会打仗，死心塌地地跟着项羽，在成皋对峙中多次打败汉军，刘邦恨之入骨。汉朝建立，全国通缉。钟离昧逃到韩信这里躲起来，希望韩信保护他。没想到在这紧急关头，韩信首先出卖了他。韩信听信了部属的建议，要借钟离昧的人头。钟离昧大骂韩信不仗义，没有好下场，自刎而死。

韩信带了钟离昧的人头到陈县朝见汉高祖刘邦。韩信提早到达陈县，在郊外恭迎刘邦，刘邦一到，还未行君臣之礼，刘邦就喝令一声："拿下！"几个武士上前捆缚了韩信。韩信大呼上当，说："狡兔死，良狗烹；高鸟尽，良弓藏；敌国破，谋臣亡。天下已定，我固当烹。"汉高祖见韩信大喊冤枉，认识到影响不好，连忙制止韩信说："不要大呼小叫，你发牢骚，就是造反的证据。你没造反，我查明真相后就释放你。"

汉高祖一行回到洛阳，赦免韩信封为淮阴侯。众将见韩信也只得了个侯位，还差点丢了命，争功的劲头和缓下来。接着高祖宣布了封侯计划，一批一批封赏。

韩信封为淮阴侯，被软禁在长安。过了几年，终于被吕后杀害。汉高祖十年（前197年）陈豨在代地反叛，临行布置吕后诛除韩信。吕后与萧何设谋，假传高祖打了胜仗，下令群臣进宫庆贺。萧何亲自陪同韩信进宫，一入宫门就被武士擒拿，立即处死在长乐钟宫。推荐韩信的是萧何，诛杀韩信的也是萧何。成语"成也萧何，败也萧何"，由此而来。

韩信的悲剧是封建政体下多数功臣的必然下场。政治斗争的残酷，使天才军事家也成为政治侏儒。

陈丞相世家

汉六年[1]，人有上书告楚王韩信反。高帝问诸将，诸将曰：
_{汉高祖六年，有人上书告发楚王韩信谋反。刘邦问诸将怎么办，诸将都说："赶快出兵活}

"亟发兵坑竖子耳[2]。"高帝默然。问陈平，平固辞谢，曰：
_{埋了这小子。"刘邦沉默不语。又问陈平，陈平再三推辞说："各位将领怎么说？"刘邦把诸将}

"诸将云何？"上具告之。陈平曰："人之上书言信反，有知
_{的话如实告诉了陈平。陈平说："有人上书说韩信谋反，这件事有其他人知道吗？"刘邦说："还}

之者乎？"曰："未有。"曰："信知之乎？"曰："不知。"陈
_{没有。"陈平说："韩信自己知道这事吗？"刘邦说："他不知道。"陈平说："陛下的精兵与}

平曰："陛下精兵孰与楚？"上曰："不能过。"平曰："陛下将
_{楚国比谁更强大？"刘邦说："我比不过他。"陈平说："陛下的将领中用兵打仗的本领有胜过}

用兵有能过韩信者乎？"上曰："莫及也。"平曰："今兵不如
_{韩信的吗？"刘邦说："没有谁比得上。"陈平说："现在您的兵没有韩信的兵精，将也没有韩}

楚精，而将不能及，而举兵攻之，是趣之战也，窃为陛下危
_{信能干，还要出兵去攻打他，这不是逼他同我们开战吗，我很为陛下的安危担忧。"刘邦说："那}

之。"上曰："为之奈何？"平曰："古者天子巡狩，会诸侯。
_{怎么办呢？"陈平说："古时候有天子巡视各地，会见诸侯的制度。南方有个云梦湖，陛下姑且}

南方有云梦，陛下弟[3]出伪游云梦，会诸侯于陈。陈，楚之
_{出门假称是到云梦视察，在陈县会见诸侯。陈国在楚国的西界，韩信听说天子是怀着好意出来巡}

---

1 汉六年：公元前201年。
2 亟：赶快，火速。
3 弟：但，姑且。

西界,信闻天子以好出游,其势必无事而郊迎谒。
游的,他一定会毫不防范地到郊外来迎接您。在他拜谒时,陛下趁机逮捕他,这只要一个大力士
谒,而陛
下因禽之,此特一力士之事耳。"高帝以为然,乃发使告诸侯
就可以办成了。"刘邦觉得主意不错,就派人通知各地诸侯到陈县相会,说:"我即将南游云梦。"
会陈:"吾将南游云梦。"上因随以行。行未至陈,楚王信果
刘邦于是立即出巡。还没有到达陈县时,楚王韩信果然到郊外大路上来迎接。刘邦预先埋伏了武
郊迎道中。高帝豫具武士,见信至,即执缚之,载后车。信
士,看到韩信来了,立即把他抓住捆了起来,装在后面的车上。韩信大声叫喊说:"天下安定了,
呼曰:"天下已定,我固当烹!"高帝顾谓信曰:"若毋声!而
我本来就应该被烹杀了。"刘邦回过头对韩信说:"你不要大喊大叫!你谋反的事已经查明了!"
反,明矣!"武士反接[1]之。遂会诸侯于陈,尽定楚地。还至
武士们把韩信的双手反缚起来。于是刘邦就在陈县会见了其他诸侯,全部平定了楚国。回到洛阳
雒阳,赦信以为淮阴侯。
以后,刘邦赦免了韩信,贬为淮阴侯。

---

1 反接:反缚双手。

淮阴侯列传

项王亡将钟离眜家在伊庐[1]，素与信善。项王死后，亡归
项王的一员逃亡将领钟离眜，家住伊庐县，一向与韩信交好。项王死后，钟离眜投奔韩信。
信。汉王怨眜，闻其在楚，诏楚捕眜。信初之国，行县邑，
汉王怨恨钟离眜，听说他在楚国，下诏令让楚国逮捕钟离眜。韩信刚到楚国时，巡察所属县乡邑，
陈兵出入。汉六年，人有上书告楚王信反。高帝以陈平计，
进进出出用部队戒严。汉六年（前201年），有人上书告发楚王韩信谋反。高帝用陈平的计谋，按
天子巡狩会诸侯。南方有云梦，发使告诸侯会陈："吾将游云
惯例天子出巡要会见诸侯。南方有一个云梦泽，高帝派出使者通告各诸侯到陈县朝会，说："我将
梦。"实欲袭信，信弗知。高祖且至楚，信欲发兵反，自度无
巡视云梦。"实际是想偷袭韩信，韩信不知道。高帝将要到达楚国，韩信想发兵反叛，自己估量没
罪，欲谒上，恐见禽。人或说信曰："斩眜谒上，上必喜，无
有罪过，想朝见皇上，又怕被擒获。有人劝韩信说："你杀了钟离眜去朝见皇上，皇上一定高兴，
患。"信见眜计事，眜曰："汉所以不击取楚，以眜在公所；若
就没有祸患了。"韩信召见钟离眜商议这件事。钟离眜说："汉王之所以不来攻取楚国，因为我在
欲捕我以自媚于汉，吾今日死，公亦随手亡矣。"乃骂信曰：
你这里；你想捕杀我去讨好汉王，我今天死了，你跟着也要灭亡。"就骂韩信说："你不是一个忠
"公非长者[2]！"卒自刭。信持其首，谒高祖于陈。上令武士
厚的人！"终于自杀了。韩信带着钟离眜的首级，到陈县去朝见高祖。皇上令武士捆绑韩信，放在

1　钟离眜：楚名将，常困刘邦。伊庐：邑名，在今江苏省灌云县东北。
2　长者：德行高尚的人。

钟离眛大骂韩信

缚信，载后车[1]，信曰："果若人言：'狡兔死，良狗烹；高鸟尽，
后面的车上。韩信说："果真像人们说的：'狡兔死了，猎狗遭烹杀；高飞的鸟完了，弓箭被收藏；

良弓藏；敌国破，谋臣亡。'天下已定，我固当烹！"上曰：
敌国破灭，谋臣死亡！'天下已经平定了，我当然该烹杀。"皇上说："有人告发你谋反！"于是

"人告公反。"遂械系信[2]，至洛阳，赦信罪，以为淮阴侯。
给韩信戴上刑具，到了洛阳，赦免韩信的罪过，改封为淮阴侯。

1　后车：随从皇帝后面的副车。
2　械系：用刑具锁绑。

孟尝君养宾客（明内府彩绘本《春秋五霸七雄通俗演义列国志传》插图）

立志故事

六则

孟尝君难父为嫡嗣

孟尝君的父亲靖郭君，名叫田婴。田婴是齐威王的小儿子。在齐威王执政时，田婴就开始在齐国任职，到齐宣王时出任齐国的相国。齐宣王二年，即公元前 319 年，田婴与大将田忌、孙膑协同讨伐魏国，在马陵大败魏军，杀了魏国的大将庞涓。宣王七年，即公元前 314 年，田婴出使韩国和魏国，说服两国向齐国称臣。不久，齐宣王死，其子齐湣王继位，田婴因功受封于薛（今山东省滕州市南），称薛公。

田婴有四十多个儿女，孟尝君是田婴的庶子。所谓"庶子"，即妾所生的儿子。按照奴隶社会宗法制的规定，只有嫡长子（正妻所生的长子）才能继承父辈的封地和爵位。但孟尝君和他的母亲不甘命运的安排，下定决心改变。

孟尝君生于五月五日。依照当时齐国的风俗，这个时候出生的男孩，长大后要克死父亲。孟尝君一降生，田婴就下令扔掉他，而他的母亲不忍自己的亲生骨肉被遗弃，背着田婴偷偷地抚养孟尝君。孟尝君的母亲在田氏家族地位不高，但她是一位吃苦耐劳、敢于与命运相抗争的不凡女性，她把自己全身心的母爱倾注在儿子孟尝君身上。为使儿子长大后成为一个有用之人，孟尝君的母亲请了当地有学问的人，对孟尝君进行系统的知识教育。与此同时，孟尝君的母亲还言传身教，教育儿子怎样做人。孟尝君不负母亲厚望，学业上渐有所成。

孟尝君在母亲的教诲下，渐渐长大。但是，怎样才能使父亲田婴接纳自己、在田氏家族立住脚呢？孟尝君多次和母亲商量后，决定随同父异母的哥哥去拜见父亲。

一个阳光明媚的午后，田婴和妻妾们正在花园赏花，这时，孟尝君随同他的兄弟们来参拜父亲。孟尝君的哥哥把他介绍给了父亲。当田婴得知孟尝君就是五月五日出生的那个儿子时，勃然大怒，马上当着众人的面再三斥责孟尝君的母亲，孟尝君的母亲默默无语。孟尝君见状，立即给田婴跪下叩头，问道："父亲您为何不喂养五月五日出生孩子，能说说原因吗？""因为五月五日出生的孩子，按照我们齐国的风俗，孩子长到门一样高时，就会对父母不利。"田婴回答说。孟尝君对父亲的这种解释，胸有

孟尝君反驳父亲

成竹地说道："人的出生,是受制于天命呢?还是受制这种风俗习惯呢?假如人的出生是由老天决定的,父亲您有什么可忧虑的?如果是由风俗习惯决定的,我可以把门修得高高的,不就相安无事了吗?"田婴听完孟尝君的这番话后,无言对答,同时仔细地想了想,儿子孟尝君已经长大了,但对自己并没有产生什么危害,决定留下孟尝君。

孟尝君让父亲接纳了自己,但他并不满足,他希望有一个机会来施展自己的才华。怎样才能实现呢?孟尝君在反复考虑后,认为唯一的办法,就是让父亲将自己立为嫡子,来主持田氏家族的家政。为此,孟尝君千方百计地寻找与父亲谈话的机会,让父亲了解他的才干。功夫不负有心人,孟尝君终于寻到了一次没有其他兄弟在场的机会,他有意识地同父亲田婴拉起了家常。他问父亲:"儿子的儿子是什么?""是孙子。"田婴回答说。孟尝君接着问父亲:"孙子的孙子是什么?""是玄孙。"孟尝君又继续问道:"玄孙的孙子是什么?"田婴回答说:"不知道。"孟尝君一看机会来了,马上对父亲谈起他治家治国的计划。孟尝君说:"我听说'将门出将子,相门出相子',父亲你在齐国担任相国已历三王(威王、宣王、湣王)。在这么长的时间里,我们家中富累万金,但国家的疆域没有扩大,齐国也没能成为七国中最强国,而且你的门下没有一个有才干的人,这是什么原因呢?""这是因为你只顾积累自己的财富,而不会用这些钱财去招揽各方有识之士来到齐国,为你出谋划策,治理国家。所以,齐国日渐衰落。"田婴听了孟尝君治国安邦的高论后,经过几天的深思,认为儿子孟尝君说得有道理,决定把田氏家族的家政交给孟尝君主持,以考察孟尝君的能力。

孟尝君主持家政后,十分珍惜这个来之不易的机会,马上用父亲积累的钱财,广招天下有才之士为宾客。孟尝君对宾客不分贵贱,十分尊重,充分发挥他们每个人的专长,并在生活上厚待他们,出门配车马,还派专人去慰问宾客的家人,送去吃的、用的。于是,天下有才之士纷纷投奔到孟尝君门下,孟尝君善待宾客的美名也在诸侯中传开了。诸侯们都派使者来到齐国,请求田婴立孟尝君为世子。田婴经过一段时间的明察暗访,发现孟尝君与其他子女不同,是一个有抱负、有才干的人。田婴答应了诸侯们的请求,将孟尝君立为了世子。不久,田婴病死,孟尝君就以世子的身份继承了父亲的封地和爵位。

孟尝君列传

孟尝君名文，姓田氏。文之父曰靖郭君田婴。田婴者，齐
_{孟尝君，姓田，名文。他的父亲就是齐国的靖郭君田婴。田婴，是齐威王}
威王少子而齐宣王庶弟也。……宣王九年，田婴相齐。田婴相
_{的小儿子且为齐宣王的异母庶弟。齐宣王九年，田婴担任齐国国相。田婴相齐}
齐十一年，宣王卒，湣王即位。即位三年，而封田婴于薛。
_{十一年，齐宣王死了，其子湣王即位。齐湣王三年，田婴受封在薛邑。}

田婴有子四十余人，其贱妾有子名文，文以五月五日
_{田婴一共有四十多个儿子，其中有一个叫田文，是一个不受宠的小老婆生的。田文生于五月初五，}
生。婴告其母曰："勿举也[1]。"其母窃举生之[2]。及长，其母
_{当时田婴就对田文的母亲说："不要养活这个孩子。"但田文的母亲还是偷偷地把他养活了下来。等他}
因兄弟而见其子文于田婴。田婴怒其母曰："吾令若去此
_{长大后，他母亲才叫他跟着他的那些弟兄们一起去见田婴。田婴一见，生气地对田文的母亲说："我当}
子，而敢生之，何也？"文顿首，因曰："君所以不举五月
_{时就叫你扔掉这个孩子，你为什么还要把他养活了下来！"这时田文过去叩了一个头，替他的母亲回答说：}
子者，何故？"婴曰："五月子者，长与户齐，将不利其父
_{"您为什么不让养活五月出生的孩子呢？"田婴说："五月里出生的孩子，长得像门那样高时，就会对}
母。"文曰："人生受命于天乎？将受命于户邪？"婴默然。
_{他的父母不利。"田文说："一个人的命运好坏是决定于老天爷呢，还是决定于门呢？"田婴回答不出来。}

---

1 勿举也：不要收养。
2 生：使其长大。

文曰:"必受命于天,君何忧焉。必受命于户,则可高其户
田文又说:"如果是决定于老天爷,那您还操什么心呢?如果要是决定于门,那么我们可以把门修得高高的,

耳,谁能至者?"婴曰:"子休矣。"
谁还能长得和门一样高呢?"田婴说:"算啦,你不用说啦!"

久之,文承间问其父婴曰[1]:"子之子为何?"曰:
过了很长时间,田文找到机会问他父亲说:"儿子的儿子是什么?"田婴说:"是孙子。"

"为孙。""孙之孙为何?"曰:"为玄孙。""玄孙之孙
田文又说:"孙子的孙子是什么?"田婴说:"是玄孙。"田文又说:"玄孙的孙子是什么?"

为何?"曰:"不能知也。"文曰:"君用事相齐,至今
田婴说:"那就不知道怎么说了。"田文说:"您在齐国当宰相,到今天已经历了三代国王了,

三王矣,齐不加广而君私家富累万金,门下不见一贤
而齐国的土地并没有因为您而得到扩展,而您自己家里倒是积攒了黄金万斤,可是您的门下却

者。文闻将门必有将,相门必有相。今君后宫蹈绮
见不到一个有本事的人。俗话说:将门出将,相门出相。现在您的妻妾使女穿的都是绫罗绸缎,

縠[2]而士不得裋[3]褐,仆妾余粱肉而士不厌糟糠。今君
而外面的士人连个粗布短衣也穿不上;您的奴仆婢妾都有吃不完的好饭菜,而外面的士人却连

又尚厚积余藏,欲以遗所不知何人,而忘公家之事日
糟糠也吃不饱。可是您还在这里一个劲地积攒东西,而不关心整个国家的局势一天不如一天,

损,文窃怪之。"于是婴乃礼文[4],使主家待宾客。宾
这真叫我感到奇怪。"从此田婴开始看重田文了,他叫他主持家务,接待往来的客人。从此宾

---

1 承间:寻找机会。
2 縠(hú):绉纱类丝织品。
3 裋(shù):粗陋的短衣。
4 礼文:以礼待文,视文能成大器而厚爱之。

客日进，名声闻于诸侯。 诸侯皆使人请薛公田婴以文
客们到田婴家来的也日益增多，田文的名声也渐渐地传遍了各个诸侯国。各国的诸侯们都派人
为太子[1]，婴许之。 婴卒，谥为靖郭君。 而文果代立于
来请薛公田婴立田文为世子，田婴答应了。田婴死后，谥号是靖郭君。而田文也果然在薛邑继
薛，是为孟尝君。
承了父亲的爵位，这就是孟尝君。

---

1 为太子：为嗣子，继承封邑。

观鼠慨叹人生志

这个故事讲秦国丞相李斯少小观鼠立志的故事,能给我们以多重思维的启发,十分有趣。

李斯是楚国上蔡县人,故城在今河南省上蔡县西。李斯出身于普通的务农之家,但他能读书识字,表明是一个富裕的农家,但不是高门大姓,不能依靠祖上洪福,个人前途还得靠自己去拼争。

上蔡在汉时属陈郡,陈郡郡治就是陈县。陈县在战国后期是楚国的都城,荀卿晚年在陈授徒讲学。李斯青年时在陈县郡治府门做小吏,管理文书一类的事务。有一天李斯上厕所,见一群老鼠在吃粪

▲ 元·钱选《莲实三鼠图》

便,一见人就惊慌四散。又一天,李斯因事到了粮库,见一群硕大的老鼠在粮仓中大摇大摆偷吃粮食。粮仓很少有人光顾,仓中老鼠不常见人,没有惧怕感,所以自由自在地吃粮食。同样是老鼠,而厕中鼠吃的是粪便,不洁而时时受惊扰;仓中鼠吃的是美食,且不受惊扰。这真是一个在天上,一个在地下。相差悬殊,原来是所处的地位不一样。于是,李斯感慨万分地说:"一个人的才能和命运如何,就如同这些老鼠一般,就看他是处在什么样的环境之中罢了。"李斯由此暗暗立下大志,决定要成就一番大事业。他师从荀卿,潜心研读帝王之道等治国之术。

一晃数年,李斯可谓满腹经纶和定国安邦之策。他踌躇满志地对当时

李斯劝谏秦王抓住时机

的天下形势作了深入全面的分析，认为其时东方六国皆已衰弱，不堪一击，是不足以让他有所作为的。只有秦国正蒸蒸日上，刚刚继位的秦王嬴政雄心勃勃，大有一统天下之势。李斯认为这正是他大展宏图，千载难逢的好时机。因此，他辞别荀卿，来到秦国，投身于秦国丞相吕不韦家中做了门客。吕不韦很欣赏李斯雄辩的口才和精辟的见解，经常让他陪伴左右，一起畅谈天下大事。最后推荐李斯入宫为郎，侍从秦王。李斯得以向秦王言事。

一天李斯对秦王说："现如今六国都已疲惫衰弱，而秦国日益强盛。以大王您的贤能，足以扫平六国，统一天下，成就帝业。如果此时不抓住时机，等到六国联合起来，您再做打算，恐怕就太迟了。"

秦王政听了李斯这番话，心中豁然开朗，不由得对李斯刮目相看，立即封他为长史，并采纳了李斯的离间之计，派能言善辩之士携带金银珠宝到各诸侯国游说，离间各诸侯君臣关系，网罗天下有识之士，对于不能收买利用的人就派刺客杀掉。李斯的计谋，为以后秦国实行各个击破，完成天下统一奠定了基础。没多久，秦王任用李斯为客卿。

李斯列传

李斯者，楚上蔡人也[1]。年少时，为郡小吏，见吏舍厕中鼠
李斯，是楚国上蔡人。他年轻时，在郡府衙门当小小的办事员，常在办公处旁的厕所中看到一群

食不洁[2]，近人犬，数惊恐之。斯入仓，观仓中鼠，食积粟，居
吃粪便的老鼠，每当有人或狗走近时，就受惊逃跑。李斯到了粮仓，看到粮仓中的老鼠，自由自在地吃

大庑之下[3]，不见人犬之忧。于是李斯乃叹曰："人之贤不肖譬
仓中的粮食，居住在大屋底下，不用担心人或狗的惊扰。于是李斯感叹说："一个人有出息还是没出息，

如鼠矣，在所自处耳！"
就如同老鼠一样，是由自己所处的环境决定的啊！"

乃从荀卿学帝王之术。学已成，度楚王不足事，而六国
于是李斯师从荀卿学习辅佐帝王的治国之术。学业完成，估计辅佐楚王成不了大事，而东方六国

皆弱，无可为建功者，欲西入秦。辞于荀卿曰："斯闻得时无
都已衰弱，没有可以凭借来建功立业的国家，想西去秦国闯荡一番。李斯辞别荀卿说："我李斯听说一

怠，今万乘方争时[4]，游者主事。今秦王欲吞天下，称帝而治，
个人抓到了机会就不要松懈，当今正赶上大国争雄的时机，善于游说的人掌握实权。如今秦王想吞并天下，

---

1 李斯：楚上蔡（今河南省上蔡县西）人，从荀卿学治国之术，精通申、韩法家学说，入秦事秦王，在秦的统一战争和建立中央集权制中做出了贡献。秦王称帝，号始皇，李斯为丞相。二世即位，李斯被赵高所杀。
2 吏舍厕：即公厕，故厕中鼠一日数惊。
3 大庑（wǔ）：高大的屋子。庑，堂下周围的屋子。
4 万乘：万乘之君。

此布衣驰骛之时[1]，而游说者之秋也。处卑贱之位而计不为者，
称帝统治万民，这正是平民奔忙之时，游说之士得意之日。处于低下地位而仍没有什么打算的人，就像

此禽鹿之视肉，人面而能强行者耳！故诟莫大于卑贱[2]，而悲莫
是只知道吃现成肉的禽兽，这样的人实际上是长着人的样子的动物罢了。所以，耻辱莫过于处于卑贱的

甚于穷困。久处卑贱之位，困苦之地，非世而恶利，自托于
地位，悲哀莫过于生活贫困。长久地处于卑贱的地位，过着贫困的生活，还在口头上非议世俗，厌恶名利，

无为，此非士之情也。故斯将西说秦王矣。"
用无为精神自解，这不是读书人的真实心愿。所以我李斯要到西方去游说秦王。"

至秦，会庄襄王卒[3]，李斯乃求为秦相文信侯吕不韦舍人，
李斯到了秦国，正赶上庄襄王去世，李斯就投到秦相国文信侯吕不韦门下当舍人。吕不韦认为李

不韦贤之[4]，任以为郎[5]，李斯因以得说。说秦王曰[6]："胥人者，
斯很能干，任用他做郎官侍卫秦王，李斯因此得到了游说秦王的机会。李斯说："坐等人家自行衰败的人，

去其几也；成大功者，在因瑕衅而遂忍之。昔者秦穆公之霸，
是要失去机会的；成就大功的人，总是在有机可乘时下狠心消灭对方。从前秦穆公称霸，但终究没有向

终不东并六国者，何也？诸侯尚众，周德未衰，故五伯迭兴，
东吞并六国地方，为什么呢？因为当时诸侯众多，周王室的威望还没有衰落，所以五霸一个接一个地兴

更尊周室。自秦孝公以来，周室卑微，诸侯相兼，关东为六
起，相继推尊周室。从秦孝公以来，周王室卑微衰弱，诸侯互相兼并，函谷关以东的地区形成了六国。

---

1 驰骛（wù）：东奔西走。
2 诟：耻辱。
3 庄襄王卒：在公元前247年，李斯入秦。
4 贤之：认为他贤能。
5 郎：宫廷的宿卫侍从官。
6 秦王：秦王嬴政，即后来的秦始皇。

国。秦之乘胜役诸侯[1]，盖六世矣[2]。今诸侯服秦，譬若郡县。夫
秦国乘胜称雄诸侯，已历经六代国君。现在各国服从秦国，就像郡县服从朝廷一样。那么以秦国的强大，

以秦之强，大王之贤，由灶上骚[3]除，足以灭诸侯，成帝业，
加上大王的贤能，消灭六国就像扫除灶上的尘土一样，完全办得到，建立帝业，统一天下，这真是万年

为天下一统，此万世之一时也！今怠而不急就[4]，诸侯复强，相
难得遇上的好时机。现在放松而不抓紧去做，等到诸侯重新强大，六国合纵联盟，即使有黄帝的贤能，

聚约从，虽有黄帝之贤，不能并也。"秦王乃拜斯为长史[5]，听
也不能吞并他们了。"秦王于是提升李斯为丞相府的长史，听从他的计谋，暗中派遣游说之士，带着金

其计，阴遣谋士[6]，赍持金玉[7]，以游说诸侯。诸侯名士可下以财
玉重宝去游说诸侯。诸侯中的知名人士，可以用金钱收买的，就赠送厚礼来拉拢；不肯接受礼物的知名

者，厚遗结之[8]；不肯者，利剑刺之[9]。离其君臣之计[10]，秦王乃使
人士，就用利剑刺杀他们。这些就是离间东方六国君臣的计谋，紧接着秦王就派出善战的将军领兵攻打。

其良将随其后。秦王拜斯为客卿[11]。
秦王任命李斯为客卿。

1　役：役使。
2　六世：指秦孝公、惠文王、武王、昭襄王、孝文王、庄襄王。
3　骚（sǎo）：通"扫"，扫除。
4　急就：赶紧去做。
5　长史：丞相府长史，为众史之长，如今之秘书长。
6　阴：暗中。
7　赍：携带。
8　遗（wèi）：馈赠，收买。
9　刺：暗杀。
10　离：离间。
11　客卿：用异国人为卿，叫客卿。

▲ 清宫旧藏《堆绫项羽戏像》

彼可取而代也

这篇故事讲项羽青年立壮志，语惊项梁的情景。

项羽名籍，字羽，楚国下相县人，故城在今江苏省宿迁市西南。项氏是楚国的世代名将。项羽的祖父就是战国末期楚国的大将项燕。项燕率领楚军抗击秦军，打败了秦国征楚的大将李信，破败秦军二十万。秦王改用王翦为将，大发秦国兵力六十万交给王翦指挥。项燕抗击秦兵六十万的进攻。整整一年，终因寡不敌众，项燕最后兵败自杀。秦王统一六国称帝后，通缉六国贵胄遗民，项燕家族在通缉名单中。项羽由他的叔叔项梁带着，隐姓埋名，避难吴中。项氏叔侄怀着国仇家恨暗中结纳豪右，救援亡命，等待时机，准备报仇。项梁结识了会稽太守殷通，每有大徭役或地方大事，殷太守委托项梁操办，项梁就用兵法组织布勒徒众，做训练骨干的准备。

项羽身高八尺，合今1.9米高，身体壮实，臂粗腰圆，声如洪钟，力能扛鼎。项羽年少气盛，性格粗犷，才气无双，吴中子弟都畏服他。项羽好侠任武，团结了许多吴中同龄青年。他们受项羽影响，都爱使枪弄棒，习尚武勇。项梁起兵时，精选招募，整编了这支吴中青年队伍有八千人，称江东子弟。八千江东子弟成了项氏打天下的精兵骨干。

项羽幼年时，项梁教他认字写字，项羽没有耐心。项羽成年后，项梁教他学击剑，项羽热了三天又冷下来。项羽学文不成，习武不就，项梁大怒，狠狠地训斥项羽一顿，说："国仇家恨，怎能依靠你这个懒惰子弟！"

项羽从小立大志

不料项羽并不惭愧,他不慌不忙地回答说:"学习读书写字,只不过会记姓名;学习击剑,只有匹夫之勇;我要学习兵法,指挥千军万马。"这一席豪迈之言,使项梁大为惊奇,于是悉心教导项羽学习兵法。可是项羽生性粗犷、急躁,"略知其意,又不肯竟学"。项羽对行兵布阵很感兴趣,而对战略战术不甚精通。这是项羽习武学兵法的长处与短处,日后都得到了实践的回报。项羽善于野战、攻坚、克敌,所向披靡,而设谋智取不擅长,终于败在了韩信手下,成了一个悲剧英雄。这是后话,按下不表。

秦始皇统一天下,为了巩固政权,他不断巡行全国四方,炫耀武功,镇压反抗势力。战国末楚国抗秦最坚决,秦朝对楚地统治实行高压,招致楚地人民的不满。当时楚地流行一首政治民谣,其中两句是:"楚虽三户,亡秦必楚。"公元前210年冬，秦始皇又一次出巡天下，重点到东南江浙一带镇压天子气。秦始皇一行威仪整肃，十分壮观。当年项羽二十二岁，已是一个英武的少年。吴中这次接待秦始皇，项梁主持，把项羽放到最紧要处，以便观览秦始皇。秦始皇在渡浙江的时候，项氏叔侄一起观览。项羽不觉脱口而出："彼可取而代也。"站在项羽身后的项梁连忙用手捂住项羽的嘴巴，小声说："休得胡说，这是要灭族的。"项梁惊了一身冷汗，口里小声责备项羽，可心里惊奇项羽的壮志，竟然藐视秦始皇，要取而代之。项羽对秦始皇的仇恨与蔑视，都在这一句"彼可取而代也"的话语中。项羽日后打仗，骁勇善战，丝毫不怕秦兵，这是他少年壮志的思想境界铸成的。

项羽本纪

项籍者，下相人也[1]，字羽。初起时[2]，年二十四。其季父
<small>项籍是下相人，表字羽。最初起兵时，二十四岁。其叔父叫项梁，项梁的父亲就</small>
项梁[3]，梁父即楚将项燕[4]，为秦将王翦所戮者也。项氏世世为楚
<small>是楚国将领项燕，是被秦国将领王翦所杀的那个人。项家世世代代做楚将，封在项地，</small>
将，封于项[5]，故姓项氏。
<small>所以姓项。</small>

项籍少时，学书不成，去；学剑，又不成。项梁怒之，
<small>项籍年少时，学习识字书写，没有学成，放弃不学了；学习剑术，又没有学成。</small>
籍曰："书足以记名姓而已，剑一人敌，不足学，学万人敌。"
<small>项梁很生他的气，项籍说："学认字足够记住名姓就行了，剑术只能对抗一个人，不值</small>
于是项梁乃教籍兵法，籍大喜，略知其意，又不肯竟学。项
<small>得学，我要学对抗上万人的本事。"项梁就教项籍兵法，项籍非常高兴，略微知道其中</small>
梁尝有栎阳逮[6]，乃请蕲狱掾曹咎书抵栎阳狱掾司马欣，以故事
<small>的大意，又不肯学下去。项梁曾因罪遭栎阳官吏追捕，就请蕲县的狱掾曹咎写信给栎阳的</small>

---

1. 下相：秦县名，县治在今江苏省宿迁市西南。
2. 初起时：指初起兵反秦之时，秦二世元年，即前209年。
3. 季父：最小的叔父。
4. 项燕：楚名将，曾击破秦将李信军二十万。秦王政二十三年（前224年），秦将王翦率六十万大军击楚，虏楚王。项燕立昌平君为荆王，驻兵淮南。第二年，王翦再破楚，昌平君死，项燕自杀。
5. 项：秦县名，县治在今河南省沈丘县。
6. 栎阳逮：因罪被栎阳县逮捕。栎（yuè）阳，县名，县治在今陕西省西安市临潼区东北。

得已。项梁杀人，与籍避仇于吴中，吴中贤士大夫皆出项梁
狱掾司马欣，因为这缘故，事情得以了结。项梁杀了人，和项籍在吴中逃避仇人，吴中有贤

下。每吴中有大徭役及丧[1]，项梁常为主办，阴以兵法部勒宾
能的士大夫都不及项梁。每当吴中有大徭役和丧事，项梁常为他们主办，暗中用兵法组织部

客及子弟[2]，以是知其能。秦始皇帝游会稽，渡浙江[3]，梁与籍
署宾客和子弟，借此了解他们各人的才能。秦始皇帝出游到会稽，渡浙江时，项梁和项籍一

俱观。籍曰："彼可取而代也。"梁掩其口，曰："毋妄言，族[4]
块去观看。项籍说："他可以取而代之！"项梁捂住他的口，说："不要胡说，会灭族的！"

矣！"梁以此奇籍。籍长八尺余[5]，力能扛鼎[6]，才气过人，虽吴
项梁因此认为项籍有奇才。项籍身高八尺有余，力能举起大鼎，才气过人，即使是吴中的子

中子弟皆已惮籍矣[7]。
弟都已畏惧项籍。

---

1 大徭役：筑城、筑路等大差役。
2 阴：暗中。部勒：部署，组织。
3 浙江：即钱塘江。
4 族：指灭族。
5 八尺余：汉尺合今公制23厘米，八尺余约1.9米。
6 扛鼎：举鼎。
7 吴中子弟：土著的豪族子弟。惮（dàn）：畏惧。

▲ 汉高祖(清·姚文翰《历代帝王真像》)

大丈夫当如此也

汉高祖刘邦，出身田舍郎，登上天子堂，虽然由种种社会条件促成，时势造就了英雄，但与他的主观努力，少壮立大志，有密切关系。这篇故事讲刘邦青壮年时的两件生活片段，从中可以看出他与众不同的豪情壮志与处世才干。第一件是讲刘邦见秦始皇的故事，第二件是讲刘邦娶媳妇的故事。

刘邦做了沛县泗水亭长，有一年他带领刑徒进京服徭役。有一天秦始皇出巡京师，通令老百姓在规范的警戒线处，观览皇帝及随行人员。这实际上是秦始皇巡视市民，表示天子爱民，与天下同乐。刘邦恰好在咸阳服役，赶上了这次能亲眼见皇帝的机会，兴奋异常。

古时天子出行，即便是巡察市民，也是警卫森严，先要戒严开道，称为警跸。天子坐车，威仪堂堂，有许多同样的副车，高官陪同，仪仗前呼后拥，十分排场，十分壮观，十分严肃。观览的市民，在警戒两旁，匍匐拜迎，口呼万岁，人人惧慑，人人幸运，蒙天子恩顾，终身荣幸。刘邦看秦始皇，他却不是这样的心情，他没有被森严肃穆的场面吓倒，而是生出羡慕之心，情不自禁发出感叹："嗟乎，大丈夫当如此也。"意思是说，天子好气派啊，一个堂堂的男子汉就应当是这样。刘邦的大言，显出了他的帝王气度。

刘邦胸怀壮志，他当然不满足于亭长的地位，他广交朋友，豁达大度，有长兄气概，有钱同使，从不吝啬。于是刘邦在游民层中博得了声誉，有"宽大长者"之称。刘邦曾一度与大名鼎鼎的张耳交游。刘邦还与沛县衙门的大小官吏过往密切。功曹萧何、典狱长曹参、狱吏任敖、县吏夏侯婴都是刘邦的好朋友。

  刘邦好酒色。他在沛县与一个姓曹的女子同居，生了长子刘肥，但刘邦不把曹姓女子娶进家门。因为曹姓女子没有地位。沛县的高门大户又看不上刘邦。因此刘邦的婚姻一直悬着。但机会有时在不经意间就来了。单父人吕公是一个高门，沛县县令的朋友，因避仇举家来投沛令。沛令看中了吕公长女吕雉，向吕公求婚，吕公不肯。沛令为了讨好吕公，他委托萧何出面举办盛大宴会为吕公一家接风，目的想收取一大笔礼金，送给吕公作安家费。沛县衙门大小官员，以及社会贤达，碍于县令与萧何的情面，都来赴宴贺礼。萧何定出规矩，座席不论身份，只论礼钱多少，送钱满一千以上的在堂上座席，送钱少的在堂下座席。刘邦不带一文钱，口称贺钱一万，心不跳，面不改色，雍容潇洒，活像一个富翁派头。吕公闻言大惊，亲自起身到门口迎请，刘邦也不推辞，大摇大摆坐到贵宾首席。萧何对吕公说："刘季惯爱吹牛，当不得真。"吕公却不见怪，也不把刘邦的欠账贺礼当一回事，他仔细观察刘邦的举止风度，倒相中他作为女婿。席散时，吕公留下刘邦表达了这番意思，刘邦自然喜不自胜。刘邦走后，吕母极力反对，生气地说："多少体面人物提亲，都被你拒绝，到头来相中了一个无赖。"吕公说："你们妇道人家懂个啥！"原来，吕公对刘邦的作为早有所闻，他了解到在沛县，以刘邦、萧何等人为核心形成了一个反秦的政治集团。吕公以看相为标榜，嫁女结豪杰，为日后打算，宣言吕后大贵，不过是替刘邦做宣传。吕后心领神会，她嫁给刘邦以后，也积极加入造神集团，说她在一次农田劳动中，有异人出现，说她生的一对儿女有大贵之相，儿女之贵，来源于刘邦。显然吕公嫁女，刘邦娶妇，是一桩政治联姻，也是古代的一种结盟形式。刘邦大言娶妇，增添了滑稽的传奇色彩，如此而已。刘邦是当时沛县一个小有名气的豪侠领袖，这才是根本。刘邦大言"贺钱万"，正是他的一种豪侠举动，这是别人串演不出的。吕公，也是非常人也。

吕后帮刘邦大力宣传造神

高祖本纪

高祖常繇咸阳,纵观[1],观秦皇帝,喟然太息曰:"嗟乎!
<small>高祖曾经服繇役到咸阳,遇上允许百姓观瞻秦始皇出巡,高祖感慨地叹息说:"啊!大丈夫应当</small>
大丈夫当如此也!"
<small>这样呀!"</small>

单父人吕公善沛令[2],避仇从之客,因家沛焉。沛中豪杰吏
<small>单父人吕公和沛县县令友好,逃避仇家到沛令家客居,因而搬家到沛。沛县中的豪</small>
闻有重客,皆往贺。萧何为主吏[3],主进[4],令诸大夫曰:"进不
<small>杰官吏听说县令有贵客,都前往拜贺。萧何担任主吏,主管接收礼品,通告宾客说:"送</small>
满千钱,坐之堂下。"高祖为亭长,素易诸吏[5],乃绐为谒曰[6]:
<small>礼不满一千钱的,请坐在堂下。"高祖担任亭长,一向看不起这班官吏,就假写了一张名</small>
"贺钱万!"实不持一钱。谒入,吕公大惊,起,迎之门。吕
<small>帖说:"贺钱一万!"其实没拿一个钱。名帖递进去,吕公大惊,起身到大门前迎接刘邦。</small>
公者,好相人,见高祖状貌,因重敬之,引入座。萧何曰:
<small>吕公喜好给人看相,见到高祖的形象面貌,十分敬重他,引他入座。萧何说:"刘季向来</small>

---

1. 纵观:允许民众观瞻。
2. 单(shàn)父:秦县名,在今山东省单县。
3. 萧何:西汉开国功臣,事详《萧相国世家》。主吏:即主吏掾,又称主吏功曹,职掌人事考核。
4. 主进:主管接收礼品。
5. 易:看轻。
6. 绐(dài):说诳。

"刘季固多大言，少成事。"高祖因狎侮诸客，遂坐上坐，无所
说大话，很少能干成事。"高祖趁机轻侮那些客人，于是坐在上座，毫不客气。酒宴将要

诎¹。酒阑²，吕公因目固留高祖。高祖竟酒，后。吕公曰："臣
结束，吕公用目光示意一定要他留下。高祖一直等到酒散，剩下最后一个人。吕公说："我

少好相人，相人多矣，无如季相，愿季自爱。臣有息女³，愿为
年轻时就喜好给人相面，相过面的人太多了，没有像您这样的相貌，希望您多多自爱。我

季箕帚妾⁴。"酒罢，吕媪怒吕公曰："公始常欲奇⁵此女，与贵
有亲生女，愿意给您做打扫清洁的使女。"酒宴罢后，吕媪对吕公生气地说："您平常总

人。沛令善公，求之不与，何自妄许与刘季？"吕公曰："此
认为此女不凡，应该嫁给贵人。沛县县令与您交情好，求娶她您不给，为何自己胡乱许给

非儿女子所知也。"卒与刘季。吕公女乃吕后也，生孝惠帝、
刘季？"吕公说："这不是你们女流之辈所能知道的。"终于嫁给刘季，吕公的女儿就是

鲁元公主⁶。
吕后，生了孝惠帝和鲁元公主。

  高祖为亭长时，常告归之田⁷。吕后与两子居田中耨⁸，有
  高祖担任亭长时，曾经请假回家到田垄上找吕后。吕后和两个孩子在田中除草，

一老父过请饮，吕后因铺之。老父相吕后曰："夫人天下贵
有一个老人路过讨水喝，吕后就给了他食物。老人给吕后相面说："夫人是天下的

---

1 无所诎：毫不客气。诎，同"屈"，此指谦让。
2 酒阑：酒席上的人逐渐稀少，即不少人已退席。阑，稀少。
3 息女：亲生女。
4 箕帚妾：打扫清洁的使女。这是许以为妻的谦辞。
5 奇：认为不凡。
6 鲁元公主：惠帝姐，食邑鲁，故称鲁元公主。元，长，老大。
7 常：同"尝"。
8 居田中耨（noù）：在田中除草。

人。"令相两子，见孝惠，曰："夫人所以贵者，乃此男也。"
贵人。"又让给两个孩子相面，见到孝惠说："夫人您所以大贵，就因为这个男孩。"
相鲁元，亦皆贵。老父已去，高祖适从旁舍来。吕后具言客
为鲁元公主相面，也说会大贵，老人已走，高祖正好从邻居家来。吕后详细说了有
有过，相我子母皆大贵。高祖问，曰："未远。"乃追及，问
客人经过的情形，并说他相我们母子都将大贵。高祖问，回答说："没有走远。"
老父。老父曰："向者夫人¹、婴儿皆似君，君相贵不可言。"
就追赶上去，询问老人，老人说："刚才的夫人孩子都像您，您的面相贵不可言。"
高祖乃谢曰："诚如父言²，不敢忘德。"及高祖贵，遂不知老
高祖就道谢道："果真如您所言，不敢忘记您的恩德。"等到高祖显贵，竟找不到
父处。
老人的去向。

---

1 向者：刚才。
2 父：对长者之尊称。

陈平宰社肉

西汉开国功臣之一，丞相陈平，出身农家，是秦阳武县户牖乡人，今属河南省原阳县。陈平幼时，父母双亡，他的哥哥把他养大，还让他上学读书。陈平成人后一表人才，由于家贫，有钱人家看不上他；贫穷人家，陈平也看不上，成了一个老光棍。常常被人背后议论，认为他没出息。

陈平主持分配社肉

陈平虽然穷困,但心志很高。他不肯老死乡里,埋头耕作,而是千方百计交游豪侠,时常热心公益事业,也给富家帮忙,一来讨几文小钱,二来展示自己才华,希望得到社会的认可。

有一年乡村祭社,大家推举陈平主持分配祭肉,他依据乡情俗规,对祭社的男女老幼,左右关系,照顾妥帖,分配公平。父老乡亲一致赞扬:"陈平这后生,心眼真好,主持祭社,非常尽心,分配祭肉,十分公平,今年推了个好主持。"陈平叹息说:"唉,要是让我主宰天下,对全天下的人都像分祭肉一样公平。"原来背后议论的人,从此对陈平另眼相看,知道他胸有大志。不久,一个姓张的大户人家,把孙女嫁给了陈平。

司马迁记载这件事,用父老与陈平对话的形式写了下来,语言极其精练,一共只用了三十六个字,却极生动地描绘了陈平的壮志和思想境界,真是字字珠玑,值得欣赏。

陈丞相世家

里中社，平为宰[1]，分肉食甚均。父老曰："善，陈孺子之为宰！"平曰："嗟乎，使平得宰天下，亦如是肉矣！"

有一次乡里举行祭社活动，陈平作为主持人，分配祭肉分得非常公平。乡里父老就称赞他说："不错，陈平这小子分肉分得很好！"陈平接着说："唉，如果让我主宰天下，我也会像分肉一样公平的。"

▲ 清·任颐《陈平分肉图》

---

1 宰：主持，治事。这里作名词用，指为祭社活动的主持人。

萧何入秦独取典籍

西汉皇帝刘邦布衣为天子，西汉开国丞相萧何布衣为相，西汉的许多文武大臣都是平民布衣，史称布衣将相之局。

萧何，秦汉沛县人，是汉高祖刘邦的同乡。萧何原本是一个文吏，给事县衙做文秘工作，后积资升迁为功曹掾，掌管人事。没有秦末的社会动乱，萧何也就以一个能干的县级官吏终老，或许能到京师做到九卿。秦御史巡按沛县，发现萧何办事干练，就把萧何调到泗水郡文办，称郡卒史。一年后考核，萧何以办事练达为秦御史看中，他要举荐萧何到京师咸阳供职。萧何却婉谢了。

到京师供职，对一般人来说是求之不得，千载难逢的好事，为什么萧何拒绝了呢？萧何见识不凡，目光远大。萧何心知秦朝暴政，国运不会长久，他不愿到京师去蹚浑水，独立地走自己的路。

萧何是能干的吏才、相才，他没有帝王野心，而却有辅佐帝王之志、之能。萧何善识人。刘邦少时，行为无赖，只有萧何识得是一个命世之才，因而事事维护。由于萧何的引誉，刘邦声誉渐闻。两人深相结纳，成为沛县豪杰首领。萧何月下追韩信，替汉家基业求得擎天柱。可以说没有萧何，就没有沛公；没有萧何，就没有韩信；没有萧何，就没有汉家天下。

刘邦起兵，征战沙场，整个后方交给了萧何。萧何征赋劝农，训练士卒，使得在反秦斗争与楚汉相争中能够足食足兵。

秦王子婴元年，公元前206年十月，沛公刘邦入武关破秦，沛公军进入咸阳。诸将争先抢夺金帛财物，连主帅沛公也一头扎进秦宫室。这时全军都沉浸在胜利的欢乐中，大家争抢财物，只有萧何一人头脑清醒。他认为斗争方兴未艾。秦朝灭了，天下纷乱，统一天下的战斗还没拉开序幕，战争还有漫长的历程。就是统一了天下，治理国家，也要熟悉全国情势，了解国情。所以图书典籍、公文档案才是最珍贵的。萧何带领部众进入秦丞相府、御史府，收缴法律、命令、图画、书籍等典籍、档案。这些资料记载了秦国的法律制度、关口要塞、全国户口，以及各地的风俗民情和经济发展状况等重要信息，是治国安邦的至宝。萧何能在距今信息时代两千多年前的时候，意识到信息的重要性，足见他的远见卓识，这正是萧何独具识见的宰相气度与抱负。

楚汉成皋相持，萧何留守关中，前线所需，萧何总是及时送到。但心存忌疑的刘邦不放心，他多次派遣专使入关慰劳丞相萧何。有位姓鲍的先生告诉萧丞相："我们汉王日晒风吹、风餐露宿，却多次派使者慰劳您，是有怀疑您的心思。我为您打算，不如派遣您的子孙兄弟中能打仗的人全都去军队供职，汉王必定更加信任您。"于是萧何听从了他的计策，举族跟从汉王南征北战，汉王果然大为高兴。

公元前202年，汉王刘邦即皇帝位，在洛阳南宫举行盛大酒会庆功。汉高祖刘邦当众称赞萧何、张良、韩信为三杰，他任用三杰是汉胜楚败的最主要原因。刘邦评价萧何说："镇国家，抚百姓，给馈饷，不绝粮道，吾不如萧何。"于是论功行赏，刘邦封萧何为酂侯，赏赐食邑最多。其他功臣不服气了，都说："我们身披铠甲，手执锐利兵器，出生入死，多的身

众人不服刘邦的论功行赏

经百战,少的交锋数十回合,攻取城池,占领土地,功劳大大小小各有不同。而今萧何没有汗马功劳,仅仅靠舞文弄墨,议论政事,不曾参加过战斗,分封功劳反而在我们之上,这是什么道理呢?"高祖没有正面回答,问道:"各位都知道打猎的事吗?"群臣心想这太简单了,回答说:"知道。"高祖又问:"知道猎狗吗?"群臣回道:"知道。"不知高祖葫芦里卖什么药。高祖说道:"打猎时,追逐野兽兔子的是猎狗,而发现踪迹并指出野兽所在地方的是人。现在诸位只能捕捉到野兽,功劳不过像猎狗一般。至于萧何能指示猎取目标,功劳相当于猎人。况且,诸位只是个人追随我,一家多的也不过两三人。而萧何则是全族数十人都跟随我作战,这个功劳是不可忘记的。"群臣都不敢说什么了。

萧何入秦独取典籍

列侯全都受封，待到排列位次，群臣又都说："平阳侯曹参英勇作战，身上遭受七十多处创伤，攻城夺地，立功最多，应该排在第一位。"刘邦已经委屈了功臣们，多封了萧何，不好再为难他们，然而心里还是想把萧何排在第一。这时关内侯鄂千秋进言说："群臣们的议论都不对。像曹参虽有野战夺地之功，那只是一时的行动而已。皇上与楚军相持五年，常常损失军队，逃亡的人很多。但是萧何屡次从关中地方派遣军队补充兵力，这些并非皇上下命令叫他干的，而关中好几万人开赴前线正好是皇上丢失部下的危急时刻，如此情景已发生多次了。汉与楚在荥阳相持数年，萧何在关中征收民粮，利用水路辗转供给汉军的粮食，永不缺乏。皇上虽然多次丢失崤山以东大片土地，而萧何总是开创关中以待皇上，这是万世不朽的功劳。今天虽没有曹参等一百多人，对汉室有多大损失呢？汉得到他们，也不一定能够开创汉朝的天下，为什么要以一时之功加在万世不灭的功劳之上呢？应该是萧何第一，曹参第二。"汉高祖听了正合己意，立刻赞同说："很好。"于是便确定萧何第一，并特别恩赐他可以带剑穿鞋上殿，朝见皇帝不用按常礼小步快走。鄂千侯也因为推荐的话说到汉高祖心坎中而被加封为安平侯。同时，汉高祖将萧何父子兄弟十几人全部封赏。另外又加封萧何二千户食邑。因为以前萧何在刘邦作为秦吏出使咸阳时，给刘邦的俸钱比其他官吏多两百的缘故。

萧何独具慧眼做到知人识物，深谋远虑具有远见卓识，谨慎谦虚因而深得人心。于乱世中他择明君而事之，顺应潮流与百姓除旧布新，因而地位冠于群臣，声名延于后世，福及子孙，使自己的人生达到辉煌的顶点！

萧相国世家

萧何相国者，沛丰人也，以文无害为沛主吏掾[1]。
相国萧何是沛县丰邑人，因为通晓法令，没有凝滞，又执法持平，所以做了沛县县令的助理。

高祖为布衣时，何数以吏事护高祖。高祖为亭长，常左右之[2]。高祖以吏繇咸阳，吏皆送奉钱三，何独以五。
高祖刘邦还是老百姓的时候，经常出事情，萧何多次凭借手中的职权保护他。刘邦当了亭长，萧何也常常帮助他。刘邦曾以官吏的身份到咸阳服徭役，一般人送给他的路费只有三百，唯独萧何送了五百。

秦御史监郡者与从事，常辨之。何乃给泗水卒史事，第一。秦御史欲入言征何，何固请[3]，得毋行。
秦朝的监郡御史交给萧何的事情，萧何都办得井井有条。于是萧何被提升为泗水郡的卒史，考评为第一。秦朝的御史就向上级推荐，准备征调萧何，萧何坚决不肯，所以才没有去。

及高祖起为沛公[4]，何常为丞督事[5]。沛公至咸阳，诸将皆争走金帛财物之府分之，何独先入收秦丞相御史律令图书藏之。沛公为汉王，以何为丞相。项王与诸侯屠烧咸阳而去。汉王所以具知天
到刘邦起兵造反做了沛公，萧何常常做副手具体办事。刘邦攻入咸阳，将领们都争先恐后到府库分取金银财物，只有萧何一人率先入宫把秦朝丞相、御史掌管的法律诏令、图书典籍收藏起来。刘邦做了汉王，就封萧何为丞相。项羽带领各路诸侯一把火烧了咸阳的秦朝宫殿才离开。后来刘邦之所以能详细了解天下的

---

1 文无害：通晓法令，没有凝滞，且执法持平。主吏掾：功曹掾，主人事。
2 左右：保护，帮助。
3 固请：坚决不肯。
4 沛公：沛县县令，楚语称令为公。
5 丞：县丞，即副县令。

萧何入秦独取典籍　　219

▲ 清人绘《萧何像》

下厄塞[1]，户口多少，强弱之处，民所疾苦者，以何具得秦图书也。
<small>军事要冲，各地的人口情况，贫富强弱，以及人民痛苦的深重，都是因为萧何完整地得到了秦朝的图书档案。</small>

何进言韩信[2]，汉王以信为大将军。语在《淮阴侯》事中。
<small>萧何还推荐了韩信，刘邦任命韩信做了大将军。具体情况写在《淮阴侯列传》中。</small>

汉王引兵东定三秦，何以丞相留收巴蜀，填抚谕告[3]，使给
<small>刘邦率领部队东进平定三秦，萧何作为丞相留守在汉中，收服巴蜀民心，发布政令，安抚百姓，</small>

军食。汉二年，汉王与诸侯击楚，何守关中，侍太子，治栎
<small>及时为部队供给粮食。汉王二年（前205年），刘邦联合其他诸侯全力攻打楚国项羽，萧何奉命镇守关中，</small>

阳。为法令约束，立宗庙社稷宫室县邑，辄奏上，可，许以
<small>侍奉太子，治理栎阳。并且制定了许多法令制度，建立了宗庙、社稷、宫室、县邑，有的报告刘邦，刘</small>

从事；即不及奏上，辄以便宜施行，上来以闻。关中事计户
<small>邦认为可以，就同意照办；有的来不及报告，就根据需要不经请示就先做了，等刘邦回关中时再做报告。</small>

口转漕给军[4]，汉王数失军遁去，何常兴关中卒[5]，辄补缺。上以
<small>萧何在关中管理户口，征集粮草，通过陆行水载的方法及时向前方运送物资，刘邦多次吃败仗，士兵纷</small>

此专属任何关中事。
<small>纷逃走，萧何经常征发关中的士兵，去补充刘邦的部队。刘邦因此把关中的事情都交给萧何全权处理。</small>

汉三年，汉王与项羽相距京索之间[6]，上数使使劳苦丞
<small>汉王三年（前204年），刘邦与项羽在京县与索城之间相持不决，就连续不断地派人到关中慰劳</small>

1　厄塞：军事要冲。
2　进言：推荐。
3　填抚：镇守，安抚。填，同"镇"。
4　转漕：陆行水载运送物资。
5　兴：征发。
6　京索之间：京，古县名，在今河南省荥阳市东南。索，古有大小两索城，大索城即今荥阳，小索城在其北。京索之间即指此三城地区。

相[1]。鲍生谓丞相曰:"王暴衣露盖,数使使劳苦君者,有疑君

丞相萧何。鲍生看出了问题,就对丞相萧何说:"汉王生活在风餐露宿的战场上,却多次派人来慰劳您,

心也。为君计,莫若遣君子孙昆弟能胜兵者悉诣军所,上必

这是对您产生怀疑了。为您着想,不如把您的子孙兄弟能上战场的都送到前线当兵,这样汉王一定会更

益信君。"于是何从其计,汉王大悦。

加信任您。"于是萧何就照鲍生的话去做,刘邦果然十分高兴。

汉五年,既杀项羽,定天下,论功行封。群臣争功,

汉王五年(前202年),刘邦灭了项羽,平定了天下,开始论功行赏。因为大臣们互相争功,

岁余功不决。高祖以萧何功最盛,封为酂侯[2],所食邑多。

各不相让,所以争了一年也没有把功劳等次定下来。刘邦认为萧何功劳最大,封他为酂侯,给他的

功臣皆曰:"臣等身被坚执锐,多者百余战,少者数十合,

食邑也最多。功臣们不服,都说:"我们这些人身披盔甲,手拿武器,在战场上冲锋陷阵,多的打

攻城略地,大小各有差[3]。今萧何未尝有汗马之劳,徒持文

了一百多仗,少的也有几十仗,攻城池,占地盘,大大小小都立了战功。现在没有看到萧何有汗马

墨议论,不战,顾反居臣等上[4],何也?"高帝曰:"诸君知

功劳,只不过舞文弄墨,空发议论,没有打过仗,功劳反而在我们之上,这是为什么?"高祖刘邦说:

猎乎?"曰:"知之"。"知猎狗乎?"曰"知之。"高帝曰:

"你们知道打猎吗?"大家说:"知道。"刘邦又说:"知道猎狗吗?"大家又回答:"知道。"高

"夫猎,追杀兽兔者狗也,而发踪指示兽处者人也。今诸

祖刘邦接着说:"打猎的时候,在前面追捕野兽的是猎狗,但是发现野兽踪迹指示猎狗去追杀的却

---

1 劳苦:慰劳。
2 酂(cuó):县名,在今河南省永城市西。
3 差:等次。
4 顾:却。

君徒能得走兽耳，功狗也。至如萧何，发踪指示，功人

是猎人。现在你们这些人只会捕捉野兽，功劳与猎狗差不多。至于萧何，却能指挥猎狗出击，功劳

也。且诸君独以身随我多者两三人。今萧何举宗数十人皆

就像猎人一样。再说你们一般只是一个人跟我作战，多的也不过两三人。而萧何却让全族数十人

随我[1]，功不可忘也。"群臣皆莫敢言。

都跟随我南征北战，他的功劳是不能忘记的。"大臣们这才不敢多说什么。

列侯毕已受封，及奏位次[2]，皆曰："平阳侯曹参身被

列侯全部受封完后，又开始评议位次，大家都说："平阳侯曹参身上受了七十处伤，

七十创，攻城略地，功最多，宜第一。"上已桡功臣[3]，多

攻打城市，占领地盘，功劳最多，应该排名第一。"高祖刘邦已经折服功臣，多给了萧何一

封萧何，至位次未有以复难之，然心欲何第一。关内侯鄂

些赏赐，等到排位次时不好意思再为难众功臣，但是心里还是想让萧何排在首位。了解刘邦

君进曰[4]："群臣议皆误。夫曹参虽有野战略地之功，此特

心意的关内侯鄂千秋进言说："大家的话都说错了。曹参虽然有攻城略地的杰出战功，但这

一时之事。夫上与楚相距五岁[5]，常失军亡众，逃身遁者数

只是一时的事情。而汉王与楚军相争五年，经常打败仗，部队伤亡很大，多次只身逃命。然

矣。然萧何常从关中遣军补其处，非上所诏令召，而数万

而萧何经常从关中派遣士兵补充前线，并不是陛下有诏令要他征召的，数万士兵多次正赶上

众会上之乏绝者数矣。夫汉与楚相守荥阳数年，军无见

陛下最困难的时候。汉军与楚军在荥阳对峙了许多年，部队没有现成的粮食，萧何从关中水

---

1 举宗：全族。
2 奏位次：上奏评议位次。
3 桡（náo）：折服。
4 关内侯：无封邑，而只食邑关中若干户的侯爵。鄂君：鄂千秋。
5 距：同"拒"，抗争。

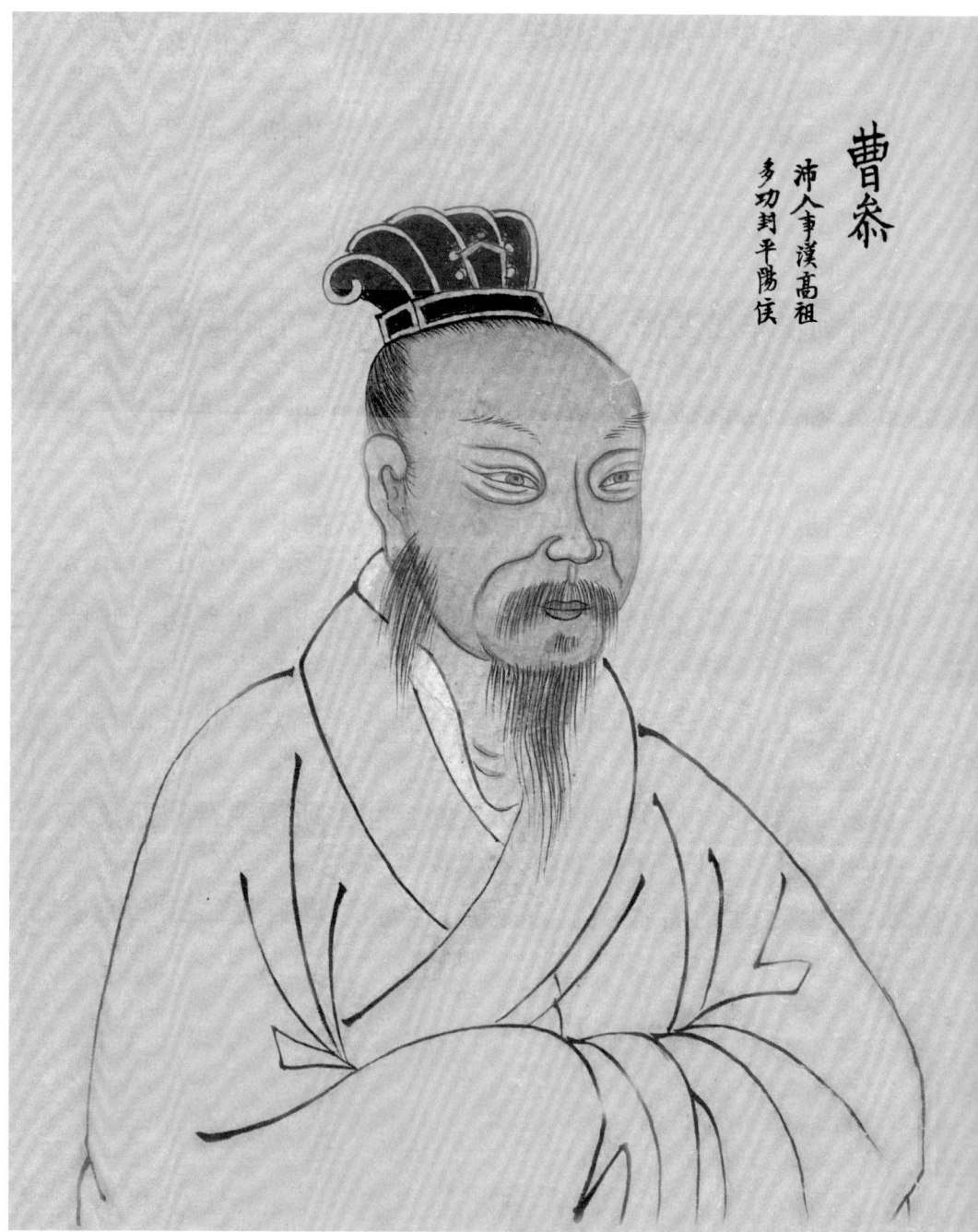

▲ 大英博物馆藏《高臣图·曹参像》

粮，萧何转漕关中，给食不乏。陛下虽数亡山东，萧何常
陆转运，才保证了军队的给养没有中断。陛下虽然多次丧城失地，但是萧何开创关中地区来

全关中以待陛下，此万世之功也。今虽亡曹参等百数，何
等待陛下，这是永垂万世的功劳。现在即使失掉像曹参这样的人几百个，对汉朝又有什么损

缺于汉？汉得之不必待以全。奈何欲以一旦之功而加万世
失呢？如果汉朝只得到像曹参那样的人一百个也不一定能开创天下。怎么能让一时之功的人

之功哉？萧何第一，曹参次之。"高祖曰："善。"于是乃令
凌驾于万世之功的人之上呢？应该萧何排在第一，曹参第二。"高祖刘邦说："说得好。"

萧何第一，赐带剑履上殿，入朝不趋。
于是就下令把萧何排在第一，并可以带剑穿鞋上殿朝见皇帝，上朝时也不必急走。

上曰："君闻进贤受上赏。萧何功虽高，得鄂君乃益
汉高祖刘邦说："我听说推荐贤才的人应该受到奖赏。萧何的功劳虽然很高，经过鄂千秋的

明。"于是因鄂君故所食关内侯邑封为安平侯。是日，悉封
表彰才更加显著。"于是让鄂千秋以原有关内侯的食邑，加封为安平侯。这一天，萧何父子兄弟十

何父子兄弟十余人，皆有食邑。乃益封何二千户，以帝尝
多人全部得到了封赏，而且都有食邑。又给萧何额外加封二千户，因为汉高祖刘邦在过去到咸阳服

繇咸阳时何送我独赢奉钱二也[1]。
徭役时，萧何比别人多送两百钱。

---

[1] 赢：多出。

萧何入秦独取典籍　　225

张仪游说秦国（明内府彩绘本《春秋五霸七雄通俗演义列国志传》插图）

忍辱故事

四则

张仪游楚枉受笞

张仪是战国中期著名的纵横家，他入仕秦国，用连横政策打破了苏秦的合纵政策，瓦解了东方六国的联盟，为秦国的发展立下了不朽的功勋。与张仪同时有一个叫公孙衍的人，两人齐名，互相拆台，并相继为秦相，同时又都做过魏相，在外交上翻云覆雨，是当时的显赫人物。楚国人景春曾说："公孙衍、张仪，两人真是了不起的大丈夫。他俩一发脾气，诸侯便都害怕；他俩安静下来，天下便太平无事。"

张仪入秦后叱咤风云，可他未发迹前，却受尽百般侮辱。

张仪原是魏国人，与苏秦同在鬼谷子门下学纵横之术。张仪学成后游说诸侯，到楚国做了楚相的门客。不久，楚相丢了一块宝玉，楚相左右的人都认为是张仪偷的，因为他家贫。他们把张仪抓起来拷打逼问，张仪挨了几百下板子，被打得遍体鳞伤，仍不招供。楚相查无实据，只好把张仪放了。

张仪回到家，妻子心痛地说："唉，先生不要再去读书游说了，哪能受此横祸。"张仪诙谐地对老婆说："看看我的舌头还在吗？"说着伸出了舌头，还苦笑着做了一个鬼脸。妻子也被逗笑了，说："舌头当然在，舌头都没了，还有命吗？"张仪说："这就够了。"俗话说："留得青山在，不怕没柴烧。"舌头就是张仪的青山，只要舌头在，靠它游说诸侯，总有一天要发迹。这表明了张仪的决心和信心，他养好伤还要游说。"三寸不烂之舌"

这个典故就从这里来的。

不久,苏秦挂了六国相印,声势显赫。苏秦在赵国停留,张仪赶到赵国,他去投靠老同学,心想谋个一官半职没有问题。哪里想到苏秦对待这位老同学十分冷淡,见面时就在厅堂下,不让张仪到堂上,怠慢得让人难以容忍。苏秦说:"凭你的才学,弄得如此狼狈,太不争气了。我说一句话就能让你富贵,但你这样不成才,辱没师门,我不能收留你,快些走吧。"张仪真被激怒了,他要报复苏秦,心想东方六国没有他的地位了,只有西到秦国,游说秦王,破坏苏秦的合纵。主意打定,向秦国进发。

苏秦故意激发张仪的斗志

话说苏秦打发张仪走后，找来一个亲信，对他密语说："我的才学赶不上张仪，我只是侥幸先发迹，只有张仪有能力游说秦王执掌秦国政权。我故意侮辱他，目的是想让他到秦国去，掌握秦国政权，不要破坏我的合纵。你打扮成商人，暗中保护张仪入秦，打点秦王左右，事成后转告张仪，并回来报告。"这个亲信依计而行。

张仪得到豪商资助，游说秦惠王，被用为客卿。张仪正要报答这个豪商，没想到豪商向他辞行，说出原委。张仪恍然大悟，对这位假扮豪商的苏秦舍人说："我被装在苏秦的圈套里还不知，说明苏秦比我能干。你回去替我感谢他，他在世时，我不和他作对。"

张仪信守诺言，苏秦在世时，张仪佐秦王谋取巴蜀，攻韩、伐楚，对燕、赵、齐、魏几个支持苏秦得力的国家基本和平共处。等到苏秦一死，张仪大肆活动起来，不但瓦解了苏秦的合纵，还制造许多舆论，给苏秦泼脏水，把天下的所有过错都归到苏秦的身上。

张仪对楚国毫不客气。他公开向楚国发出国书，警告楚相说："我曾经投在你的门下，一同吃饭，我没偷你的宝玉，为何鞭打我！你好好守住你的国家，我回头要盗你的城池。"张仪用种种办法破坏齐楚联盟，欺骗楚怀王入秦，伐楚割地，致使楚国元气大伤。

张仪列传

张仪者，魏人也，始尝与苏秦俱事鬼谷先生，学术，苏秦自以为不及张仪。

张仪是魏国人，开始时曾经跟苏秦一起师从鬼谷先生，学习游说之术，苏秦自己认为比不过张仪。

张仪已学而游说诸侯。尝从楚相饮，已而楚相亡璧[1]，门下意张仪[2]，曰："仪贫无行，必此盗相君之璧。"共执张仪，掠答数百，不服，释之。其妻曰："嘻！子毋读书游说，安得此辱乎？"张仪谓其妻曰："视吾舌尚在不？"其妻笑曰："舌在也。"仪曰："足矣。"

张仪结束学业之后，就去游说诸侯。他曾经追随楚国的宰相，同食同饮，不久，楚国的宰相丢失了玉璧，门下的怀疑是张仪偷去的，说："张仪贫穷，品行不好，一定是他偷了相君的玉璧。"大家一起拘捕了张仪，鞭打了他几百下，但张仪始终不屈服，只好释放了他。他的妻子说："唉！您如果不去读书游说，怎么会遭受这个耻辱呢？"张仪对他的妻子说："你看我的舌头还在不在？"他的妻子笑着说："舌头还在。"张仪说："这就够了。"

苏秦已说赵王而得相约从亲，然恐秦之攻诸侯，败约后

苏秦已经说服了赵王，而使诸侯相互订立盟约，合纵相亲，但恐怕秦国攻打诸侯，使盟约无法实施，

1　亡璧：丢失了玉璧。
2　意：怀疑。

张仪游楚枉受笞

负[1]，念莫可使用于秦者，乃使人微感张仪曰[2]："子始与苏秦善，
最终失败，苏秦正发愁没有人可以派遣到秦国，就叫人暗中劝说张仪道："您原先跟苏秦友好，现在苏

今秦已当路[3]，子何不往游，以求通子之愿？"张仪于是之赵，
秦已经掌握政权，您为什么不前去巴结他，来争取实现您的愿望？"张仪就在这时候前往赵国，他通报

上谒求见苏秦。苏秦乃诫门下人不为通，又使不得去者数日。
姓名要求会见苏秦。苏秦就叮嘱他门下的人不要替张仪引见，又让张仪几天不能离开。后来，苏秦接见

已而见之，坐之堂下，赐仆妾之食。因而数让之曰[4]："以子之
了他，让他坐在堂下，给的酒饭也是下人吃的那种。然后数落张仪说："凭借您的才能，竟让自己困穷

材能，乃自令困辱至此。吾宁不能言而富子？子不足收也。"
耻辱到这个地步。我难道不能说一句话而使您富贵吗？只是您不值得收留。"苏秦拒绝了张仪，把他打

谢去之。张仪之来也，自以为故人，求益，反见辱，怒，念
发走。张仪来的时候，自己认为是老朋友，可以得到好处，谁知反而被侮辱，十分恼火，心想六国诸侯

诸侯莫可事，独秦能苦赵，乃遂入秦。
已没有我张仪的地位，只有西入秦国才能够给赵国苦头吃，于是就到秦国去。

苏秦已而告其舍人曰："张仪，天下贤士，吾殆弗如
苏秦事后告诉他的门客说："张仪是天下有才能的人，我几乎比不上他。如今我有

也。今吾幸先用，而能用秦柄者，独张仪可耳。然贫，
幸先被任用，但能够掌握秦国政权的人，只有张仪才行呀。然而张仪贫穷，没有机会去觐

无因以进。吾恐其乐小利而不遂，故召辱之，以激其意。
见秦王。我恐怕他贪图小利而不能成就功业，因此叫他来受辱，为的是激发他的志气。您

---

1 败约后负：在合纵还未完成之前就被破坏。负，破坏。
2 微感：暗中引诱、刺激。
3 当路：当政。
4 数让：一次又一次地责备。

子为我阴奉之[1]。"乃言赵王，发金币车马，使人微随张
替我暗中关照他。"苏秦就禀报赵王，发给金钱和车马，由苏秦舍人掌握，暗地里跟随张

仪[2]，与同宿舍，稍稍近就之，奉以车马金钱，所欲用，为
仪，同吃同住，任凭张仪所需，随时供给，逐渐接近张仪，然后把车马和金钱奉送给张仪，

取给，而弗告。张仪遂得以见秦惠王。惠王以为客卿，
但不要告诉张仪是谁提供的。张仪于是能有机会见到秦惠王。秦惠王用张仪做客卿，跟他

与谋伐诸侯。
谋划攻打诸侯国的策略。

苏秦之舍人乃辞去。张仪曰："赖子得显，方且报德，
苏秦的门客于是告辞张仪，就要离开秦国。张仪说："我依靠您才能显贵起来，正当要报答

何故去也？"舍人曰："臣非知君，知君乃苏君。苏君忧
您的恩德的时候，您为什么要离开呢？"苏秦的门客说："我并不了解您，了解您的乃是苏先生。

秦伐赵败从约，以为非君莫能得秦柄，故感怒君，使臣
苏先生忧虑秦国攻打赵国，破坏了合纵盟约。他认为除了您没有谁能掌握秦国的政权，所以有意激

阴奉给君资，尽苏君之计谋。今君已有，请归报。"张仪
发您，又派我暗中提供财物给您，这些都是苏先生的计谋。现在您已经得到秦国的重用，请求让我

曰："嗟乎，此在吾术中而不悟，吾不及苏君明矣！吾又
回去报告苏先生。"张仪说："哎呀！这些都在我的学术范围以内，但是却没领悟到，我比不上苏

新用，安能谋赵乎？为吾谢苏君，苏君之时，仪何敢言。
先生是很清楚的啦！我又刚刚被任用，怎能谋取赵国呢？请替我向苏先生表示谢意，苏先生当政的

且苏君在，仪宁渠能乎？"张仪既相秦，为文檄告楚相
时期，我还敢说什么！况且苏先生在位，我难道有能力和他作对吗？"张仪做了秦国的相国以后，

---

1 阴奉之：暗中，即以你个人名义送钱财与张仪。
2 微随：暗中跟随。

张仪写信威胁楚王

曰[1]:"始吾从若饮,我不盗而璧,若笞我。若善守汝国,
就写了声讨文书警告楚国的相国说:"当初我陪同你喝酒,我并没有偷你的玉璧,你却鞭打我。你

我顾且盗而城!"
要好好守卫你的国家,我将要偷你的城邑呢!"

1 为文檄:写了一封公开信。檄,二尺长的简书。

范雎被毒打（明内府彩绘本《春秋五霸七雄通俗演义列国志传》插图）

范雎诈死遭溲溺

范雎，字叔，魏国人，战国时著名的游说之士。他和张仪一样，起初在东方六国游说，历尽侮辱与坎坷，最后到了秦国施展才华。范雎相秦昭王，继张仪之后，规划远交近攻的策略，补充了秦国的连横政策，为秦国各个击破、蚕食六国开辟了道路，是一个建立了丰功伟业的历史人物。

范雎最初是要报效祖国的，他才华横溢，因家贫无以自通，就在中大夫须贾门下做食客。当时魏国国君是魏昭王，国相是魏齐。魏齐还算一个贤相，与赵国平原君、本国信陵君十分友好，主张合纵抗秦，秦王对他很是头疼。

齐、魏通好，须贾奉命出使齐国，范雎为随从。齐襄王早就听说范雎很有口才，特别接见，十分敬重，赏赐了很多礼物，礼遇超过了对待须贾。

须贾得知，心中不平，怀疑范雎出卖情报，或者与齐通谋，另攀高枝。须贾回到魏国，把怀疑当作事实，添油加醋说范雎里通齐王，是个内奸。魏齐大怒，成立专案审查。审查人员不分青红皂白，苦刑拷打，逼迫范雎招供。范雎死也不招，牙齿被打落，肋骨被打断，昏死了过去。审查人员用冷水浇头，范雎苏醒过来就装死不动，闭目运筹脱身之计。魏齐命人把范雎弃置在厕所，还让宾客们轮流上去用便尿浇淋，一边叫骂，也有试探范雎是否活着的用意。范雎以惊人的毅力忍受了这一切侮辱。等魏齐这些人走后，范雎微张眼睛，小声呻吟，引起了看守人的注意。看守人员见范雎无辜受难，心里很是同情。范雎死不招认，是个男子汉，看守人员又打心眼里佩服。他们听到范雎呻吟，高兴地说："范相公活过来了。"他们围过来问范雎有什么要求。范雎恳切地对看守人说"我无辜遭害，大难不死必有后福。你们救下我，我要重重地报答你们。"看守人说："怎么救你？"范雎说："赶快把我抬出去，找我的好友郑安平。你们回来报告说，死人抬出去扔了，魏齐他们没的说。"看守人依计行事，范雎逃出了虎口。

范雎央求看守人员相救

范雎诈死遭溲溺

当时秦昭王招贤纳士，指使出国使臣注意物色东方人才。秦国王稽正好这时出使魏国。范雎通过郑安平联系上王稽，在秦使公馆养好了伤，打扮成随行人员跟从王稽入秦。当时秦国丞相魏冉大权在握，他怕东方能人到了秦国受到重用，影响他的位置，他经常带人在秦国巡行，检查回国的秦使，不让一个东方客人入都，查出来秘密处死。

范雎化名张禄，跟随王稽闯过了许多盘查点，一日已经来到关西的湖县城。只见前面来了一队车骑，排场非常壮观，看样子是个大官员。范雎立刻警觉起来，问王稽："前面来人是谁？"王稽说："看样子准是丞相魏冉，这次意外地查到函谷关来了。"范雎说："赶快把我藏在车底下。"不一会，两队人马碰头，魏冉见王稽出使归来，表示了一番慰问。然后对王稽说："你带进关东人士没有？那些游说之士，只会耍嘴皮，无益于国。"王稽说："小臣知相爷有令，不敢私带。"魏冉听毕，前巡县邑去了。这时范雎从车底下出来对王稽说："我听说魏冉这人很精细，只是决断慢一点。他刚才看你的面子没有搜查，其实也是耍心计，想麻痹你，过一会儿他准会返回来搜查。我现在离开你躲起来，你慢慢往前走，等魏冉查过了我再上车。"说着，范雎下车打扮成乡下人散步于田间，远远跟在车后。往前行走了十余里，魏冉果然回头来搜查，他对王稽说："公事公办。"魏冉什么也没查到，放心地走了。这时范雎赶上来，王稽一行快马加鞭，终于进了秦都。范雎的智慧，使他又一次躲过了劫难。

范雎蔡泽列传·范雎

范雎者[1]，魏人也，字叔。游说诸侯，欲事魏王[2]，家贫无以
_{范雎是魏国人，字叔。他曾经在各诸侯国中游说，想事奉魏王，但因为家里贫穷，没有凭借资本，}
自资，乃先事魏中大夫须贾。
_{就先事奉魏国中大夫须贾。}

须贾为魏昭王使于齐，范雎从。留数月，未得报。齐襄
_{须贾替魏昭王出使到齐国，范雎随从出使。他们在齐国停留了几个月，没获得成果回国复命。齐}
王闻雎辩口[3]，乃使人赐雎金十斤及牛酒，雎辞谢不敢受。须贾
_{襄王听说范雎能言善辩，就派人赏赐范雎十斤黄金还有牛肉、酒食，范雎辞让不敢接受。须贾知道了这件事，}
知之，大怒，以为雎持魏国阴事告齐[4]，故得此馈。令雎受其牛
_{十分生气，以为范雎把魏国的秘密事情告诉了齐国，所以才能得到这些礼物。他让范雎接受齐王的牛肉、}
酒，还其金。既归，心怒雎，以告魏相。魏相，魏之诸公子，
_{酒食，退还他的黄金。回国以后，须贾内心怨恨范雎，把这件事告诉了魏国的宰相。魏国的宰相是魏国}
曰魏齐。魏齐大怒，使舍人笞击雎，折胁折齿。雎佯死，即
_{的一位公子，叫魏齐。魏齐非常生气，让家臣鞭打范雎，打断了肋骨，打落了牙齿。范雎假装死了，魏}

---

1 范雎：黄善夫本、武英殿本作"雎"，金陵本作"睢"。战国秦汉时人名多以"且"为名，则范睢（suī），应为范雎（jū）。
2 魏王：指魏昭王，名遫，公元前295年至前277年在位。
3 齐襄王：即田法章，公元前283年至前265年在位。
4 阴事：秘密事。须贾妄疑范雎出卖情报。

范雎诈死遭溲溺　239

卷以箦，置厕中。宾客饮者醉，更溺雎，故僇辱以惩后[1]，令无
就叫人用席子卷起来，抛弃在厕所里。宾客喝醉酒的人，轮流把小便撒在范雎身上，故意侮辱范雎来

妄言者。雎从箦中谓守者曰："公能出我，我必厚谢公。"守
警告后人，使他们不敢随便说话充能。范雎找机会从席子缝中对看守的人说："您能救我出来，我一定

者乃请出弃箦中"死人"。魏齐醉，曰："可矣。"范雎得出。
重重地答谢您。"看守的人就向魏齐请求扔掉席子里的"死人"。魏齐喝醉了，说："行啦。"范雎得

后魏齐悔，复召求之。魏之郑安平闻之，乃遂操范雎亡[2]，伏
以脱身。后来魏齐反悔，又派人寻找范雎。魏国人郑安平听说了这件事，就携带范雎逃跑，隐藏起来，

匿，更名姓曰张禄。
范雎改名换姓叫作张禄。

当此时，秦昭王使谒者王稽于魏[3]。郑安平诈为卒，侍王
正当这个时候，秦昭王派遣谒者王稽出使到魏国。郑安平就乔装成馆舍的役卒，侍候王稽。王稽

稽。王稽问："魏有贤人可与俱西游者乎？"郑安平曰："臣里
问："魏国有贤能的人可以跟我一起到西方游历的吗？"郑安平说："我同乡中有位张禄先生，想会见您，

中有张禄先生[4]，欲见君，言天下事。其人有仇，不敢昼见。"
谈论天下大事。这个人有仇人，不敢白天来见您。"王稽说："夜里您跟他一道来。"郑安平夜里跟张

王稽曰："夜与俱来。"郑安平夜与张禄见王稽，语未究[5]，王稽
禄去见王稽。话没有说完，王稽知道范雎贤能，对他说："请先生在三亭的南面等我。"范雎和王稽私

知范雎贤，谓曰："先生待我于三亭之南。"与私约而去。
下约定以后便离开了。

---

1 僇（lù）辱：践踏羞辱。
2 操：携带。
3 谒者：掌宾赞受事，秦汉时属郎中令。
4 里中：同里中，同乡。
5 究：尽，完毕。

范雎判断魏冉会重新盘查

王稽辞魏去,过载范雎入秦。至湖,望见车骑从西来。
王稽告辞魏国离开时,经过约定的地点就用车子载着范雎回秦国。到了湖邑的时候,远远看
范雎曰:"彼来者为谁?"王稽曰:"秦相穰侯东行县邑[1]。"范
到有车马从西边来。范雎说:"那边来的人是谁?"王稽说:"是秦国宰相穰侯到东部巡视县邑。"
雎曰:"吾闻穰侯专秦权,恶内诸侯客[2],此恐辱我,我宁且匿
范雎说:"我听说穰侯独揽秦国的政权,厌恶接纳各国的士人,这个人恐怕要侮辱我,我宁可暂且匿

---

1 穰(ráng)侯:秦相魏冉,秦昭王舅父,封于穰。行:巡查。
2 内:同"纳"。

范雎诈死遭溲溺

车中"。有顷,穰侯果至,劳王稽,因立车而语曰:"关东有
藏在车子里。"过了一会,穰侯果然来到,他慰问王稽一番,立在车上与他交谈说:"关东有什么变

何变?"曰:"无有。"又谓王稽曰:"谒君得无与诸侯客子俱
化?"王稽说:"没有。"穰侯又对王稽说:"谒君该不会跟诸侯国的说客一起来吧?他们毫无作用,

来乎?无益,徒乱人国耳。"王稽曰:"不敢。"即别去。范
只会扰乱别人的国家罢了。"王稽说:"不敢。"两人很快就分别离开。范雎说:"我听说穰侯是个

雎曰:"吾闻穰侯智士也,其见事迟,向者疑车中有人[1],忘索
有智谋的人,只是对事物反应慢,刚才他怀疑车子里有人,却忘记搜索了。"于是,范雎下车步行,

之[2]。"于是范雎下车走,曰:"此必悔之。"行十余里,果使骑
说:"这时穰侯一定很后悔,很快会回头来搜查的。"范雎走了十几里,穰侯果然派骑兵回头搜查车

还索车中,无客,乃已[3]。 王稽遂与范雎入咸阳。
子,见没人,才作罢。王稽就和范雎进入咸阳。

---

1 向者:方才。
2 索:搜查。
3 乃已:才罢休。

韩信俯出胯下立壮志

韩信是中国古代史上杰出的军事家，他有着过人的才能。汉高祖刘邦情不自禁地做了这样的评价，他说："连百万之军，战必胜，攻必取，吾不如韩信。"（《高祖本纪》）并称之为人杰。明代茅坤的《史记钞》，称韩信为"兵仙"。韩信用兵，善于以弱胜强，以少击众，又能多多益善。韩信没有打过败仗，他替刘邦打下半壁河山，本篇讲韩信少小落难和立志的故事。

韩信，秦淮阴县（今江苏省淮安市清江浦区东）人，少时家贫，在社会上流浪，化缘为食。《史记·淮阴侯列传》，开篇一连讲了韩信青年时生活的三个故事，都是屈辱的、不光彩的故事，但正是逆境创造了韩信。

第一件事讲韩信寄食，寄食就是白吃。韩信有个朋友，在南昌亭当亭长。亭长的主要职责是逐捕盗贼，维护治安，因此要有点武术。韩信喜欢带刀弄剑，与这位南昌亭长是武术朋友，韩信也少不了帮亭长的忙。所以这位亭长就带韩信到家里吃饭。韩信实在没有去处，一连几个月都在南昌亭长家吃饭，一日三餐，顿顿必到。有一天，南昌亭长与妻子合计好了，天没亮就早早起床吃了早饭。韩信和往常一样，兴冲冲来吃早饭，却吃了闭门羹。韩信也有志气，他受了南昌亭长夫妻的白眼，不吭一声，扬长而去，从此和南昌亭长断绝了关系。

第二件讲韩信得到一位好心肠洗衣大嫂的周济。在淮阴城下有一群

韩信用千金重谢漂母

洗衣的妇女,其中有一位大嫂见韩信经常饿着肚子流浪,就分些饭食给他吃。韩信十分感激,对这位大嫂说:"我富贵后要报答你。"这位洗衣妇女满面怒容地说:"你一个堂堂男子汉,经常饿肚子,我是可怜你,难道是图你的报答吗?小伙子好自为之吧!"洗衣妇女是下等苦工,很可怜的,她们为了赶工,中午饭就带到河边吃,整个夏季都泡在水里劳作,洗衣、洗丝絮。这位妇女把自己的一份午饭分给了韩信,整个夏季,天天如此。韩信在心中牢牢地记住了这位大嫂。

第三件,讲韩信受恶少年的侮辱。有一天韩信在市中心游荡,一群恶少年拦住了韩信的去路,其中一个青年屠夫,拿着尖刀,要和韩信比武决斗,否则就要从他胯下爬过。韩信思考了一番,甘愿认输,当着满街的人从这位恶少年胯下爬了过去。

韩信少年时的坎坷,却磨练了他的意志。他眼见秦王朝政治严苛,民不聊生,所以他忍辱含垢,要干一番大事业。他带剑习武,学习兵法,几天吃不上饭,也不气馁,受了恶少年的气,也绝不轻生。

韩信看重自己的生命。他相信"天生我材必有用",自认为能当王侯。他的母亲死了,连棺材板都买不起,却找了一块宽大平坦的高地埋葬,将来当了王侯后,要在这里兴建万家之邑。由此可见,韩信少小立大志。

韩信爱恨分明,与常人不同。西汉建立,韩信当了楚王,回到淮阴故乡。韩信用千金重谢那位洗衣妇女,实现自己的诺言。对那位侮辱他的屠夫,韩信不计仇恨,认为这个年轻人无知,还算有点勇气,韩信用他做巡捕,让他把本领用在替社会公众办事上。对那位南昌亭长,韩信还他饭钱,说他"为德不终"。

明人画《韩信像》

淮阴侯列传

淮阴侯韩信者，淮阴人也。始为布衣时，贫无行[1]，不得推

淮阴侯韩信是淮阴人。当初为平民百姓时，因贫穷而没有好的品行，不能够被推荐做官，又不会做买

择为吏，又不能治生商贾[2]，常从人寄食饮，人多厌之者。常数

卖谋生，经常寄居在别人家吃白食，人们大多讨厌他。他曾经多次投靠下乡南昌亭亭长，一连吃了几个月的闲饭，

从其下乡南昌亭长寄食，数月，亭长妻患之，乃晨炊蓐食[3]。食

亭长的妻子嫌弃他。有一天大清早，亭长妻就做好早饭，提前在人们还没起床的时候吃了早饭。等到吃

时信往，不为具食。信亦知其意，怒，竟绝去[4]。

早饭的时候，韩信前往，没有给他准备饭食。韩信也明白了他们的用意，发火了，从此断绝关系不再去亭长家。

信钓于城下，诸母漂[5]，有一母见信饥，饭信，竟漂数十

韩信在淮阴城下钓鱼，有很多妇女在漂洗丝绵。有位老大嫂看见韩信饿了，就把饭分给他吃，一连

日。信喜，谓漂母曰："吾必有以重报母。"母怒曰："大丈夫

几十天都是这样，直到漂洗完毕。韩信很高兴，对老大嫂说："我一定要重重地回报大嫂。"老大嫂生气地说：

不能自食，吾哀王孙而进食[6]，岂望报乎？"

"一个男子汉不能自食其力，我是可怜你这位公子才给饭吃，难道是想得到回报吗？"

1　无行：放纵不拘礼节。
2　治生：治理生计以谋生。
3　晨炊蓐（rù）食：指亭长妻一早把饭做好，在被窝里吃饭。即按正常情况未到起床时就吃了早饭。蓐，同"褥"，被褥。
4　竟绝去：从此绝交不再去亭长家。
5　诸母：几位老大娘、老大嫂。漂：冲洗丝絮。
6　王孙：犹言"少爷"，古时对青年人的尊称。

韩信俯出胯下立壮志

淮阴屠中少年有侮信者，曰："若虽长大，好带刀剑，中
淮阴屠户中有个年轻人要欺负韩信，说："你虽然个子高大，又喜欢弄刀带剑，内心十分胆怯。"

情怯耳¹。"众辱之曰："信能死²，刺我；不能死，出我袴下。"
又当众侮辱韩信说："你当真不怕死，就刺我；如果怕死，就从我胯下爬过去。"于是韩信仔细地看

于是信孰视之，俯出袴下，蒲伏。一市人皆笑信，以为怯。
了看对手，就弯下身子，从对方胯下爬过去了。满街的人都讥笑韩信，认为他胆小怕事。

汉五年正月，徙齐王信为楚王，都下邳。信至国，召所
汉五年（前202年）正月，迁移改封齐王为楚王，定都下邳。韩信到了下邳，召见曾经分给

从食漂母，赐千金。及下乡南昌亭长，赐百钱，曰："公，小
他饭食的那位漂洗的老大嫂，送了一千金。还召见了下乡南昌亭长，送了他一百钱，说："你是

人也，为德不卒。"召辱己之少年令出袴下者以为楚中尉³。告
一个小人，做好事有始无终。"召见凌辱自己从胯下爬过的那位青年，任用他作楚国的中尉。韩

诸将相曰："此壮士也。方辱我时，我宁不能杀之邪？杀之无
信告诉各将领说："这是一位壮士。当他侮辱我的时候，我难道不能杀死他吗？但杀得没有道理，

名，故忍而就于此。"
所以忍让才能有今天的成就。"

太史公曰：吾如淮阴，淮阴人为余言，韩信虽为布衣时，
太史公说：我到淮阴考察，淮阴人对我说，韩信即便是在做平民的时候，他的志向就与大家不同。

其志与众异。其母死，贫无以葬，然乃行营高敞地，令其旁
他的母亲死了，家里贫穷得连棺材板都没有，可是韩信并不气短，他把母亲掩埋在一块又高又平的荒地上，

可置万家。余视其母冢，良然。
好让将来这块地方可以安置上万家人，成为一个都邑。我特地到韩信葬母的地方考察，还真是这样。

1　中情：内心。
2　能死：敢拼命，即不怕死。下文"不能死"即怕死。
3　中尉：掌管巡城捕盗的官。

季布忍辱为人奴

季布是秦末楚地的一个游侠，他追随项羽起事反秦，是一员勇将，在楚汉战争中，季布多次围困汉王刘邦。汉朝建立后，高祖悬重赏捉拿季布，敢有隐藏的人，诛灭三族。由此可以想见，汉高祖刘邦时季布怀恨之深，恨不得寝其皮而食其肉。

季布东藏西躲，他不肯自杀，也没有远走。过去他效忠项羽，各为其主，尽职尽忠，是为人之道。现在项羽失败，刘邦胜利，季布认为他的才能没有完全发挥，所以他要活下来，找机会实现自己的人生价值。季布听从濮阳人周氏的建议，自己装扮成一个奴隶，由周氏把他公开卖给鲁国人朱家，做耕田奴。朱家是有名的游侠，敢为朋友两肋插刀。濮阳周氏也是一个游侠。周氏不辞劳苦，赶几百里路，把个奴隶专程卖给他，朱家一猜就知是被悬赏捉拿的季布。周氏通过转卖，用意有二：一是转移视线，切断侦缉人员的注意；二是要朱家想办法解救季布。朱家留下了季布。

朱家想出了解救季布的办法。他知道汝阴侯滕公夏侯婴是一个心地善良、珍惜人才的长者，当年韩信犯死罪，就是夏侯婴救下的。更重要的是，夏侯婴是刘邦和吕后的恩人。夏侯婴一直替刘邦赶车，出生入死，还在楚汉战争中救了吕后所生的一对儿女，就是惠帝刘盈和鲁元公主。高祖死后，吕后当政，特地给夏侯婴建了一所高级公寓，题名"近我"。夏侯婴死后，吕后替他举行国葬，用丞相之礼，这是其他臣子都不能享有的殊礼。这些都是后话。朱家打点行装，到京师洛阳（汉初在洛阳）见夏侯婴，他要通过夏侯婴来解救季布，可以说是经过了深思熟虑。朱家临行，特地对儿子作了交代。要好好对待这个新买的耕田奴，并要求儿子同吃同住。朱家儿子虽然不知这个耕田奴就是政府通缉的要犯季布，但他很孝顺父亲，认真地照父亲的吩咐办事，不敢怠慢季布。

朱家在洛阳见到了夏侯婴，两人盘桓了数日，朱家单刀直入说明了来意，要求夏侯婴解救季布，珍惜人才，一旦逼急了，季布不是北走匈奴，就是南逃南越，将与汉朝为敌。夏侯婴知道朱家是个大侠客，朱家的话不是儿戏。如果高祖不赦免季布，朱家就要护着季布逃入敌国反抗汉朝。朱家又会影响许多游侠与新朝廷为敌，这实在不划算。新朝要巩固政权，应该宽大为怀，化敌为友。夏侯婴被朱家说服了，他答应了朱家的要求。夏侯婴找机会进见高祖，高祖赦免了季布，让朱家陪同季布到洛阳。高祖接见了季布，启用为郎中，即宫廷警卫。

季布后来官至河东太守，敢直言，历仕高祖、吕后、文帝三朝，成为汉代名臣。

朱家解救了季布，影响了西汉开国皇帝对待敌方的善后政策，使千千万万人蒙受福祉，也使汉家政权得到巩固。朱家的名声大震。季布忍辱，终成正果，也成了历史佳话。

季布栾布列传·季布

季布者，楚人也。为气任侠[1]，有名于楚。项籍使将兵，
<small>季布是楚地人，好逞意气，爱打抱不平，在楚地很有名声。项籍派他带兵，曾多次使汉王</small>
数窘汉王。及项羽灭，高祖购求布千金[2]，敢有舍匿，罪及三
<small>受到困窘。等到项羽灭亡后，高祖悬赏千金捉拿他，谁敢窝藏季布，就灭谁的三族。季布躲藏在</small>
族。季布匿濮阳周氏。周氏曰："汉购将军急，迹且至臣家，
<small>濮阳周氏家中。周氏说："汉朝悬赏捉拿将军风声很紧，眼看就要搜到我家来了，将军能听我的话，</small>
将军能听臣，臣敢献计；即不能，愿先自刭。"季布许之。乃
<small>我斗胆出个主意；如果不能听我的话，我情愿先自杀。"季布答应照周氏的主意办。季布于是剃</small>
髡钳季布[3]，衣褐衣，置广柳车中，并与其家僮数十人，之鲁朱
<small>光了头，戴上枷锁，穿上粗布短衣，打扮成一个奴隶，载在牛拉的大车上，周氏和他的几十个家</small>
家所卖之。朱家心知是季布，乃买而置之田。诫其子曰："田
<small>童，一起把季布送到鲁地的朱家卖了。朱家心里明白是季布，就买下来安置到田间劳动。朱家告</small>
事听此奴，必与同食。"朱家乃乘轺车之洛阳[4]，见汝阴侯滕公。
<small>诫儿子说："田地里的事，听从这个家奴，一定要同他吃一样的饭。"随后朱家乘着小车赶到洛阳，</small>
滕公留朱家饮数日。因谓滕公曰："季布何大罪，而上求之急
<small>找到汝阴侯夏侯婴滕公。滕公留朱家住了几天，每日开怀畅饮。朱家见机对滕公说："季布有什</small>

1　任侠：互相信任，并同是非，此为任侠之本义。引申有多种含义，逞意气，打抱不平，轻生重义等等，皆任侠行为。
2　购求：悬赏捉拿。
3　髡钳季布：把季布打扮成囚徒。髡，剃去头发。钳，戴上枷锁。
4　轺车：轻便马车。

也?"滕公曰:"布数为项羽窘上,上怨之,故必欲得之。"朱

么大罪,皇上抓他是这样的急?"滕公说:"季布多次替项羽困迫皇上,皇上怨恨他,所以一定

家曰:"君视季布何如人也?"曰:"贤者也。"朱家曰:"臣各

要捉到他。"朱家说:"您看季布是什么样的人?"滕公说:"是一个能干的人。"朱家说:"臣

为其主用,季布为项籍用,职耳。项氏臣可尽诛邪?今上始

子都是各为其主,季布为项羽所用,他是忠于职守罢了。项氏的臣民难道可以杀光吗?如今皇上

得天下,独以己之私怨求一人,何示天下之不广也!且以季

刚刚得到天下,就为了个人的私怨去追捕一个人,为何向天下人显示度量是这样不宽广!再说季

布之贤而汉求之急如此,此不北走胡即南走越耳。夫忌壮士

布是一个能干的人,而汉朝又把他逼得这样急,岂不是逼他不是向北逃奔匈奴,就是向南逃奔南

季布扮作奴隶

以资敌国[1]，此伍子胥所以鞭荆平王之墓也！君何不从容为上
越吗？忌恨勇士而资助敌国，这就是伍子胥要掘墓鞭打楚平王尸体的缘故啊！你为什么不好好向

言邪？"汝阴侯滕公心知朱家大侠，意季布匿其所[2]，乃许曰：
皇上说呢？"汝阴侯滕公知道朱家是个大侠客，他猜想季布就躲藏在他家里，就答应说："好吧。"

"诺。"待间，果言如朱家指，上乃赦季布。当是时，诸公皆
滕公找了个机会，果然按朱家的意思向高祖进言，高祖就赦免了季布。一时间，人们纷纷赞扬季

多季布能摧刚为柔[3]，朱家亦以此名闻当世。季布召见，谢，上
布能够忍辱负重，朱家也因救援季布闻名当世。季布得到高祖召见，他向高祖谢罪，高祖任命他

拜为郎中。
做郎中。

---

1 忌：忌恨。资：资助。
2 意：意想到。
3 摧刚为柔：意谓能伸能屈。

伍子胥吹簫吸引吳王僚（明內府彩繪本《春秋五霸七雄通俗演義列國志傳》插圖）

雪恨故事 四則

伍子胥掘墓鞭尸

伍子胥，名员，楚大夫伍奢之次子，春秋时著名的政治家。他辅佐吴王阖庐、夫差称霸，后被奸臣伯嚭陷害而死，是一个悲剧人物。伍子胥由楚仕吴，为的是替父报君仇，这在古代是骇人听闻之举。伍子胥是中国历史上第一个不信命运、不信天，敢于反压迫，为自身人权而斗争的勇士。夏、商、周三代，是上古时期，天命史观占统治地位，国君是天子，臣民要无条件服从国君，有所谓"君让臣死，臣不得不死"，"君要臣三更死，臣不得五更亡"。春秋时代，这种关系已经产生了动摇，周天子权威扫地，诸侯相征伐，楚国、吴国、越国等国君都称王。臣弑君、子弑父的事件也屡有发生。尽管如此，君臣关系，绝对服从，这一伦理观念，基本没有动摇。伍子胥的父亲伍奢和哥哥伍尚，都是在顺从君权的淫威下屈死的。伍子胥发誓要向这一传统的伦理观念挑战，他要替父报仇，诛杀楚王，颠覆楚国。他历经磨难，实现了誓言，借吴兵打破楚国。这时杀害伍子胥父兄的楚平王已死，伍子胥就掘墓鞭尸，当时人认为这是大逆不道，司马迁却称赞伍子胥是一个真正的男子汉，因此为伍子胥写了一篇精彩绝伦的大传。

故事从头说起。

楚平王的太子名建。伍奢为太傅，费无忌为少傅。伍奢为人正派，有才学，受到太子建的尊敬。费无忌为人奸诈，他不满处于太子少傅这副手的地位，嫉妒伍奢的才干。楚平王为太子建取秦国之女为妇，派费无忌迎亲。秦女很美丽，楚平王好色。费无忌打起了主意，他认为排挤伍奢、离间太子的机会已到。他擅离迎亲岗位，飞马赶在前头报告楚平王，眉飞色舞述说秦女漂亮，劝楚平王自娶，另给太子建娶妇。如此荒唐主意，竟然被楚平王采纳。费无忌奸计得逞，从此以后，太子建和伍奢的命运就可想而知了。

费无忌害怕太子建掌权，天天进谗言。太子建害怕了，逃到了宋国。费无忌劝楚平王诛杀伍奢，以及伍奢的两个儿子——伍尚、伍员，伍员就是伍子胥。

楚平王逮捕了伍奢，对伍奢说："你写信召两个儿子来就释放你，不然就杀死你。"伍奢说："我两个儿，老大伍尚柔顺，有孝心，知道我受难，他一定冒死来看我；但老二伍员，一向桀骜不驯，他不会乖乖前来送死。你们斩草除根的算盘要落空。"话虽如此，伍奢还是写了信。

楚平王派公差带着伍奢的信去召伍尚、伍员。伍员对哥哥说："楚王召我们，是要斩草除根，我们赶快逃走，替父报仇才是正经大事，不要去送死。"伍尚对弟弟说："父亲受难，儿子逃走，这是不孝，会留下骂名。我去陪同父亲一块死，尽儿子的孝；你有本领报仇，赶快逃走。"就这样，伍尚跟着公差走了，伍员逃出了楚国。

楚平王杀害了伍奢、伍尚，全国通缉伍员。

伍员到了宋国找到太子建，又赶上宋国内乱，伍员与太子建就逃到郑国。太子建在郑国受到很好的接待，但他替晋国当间谍，被郑国发觉，处了死刑。伍员就带着太子建的儿子胜，逃到吴国。伍员在路途中九死一生，终于到了吴国。

伍员和哥哥伍尚诀别

伍员在吴国，看到了吴国政局不稳，公子光是吴王僚兄伯的儿子，他想杀害吴王僚夺取政权。伍员认为公子光有魄力，就暗中支持公子光，出谋划策刺杀了吴王僚，公子光夺得了王位，这就是吴王阖庐。

伍员推荐当时最负盛名的军事家孙武做了吴国的将军。

吴王阖庐为了答谢伍员，经过长期准备，大举进攻楚国。公元前506年，孙武、伍员率领三万精锐吴兵，避开楚国正面防御，从淮北长途迂回奔袭楚国，出其不意连败楚军五次。吴兵五战五胜，破敌二十余万，行军二千余里打破楚都郢（今湖北省荆州市）。这时楚平王已死。继位的楚昭王

伍子胥举荐孙武（明内府彩绘本《春秋五霸七雄通俗演义列国志传》插图）

就是楚平王与秦女所生的儿子。楚昭王出逃，伍子胥就挖开楚平王墓，暴露楚平王的尸体，打了三百鞭子。

秦兵救楚，吴国后方又发生了内乱，吴王阖庐撤兵，楚昭王复位。吴国是个小国，当时吞不掉楚国，吴兵却打败了楚国，创造了古代以少胜多、以弱克强、长途奔袭的光辉战例，孙武大军事家的地位从此确立，《孙子兵法》从此扬名。这些都源于伍子胥报仇雪恨。伍员的复仇心态与执着，发挥了人的最大主观能动性，演出了两国交兵时小国胜大国的奇迹。司马迁评论说，办事不要太刻毒，不要结仇恨，楚王结仇一个臣子，楚国就遭了如此大难，教训深刻啊！伍员克服重重险阻的雪耻精神是古代反暴精神的发扬，带有民主意识与人权抗争精神，更受到了史家的高度赞扬。

伍子胥列传

伍子胥者，楚人也，名员。员父曰伍奢，员兄曰伍尚。
<small>伍子胥是楚国人，名叫员。伍员的父亲叫伍奢，伍员的哥哥叫伍尚。他的祖先叫伍举，事奉楚庄</small>
其先曰伍举，以直谏事楚庄王，有显，故其后世有名于楚。
<small>王因直言谏诤而显贵，所以伍氏后代子孙有名于楚。</small>

楚平王有太子名曰建，使伍奢为太傅，费无忌为少傅。
<small>楚平王的太子名叫建，楚平王使伍奢为太子太傅，费无忌为太子少傅。费无忌不忠于太子建。楚</small>
无忌不忠于太子建。平王使无忌为太子取妇于秦，秦女好，
<small>平王派费无忌到秦国去替太子迎亲，秦女貌美，费无忌先期飞驰回国，向楚平王报告说："秦女是绝代佳人，</small>
无忌驰归报平王曰："秦女绝美，王可自取，而更为太子取
<small>大王不如自己娶她，另外给太子娶个媳妇。"楚平王于是自己娶了秦女，而且非常宠爱，生了一个儿子</small>
妇。"平王遂自取秦女而绝爱幸之[1]，生子轸。更为太子取妇。
<small>取名轸。楚平王另外给太子建娶了媳妇。</small>

无忌既以秦女自媚于平生，因去太子而事平王。恐一旦
<small>费无忌既然借秦女讨好了楚平王，他就离开太子专心事奉楚平王。费无忌害怕有一天楚平王死了，</small>
平王卒而太子立，杀己，乃因谗太子建。太子建亡奔宋。
<small>太子建继位，将会杀害自己，于是就诽谤太子建。太子建逃到宋国避难。</small>

无忌言于平王曰："伍奢有二子，皆贤，不诛且为楚忧。
<small>费无忌又对楚平王说："伍奢有两个儿子，都很有才能，不杀掉他们，将来会成为楚国的忧</small>

---

[1] 绝爱幸：非常宠爱。

伍子胥掘墓鞭尸

可以其父质¹而召之，不然且为楚患。"王使使谓伍奢曰："能

患。可以用他们的父亲做人质把两人召来，不这样将来一定给楚国留下后患。"楚平王派人对伍奢

致²汝二子则生，不能则死。"伍奢曰："尚为人仁，呼必来。

说："你能把两个儿子叫来就活命，否则就要处死。"伍奢说："大儿子伍尚为人仁慈，我叫他，

员为人刚戾忍诟，能成大事，彼见来之并禽，其势必不来。"

一定会来。二儿子伍员为人刚强而能忍辱，能够办成大事，他看到来了一块遭擒拿，按情势他一定

王不听，使人召二子曰："来，吾生汝父，不来，今杀奢也。"

不会来。"楚平王不听，派人去召伍奢的两个儿子说："两人听召，我给你们父亲留条生路，不听

伍尚欲往，员曰："楚之召我兄弟，非欲以生我父也，恐有脱

召，就立即杀你们的父亲。"伍尚打算前往，伍员说："楚王召我们兄弟，并不是给我们父亲留下

者后生患，故以父为质，诈召二子。二子到，则父子俱死，

生路，而是害怕我们逃脱给楚国留下后患，所以用父亲作人质，蒙骗我们二人上当。我们两人一到，

何益父之死？往而令仇不得报耳。不如奔他国，借力以雪父

那么父子全都要死，对父亲的生死有什么好处？去了倒是使我们不能报仇，还不如逃往别国，借助

之耻，俱灭，无为也。"伍尚曰："我知往终不能全父命。然

别国的力量来报仇雪耻。我们全都去死在一起，太没价值了。"伍尚说："我知道去了也不能保全

恨父召我以求生而不往，后不能雪耻，终为天下笑耳。"谓员：

父亲的生命，但我痛心父亲临死召唤我们，我们为了活命而不到父亲眼前，以后如果不能报仇雪恨，

"可去矣！汝能报杀父之雠，我将归死。"尚既就执，使者捕伍

那就要受天下人的耻笑了。"接着伍尚又对伍员说："你快逃离！你能报杀父之仇，我将到父亲那

胥。伍胥贯弓执矢向使者³，使者不敢进，伍胥遂亡。闻太子

里去陪死。"伍尚听从被捕。伍子胥拒捕，拉开弓矢面对使者，使者不敢向前，伍子胥终于逃出。

1　质：人质。以伍奢为人质而招二子。
2　致：招来。
3　贯弓：拉满弓。

建之在宋，往从之。奢闻子胥之亡也，曰："楚国君臣且苦兵
伍子胥听说太子建在宋国，前去投奔。伍奢听到了伍子胥逃走的消息说："楚国君臣将要苦于战争
矣。"伍尚至楚，楚并杀奢与尚也。
了。"伍尚到了楚都，楚平王果然将伍奢、伍尚一起杀死。

　　伍胥既至宋，宋有华氏之乱[1]，乃与太子建俱奔于郑。……
　　伍子胥到了宋国，恰好碰上宋国发生华氏作乱，就与太子建一起逃亡到郑国。……郑定公
郑定公与子产诛杀太子建。建有子名胜，伍胥惧，乃与胜俱奔
和子产杀了太子建。太子建留下个儿子名叫胜，伍子胥十分担心，就和胜一起逃奔吴国……终于
吴……至于吴，吴王僚方用事，公子光为将。伍胥乃因公子
到达了吴国都城，正是吴王僚执政的时候，公子光为将军。伍子胥通过公子光求见吴王……后公
光以求见吴王……公子光乃令专诸袭刺吴王僚而自立，是为吴
子光刺杀了吴王僚，自立为吴王，这就是吴王阖庐。阖庐做了吴王，实现了愿望，就召用伍员，
王阖庐。阖庐既立，得志，乃召伍员以为行人[2]，而与谋国事。
官拜行人，并同伍员共商国家大事。

　　九年，吴王阖庐谓子胥、孙武曰："始子言郢未可入，今
　　阖庐九年（前506年），吴王对伍子胥、孙武说："当初你们说楚都郢不可攻入，现在究竟怎么样？
果何如？"二子对曰："楚将囊瓦贪，而唐、蔡皆怨之。王必
两人回答说："楚将囊瓦贪财，楚的唐、蔡两属国都怨恨他。大王决心要大举进攻楚国，一定要先取得唐、
欲大伐之，必先得唐、蔡乃可。"阖庐听之，悉兴师与唐、蔡
蔡两国的支持。"阖庐听从了两人的计策，出动全部吴军联合唐、蔡一同讨伐楚国。吴军与楚军夹汉水
伐楚，与楚夹汉水而陈。吴王之弟夫概将兵请从，王不听，
两岸摆开了阵势。吴王的弟弟夫概请求领兵跟随出征，吴王没有答应，夫概就用自己的部属五千人攻击

---

[1] 宋华氏之乱：鲁昭公二十年（前522年），宋大夫华亥、向宁、华定与宋元公相争为乱，三人出奔陈。
[2] 行人：官名，掌外交。

263

遂以其属五千人击楚将子常。子常败走,奔郑。于是吴乘胜
楚将囊瓦子常。子常战败逃走,出亡郑国。于是吴军乘胜挺进,五战连胜,终于打到楚国郢都。己卯那天,

而前,五战,遂至郢。己卯,楚昭王出奔。庚辰,吴王入郢。
楚昭王出逃。第二天(庚辰日),吴兵进入郢都。

吴兵入郢,伍子胥求昭王,既不得,乃掘楚平王墓,出其
吴兵进入郢都,伍子胥搜寻楚昭王,没有找到,就挖开楚平王的墓,暴露他的尸骸,抽打尸骸三百鞭,

尸,鞭之三百,然后已。……后二岁,阖庐使太子夫差将兵伐
然后才罢手。……过了两年,阖庐派太子夫差领兵攻打楚国,夺取了番地。楚王害怕吴国再次大举进攻,

楚,取番。楚惧吴复大来,乃去郢,徙于鄀。当是时,吴以伍
就离开了郢,迁都到鄀。在这个时候,吴国听用伍子胥、孙武的谋划,西打破强大的楚国,北边威震齐

子胥、孙武之谋,西破强楚,北威齐晋,南服越人。
国和晋国,南边制服了越国。

太史公曰:怨毒之于人甚矣哉!王者尚不能行之于臣下,
太史公说:对人结下仇怨是十分危险的啊!为王的人尚且不能与臣下结仇,何况同等的人呢!假

况同列乎!向令伍子胥从奢俱死,何异蝼蚁。弃小义,雪大
使伍子胥追随父兄一块死难,与蝼蚁没什么区别。他不顾小节,终于为父报仇,洗刷了羞耻,留名后世,

耻,名垂于后世,悲夫!方子胥窘于江上,道乞食,志岂尝须
可叹啊!当伍子胥在江上受困,路上乞食的时候,他难道有片刻时间忘记郢都吗?所以他暗暗地忍耐着

臾忘郢邪?故隐忍就功名,非烈丈夫[1]孰能致此哉?
仇恨,终于成就了功名,若不是一个刚正的男子汉,怎能做到这一步呢?

---

1 烈丈夫:性情刚正的男子汉,真正的大丈夫。

程婴存赵氏孤儿（明内府彩绘本《春秋五霸七雄通俗演义列国志传》插图）

赵氏孤儿兴家灭仇

赵氏孤儿即赵武，他是将军赵朔之子，晋卿赵盾的孙子。赵武兴家灭仇，是发生在春秋中期晋国史上的一次大政变。赵氏衰而复兴，成为晋六卿中最显赫的家族。一百余年后，三家分晋，赵为首谋。在赵孤事件中，韩厥帮助赵氏，韩、赵二氏从此携手。因此赵孤事件影响及于三家分晋。

赵氏在晋国的兴起，始于赵衰辅佐晋文公，始为晋卿。赵衰之子赵盾仕晋襄公、晋灵公、晋成公、晋景公四朝，权势显赫，为晋正卿。赵盾廉直，晋灵公暴虐，赵盾强谏，晋灵公欲诛杀赵盾，赵盾出逃，其族弟赵穿弑灵公，立成公。赵盾子赵朔娶成公姐为夫人，加固与王室的同盟。

政治斗争是残酷的。赵盾加固与王室的同盟，仍不能免祸。赵穿弑灵公的阴影仍笼罩在公室与赵氏政敌的头上，他们处心积虑要抹去这道阴影，念念不忘为晋灵公报仇，诛杀赵氏。成公死后，其子姬据继位，是为晋景公。晋景公重用屠岸贾为司寇，掌管司法。屠岸贾是晋灵公宠幸的大臣，对赵氏怀恨最深，他要寻找机会灭赵氏。

晋景公三年（前597年），楚攻郑。晋景公命赵朔为下军主将，率师救郑。赵朔领兵外出，屠岸贾认为时机已到。屠岸贾祭起旧案，追究弑灵公的责任。屠岸贾通告诸将说："赵盾是弑灵公的后台，就是贼首。臣子弑君，子孙在朝，这是放纵罪人，为严肃法纪，请晋景公诛灭赵氏。"将军韩厥反对说:"事情过了许多年,先君没有惩治赵盾,现在反而追究他的后代,不是先君的意志。再说,这事也要请示当朝国君晋景公。不请示是看不起国君。"屠岸贾不听。韩厥就递消息给赵朔,让他逃亡,不要回来。赵朔一派正气凛然,他对韩厥说:"只要你保护我的后代,我死而无恨,父债子还,我就为过去的事,偿了这条命吧。"赵朔没有逃走,他平静地对待屠岸贾发起的变乱。

屠岸贾包藏祸心,他借机会肆意扩大打击面,排挤政敌,掀起了大案,对赵氏各族,不分长幼,全部诛灭。

赵朔妻子是晋景公的姑姑,为了避难,躲进了公宫。不久生了孩子,是个男婴。赵夫人为了保护这根独苗,就把婴儿偷送出宫,交给赵朔的友人程婴。程婴与赵朔的门客公孙杵臼商量,赵氏孤儿留给程婴,由公孙杵臼取了一个别人的婴儿带着逃入山中,然后由程婴出来告发公孙杵臼,屠岸贾派人杀死了公孙杵臼和婴儿,造成赵孤已灭的错觉,程婴终于把赵氏孤儿养大了。民间的传说,公孙杵臼带的婴儿,就是程婴的孩子。程婴为保全赵孤,牺牲自己的骨肉,义动于天。十五年以后,赵氏孤儿长大,取名赵武,意思让他发扬武德,消灭仇敌,重振赵氏门风。

有一天,晋景公生了病,韩厥等人借机制造舆论,说是赵氏的冤魂在作祟,要求晋景公为赵氏平反。晋景公问:"赵氏还有后吗?"韩厥把实情告诉了晋景公,晋景公命韩厥与诸将合力支持赵武发难,族灭了屠岸贾,恢复了赵氏的爵邑。

又过了几年,赵武过了二十岁生日,行了加冠礼,独掌门户。程婴向赵武告辞说:"我程婴活下来是为了救赵孤,所以让公孙杵臼和那个替死的孩子先走了一步,现在你成人了,我该去追随公孙杵臼,向他报告你的成长。"赵武哭泣不肯。程婴不听,于是自杀。赵武以人子之礼敬孝三年,以后年年祭祀,如同生父。

人们把程婴、公孙杵臼和那个替死的孩子三人埋在一起,称三义冢,在今陕西省韩城市芝川镇。人称程婴等人为三义士。

赵世家

晋景公之三年，大夫屠岸贾欲诛赵氏。初，赵盾在时，
晋景公三年（前597年），大夫屠岸贾打算消灭赵氏家族。起初，赵盾还活着的时候，梦见祖先
梦见叔带持要而哭，甚悲；已而笑，拊手且歌[1]。盾卜之，兆
叔带抱着腰在哭，十分悲伤；过了一会又放声大笑，一边拍手一边唱歌。赵盾就去占卜吉凶，龟甲的裂
绝而后好。赵史援占之，曰："此梦甚恶，非君之身，乃君之
纹先断了后来又完好无损了。赵国的史援解释兆纹说："这个梦非常不好，不是应验在你自己身上，而
子，然亦君之咎。至孙，赵将世益衰。"屠岸贾者，始有宠于
是应验在你儿子身上，但是也是你留下的过失。到了你孙子一代，赵氏将会更加衰落。"屠岸贾最初得
灵公，及至于景公而贾为司寇，将作难，乃治灵公之贼以致赵
到晋灵公的宠幸，到晋景公时，他做了晋国的司寇掌管刑狱，准备发难，就先借惩治杀灵公的罪人而牵
盾。遍告诸将曰："盾虽不知，犹为贼首。以臣弑君，子孙在
连到了赵盾。他通告诸将说："灵公被杀，赵盾虽然不知情，但是他还是逆贼的头子。作为臣子而杀害
朝，何以惩罪？请诛之。"韩厥曰："灵公遇贼，赵盾在外，吾
了国君，子孙却仍在朝廷做官，怎么能惩治坏人呢？请大家把他们都杀了。"韩厥提出异议说："灵公
先君以为无罪，故不诛。今诸君将诛其后，是非先君之意而
遭到逆贼杀害，赵盾已出逃在外面，我们的先君也认为他没有罪，所以没有杀他。现在大家想要杀了他
今妄诛。妄诛谓之乱。臣有大事而君不闻，是无君也。"屠岸
的后代，这是违背先君的意志的胡乱诛杀。胡乱杀人就是作乱。做臣子的有重大事情却不让国君知道，

---

1 拊手且歌：一边拍手一边唱歌。

贾不听。韩厥告赵朔趣亡。朔不肯，曰："子必不绝赵祀，朔
这是目无君主。"屠岸贾一意孤行，始终不听。韩厥便通知赵朔快逃。赵朔不肯，说："你一定不要让
死不恨。"韩厥许诺，称疾不出。贾不请而擅与诸将攻赵氏于
赵家断了祭祀，我死了也没有遗憾了！"韩厥答应了，从此就借口有病不出门了。屠岸贾没向晋景公请
下宫，杀赵朔、赵同、赵括、赵婴齐，皆灭其族。
命就擅自与诸将围攻赵氏住宅下宫，一举杀了赵朔、赵同、赵括、赵婴齐等人，整个家族都被灭了。

赵朔妻成公姊，有遗腹[1]，走公宫匿[2]。赵朔客曰公孙杵臼，
赵朔的妻子是晋成公的姐姐，这时已有遗腹子，逃到了晋景公宫中藏匿。赵朔的门客叫公孙杵臼，
杵臼谓朔友人程婴曰："胡不死[3]？"程婴曰："朔之妇有遗腹，
公孙杵臼对赵朔的朋友程婴说："为什么不去死？"程婴说："赵朔的妻子已经怀孕在身，如果有幸
若幸而男，吾奉之；即女也，吾徐死耳。"居无何，而朔妇免
生个男孩，我将好好奉养他；假如生个女孩，我再死不迟。"过了不久，赵朔的妻子分娩了，果然生
身[4]，生男。屠岸贾闻之，索于宫中。夫人置儿绔中[5]，祝曰：
了个儿子。屠岸贾得到消息以后，就到宫中搜索。赵朔之妻把孩子放在裤裆中，祷告说："赵家注定
"赵宗灭乎，若号；即不灭，若无声。"及索，儿竟无声。已
要绝种，你就哭叫；如果不会绝种，你就不要出声。"所以等屠岸贾来搜索时，这孩子竟然一声不响。
脱，程婴谓公孙杵臼曰："今一索不得，后必且复索之。奈
脱险以后，程婴对公孙杵臼说："现在一次搜不到，以后必定会再去搜索，怎么办呢？"公孙杵臼说："扶
何？"公孙杵臼曰："立孤与死孰难？"程婴曰："死易，立孤
持孤儿与死，哪一个更难？"程婴说："死是最容易不过的，而抚养孤儿却是最艰难的。"公孙杵臼说：

---

1 遗腹：父已死而子还在母腹中未出生，称遗腹子。
2 走公宫匿：逃到晋景公宫中藏匿。
3 胡：何不。
4 免：同"娩"，分娩。
5 绔中：裤裆中。

难耳。"公孙杵臼曰:"赵氏先君遇子厚,子强为其难者,吾为

"赵氏先君一直对你不错,你勉强做其中最难的,我做容易一点的,请让我先去死。"于是两人就设

其易者,请先死。"乃二人谋取他人婴儿负之,衣以文葆[1],匿

法弄到了一个人家的婴儿,由公孙杵臼背着,裹上很漂亮的襁褓,躲到了深山之中。然后程婴出门对

山中。程婴出,谬谓诸将军曰[2]:"婴不肖,不能立赵孤。谁能

诸将军谎称:"我程婴没有用,没有本领扶立赵氏孤儿。如果有谁能给我千金,我就告诉他赵氏孤儿

公孙杵臼决意赴死

---

1 文葆:裹上很漂亮的襁褓。
2 谬谓:谎称。

赵氏孤儿兴家灭仇 271

与我千金，吾告赵氏孤处。"诸将皆喜，许之，发师随程婴攻
躲藏的地方。"晋国诸将听了十分兴奋，就答应了程婴的要求，马上调动部队跟随程婴去捉拿公孙杵臼。

公孙杵臼。杵臼谬曰："小人哉程婴！昔下宫之难不能死，与
公孙杵臼故意大骂说："无耻小人啊程婴！以前在下宫之难中没有以死相殉，还与我商量保护赵氏孤

我谋匿赵氏孤儿，今又卖我。纵不能立，而忍卖之乎！"抱儿
儿的事，现在又出卖了我。即使不能跟我一起把赵氏孤儿抚养成人，又怎么忍心出卖我呢？"接着又

呼曰："天乎天乎！赵氏孤儿何罪！请活之，独杀杵臼可也。"
抱着孩子呼天抢地地喊道："老天啊老天！赵氏孤儿又有什么罪！求求你们，别杀了孩子，只杀我公

诸将不许，遂杀杵臼与孤儿。诸将以为赵氏孤儿良已死，皆
孙杵臼好了！"可是诸将坚决不肯，还是把公孙杵臼和这个孤儿一起杀害了。诸将以为赵氏孤儿真的

喜。然赵氏真孤乃反在，程婴卒与俱匿山中。
已经死了，都非常高兴。然而赵氏真正的孤儿仍然活着，程婴终于带着他隐藏到深山中去了。

居十五年，晋景公疾，卜之，大业之后不遂者为祟[1]。景
过了十五年，晋景公生病了，叫人占卜吉凶，说是秦赵的共同祖先的后代中有冤屈的人在那里作怪。

公问韩厥，厥知赵孤在，乃曰："大业之后在晋绝祀者，其赵
景公问韩厥是什么意思，韩厥知道赵氏孤儿还活着，就故意说："大业的后代在晋国断掉香火的，大概

氏乎！夫自中衍者皆嬴姓也。中衍人面鸟噣[2]，降佐殷帝大戊，
是赵氏吧！从中衍以来，他的后代都是姓嬴的。中衍人面鸟嘴，降到世上辅佐殷帝大戊；他的后代到了

及周天子，皆有明德。下及幽厉无道，而叔带去周适晋，事
周天子时代，都很有功德。以后到了周幽王、周厉王时，因为朝廷混乱无道，叔带才离开周朝到了晋国，

先君文侯，至于成公，世有立功。未尝绝祀。今吾君独灭赵
事奉先君晋文侯，这样一直延续到晋成公时，历代都建立了大功，从未断掉过祭祀。现在国君单单灭掉

---

1 大业：秦、赵的共同祖先。
2 鸟噣（zhòu）：尖嘴。

宗，国人哀之，故见龟策。唯君图之。"景公问："赵尚有后
了赵氏宗族。举国上下的人都非常哀怜他们，所以龟策显灵了。希望您认真考虑一下。"晋景公又问："赵
子孙乎？"韩厥具以实告。于是景公乃与韩厥谋立赵孤儿，
氏还有留下的子孙吗？"韩厥就把公孙杵臼和程婴保护赵氏孤儿的事一五一十地告诉了景公。于是晋景
召而匿之宫中。诸将入问疾，景公因韩厥之众以胁诸将而见
公就与韩厥商量让赵氏孤儿重新成家立业，先把他找回来藏在宫中。不久诸将进宫慰问景公的病情，景
赵孤。赵孤名曰武，诸将不得已，乃曰："昔下宫之难，屠岸
公依靠韩厥手下的人威胁诸将与赵氏孤儿见了面。赵氏孤儿名叫武，诸将无可奈何，就推脱责任说："从
贾为之，矫以君命，并命群臣。非然，孰敢作难！微君之疾，
前的下宫之难，实在是屠岸贾一手策划的，他假传君命，叫我们干的。不是这样的话，谁有胆量做这种事！
群臣固且请立赵后。今君有命，群臣之愿也。"于是召赵武、
要不是国君生病，我们本来就准备请求立赵氏的后代了。现在既然国君有令，这正是我们的心愿。"于
程婴遍拜诸将，遂反与程婴、赵武攻屠岸贾，灭其族。复与
是景公让赵武和程婴一一拜见各位将军，诸将也反过来与程婴、赵武一起去攻打屠岸贾，灭了他的家族。
赵武田邑如故。
景公还把赵氏原有的田邑又封给了赵武。

及赵武冠[1]，为成人，程婴乃辞诸大夫，谓赵武曰："昔下
等到赵武行了加冠礼，已成为大人以后，程婴就向诸大夫一一告别，又对赵武说："从前下宫之
宫之难，皆能死。我非不能死，我思立赵氏之后。今赵武既
难时，大家都殉难死了。我不是不能殉难而死，我是想要扶立赵氏的后代。如今你已经长大成人，恢复
立，为成人，复故位，我将下报赵宣孟与公孙杵臼。"赵武
了祖先的地位，我准备到黄泉地下去报答赵宣孟和公孙杵臼了。"赵武一边哭泣，一边叩头请求程婴说：

---

1 冠：行加冠礼，表示成人。古男子二十行冠礼。

啼泣顿首固请，曰："武愿苦筋骨以报子至死，而子忍去我死
"我愿意竭尽全力报答你的大恩大德一直到死，而你怎么忍心离开我先去死呢？"程婴坚决地说："不

乎！"程婴曰："不可。彼以我为能成事，故先我死；今我不
能不这样做。那公孙杵臼认为我能够办成大事，所以他放心地比我先死了；如今我不去复命，他还以为

报，是以我事为不成。"遂自杀。赵武服齐衰三年[1]，为之祭邑，
我没把事情办成功呢！"说完就自杀了。赵武为程婴服了三年丧，还设立了专供祭祀的田邑，春秋两季

春秋祠之，世世勿绝。
的大祭按时举行，世世代代都不断绝。

---

1 齐（zī）衰（cuī）：丧服。

勾践卧薪尝胆报国仇

春秋末期，当中原各国的争霸接近尾声之时，东南的吴越两国之间的杀伐拉开了战幕！

公元前494年，吴王夫差为报国耻家仇，起大军攻打越国，两军相遇于夫椒（今太湖椒山）。越军大败，夫差率军乘胜追击，攻下越国的都城。勾践只得领残军五千人退守会稽山上。夫差的父亲阖庐是在与越王勾践作战中受伤而死，这一战是夫差报仇。

面临灭国之危的勾践，不得不急向诸将士谋求退吴之计，甚至宣布："谁能助我退吴者，我将与他共享越国之政。"这时从楚国来越的大夫文种提出了"卑辞厚礼"向吴请和臣服的建议。无奈之余的勾践接受了这一建议，立即派遣文种带厚礼到吴军中去卑辞求和。文种来到吴军帐中，向吴王允诺说："只要大王赦免了越国，勾践愿臣服请罪，并送金银玉器、珠宝和美女慰劳您的军队。越国所有的宝器全献给大王，让夫人、女儿为大王奴妾。"

这时吴国大臣伍子胥立即上前力谏说："大王千万不可，杀敌须斩草除根，纵虎归山必然祸患无穷。昔夏少康忍受屈辱最终灭掉政敌寒浞就是前例。三江之地，地盘狭窄，吴、越不可并存，有吴则无越，有越则无吴。此乃千载难逢的机会，望大王千万不可失去。"夫差一听，颇觉有理，顿时犹豫起来。

正当吴国君臣争议未决之际,文种又向勾践献计,贿赂贪财好色的执掌吴王内外事务,权力极大的太宰伯嚭(pǐ)。于是文种便精选美女八人和一些金银财宝送给伯嚭,请他说服吴王,并声称:"只要你能说服吴王赦免了越国,又将有大批美女金银进献。"接着又进一步说:"如果越国万一得不到吴王的宽恕,勾践将会焚烧宗庙、杀死妻子儿女、销毁金银宝器,带领五千甲士奋起抗争。到时吴王就算征服了越国,也会损失惨重,一无所获。"

伍子胥极力劝谏吴王

伯嚭接受了贿赂，就立即对夫差劝道："臣听说，一国攻打他国，无非是使他国臣服而已，现在大王父仇已报，越国请降，愿纳贡称臣，我们还有什么要求呢？"并将文种的话转告给夫差。已经开始骄奢自满的夫差认为很有道理，对兵败的越国不屑一顾，就答应了越国的求和。

得到吴王赦免后，越王勾践就迅速带领夫人及臣吏携带大量金银器物及三百人入吴。大臣伍子胥流泪感叹道："这是养虎遗患啊！二十年后，吴国就会像今天的越国一样！"

勾践及君臣到了吴国以后，勾践亲自为夫差驾车牵马，其夫人打扫宫室。日吃粗食，终日不见荤菜。夜住囚室，冬寒夏热，蚊子成群。为了取得夫差的信任和欢心，勾践将吴王的马养得膘肥体壮，驯服得乖顺听话。每次夫差要外出，勾践总是将马早早牵来，恭恭敬敬地等候在宫门外，夫差上下马时，勾践便主动上前搀扶，夫差渐渐地对勾践有了好感。每次勾践替夫差牵马过街时，吴国男女老少就会指着勾践说："这就是为我国大王牵马的越国国君！"有的嘲笑，有的吐口水。勾践虽然十分难受，但他忍了下来，使夫差认为勾践已没有了斗志。有一次，夫差病了，病情比较严重，勾践听说后，就主动自荐说："小时候，我学过行医，能否让我为大王医治？"夫差同意了。为了彻底弄清楚病情，勾践在夫差解大便之后，认真观察其色，仔细闻其味。夫差被勾践的行动所感动，更加亲近勾践，再加上伯嚭时时在夫差面前说勾践的好处，所以两年后，勾践君臣便得到了夫差的赦免。

两年吴国生活，使勾践君臣极尽屈辱，但终于赢来了复国的机会，终将有了报仇的出头之日。

回国后的勾践，为了不忘国耻，他没去吃上好的饭食，没有睡舒适的床铺，而是苦其心志，劳其筋骨，饿其体肤。他将猪胆吊在座位前，每日坐卧都能仰见，每顿饭食之前都要尝尝胆汁；甚至将苦胆吊在门口处，每次出入也要尝尝。尝胆之时，都要反问自己："勾践，你忘了会稽山上的亡国之耻吗？"勾践每天还与百姓一起亲自耕种，其妻子亲自纺纱织布；每顿饭食从不吃肉，从不穿华丽的衣服；而且冬天也用冷水洗脚，每晚睡在稻草上，不断反省自己。这就是著名的"卧薪尝胆"。

为了早日报国仇，勾践对内采取了一系列复国建设措施。

安抚人民，获取民心。一回国勾践就向越国百姓道歉，亲自葬死问伤，吊忧贺喜，废旧立新，深得百姓拥护。

繁殖人口，发展生产。宣布男女适龄婚嫁，壮年男子不得娶老年妇女，老年男子不得娶年轻女子，奖励多生多育。要求广大君臣百姓亲自耕种，非自己种的粮食不吃，非自己夫人织的衣不穿。越国十年不向百姓多征收赋税，百姓皆贮藏有三年的粮食。

礼贤下士，唯才是用。不但重用文种、范蠡等一班良臣，而且对贤士折节恭请，厚遇宾客。安排他们在越国住最好的房子，穿华丽的衣服，吃美味的饭食。并因材用人，如让文种治内政、范蠡治军事、外交等。

扩充军队，巩固国防。勾践在全国悄悄征集兵源，凡青年男子都应征入伍。暗地铸造强弓利剑，并分水陆两军，日夜操练。在训练中，勾践积极灌输复仇思想，要求士兵为报国耻家仇而苦苦训练，用重赏严惩教育士兵勇于听命，乐于立功，做到："进则思赏，退则思刑。"

对吴外交上，积极消耗吴国的民力、财力。

为结吴王欢心，勾践经常赠送玉帛、珍玩；从越国伐取大木，运到吴国姑苏为吴王增修姑苏台，吴王立即派大量人力投入修建，历时很长。一

越王宣布男女适龄婚嫁

座金碧辉煌的姑苏台落成后,夫差十分高兴,对勾践更加放心。接着勾践又派范蠡在全国选美女送给吴王。经过精心的查访挑选,在浣溪选到了绝代佳人西施。西施不但生得绝美,而且琴棋书画样样精通。西施一到吴国,立即深受夫差的宠爱。夫差终日守着西施,不理朝政,使吴国政治更加腐败。

为了消耗吴国的财力,勾践假装越国饥荒,向吴借贷粮食,使其国库空虚,第二年又把偿还的粮食煮熟,让吴国用作种子,造成当年吴国颗粒不收。当吴国北上伐齐时,勾践又亲率君臣去朝贺,怂恿夫差北上争霸,目的是消耗吴国军队而乘虚灭吴。

十年的准备，使越国具备了复仇的条件。

公元前482年，趁夫差北上争霸，会晋于黄池时，勾践便小试牛刀，兵分三路进攻吴国。很快越军便攻占了吴都姑苏，夺取了吴国的许多船只。夫差也只得草草结束会盟，撤兵回救，同越国讲和。

公元前478年，吴国大闹饥荒，都城无粮，国库空虚，百姓四处逃生。更加上几年来的北上伐齐、抗晋等争霸战役，使吴军疲惫不堪。勾践认为灭吴的大好时机已到，便兴起三路大军向吴国发起了全面进攻。勾践亲率中军，迅速攻进吴国腹地，所到之处，吴国纷纷投降，越军直逼姑苏城下。经过几年的长期围困，至公元前473年，吴国终因粮尽援绝，城门被攻破。无力回天的夫差想效仿二十多年前的勾践"卑辞求和"，可是却没得到勾践的赦免，只好流涕自刎而死。夫差一死，剩余的吴军全部投降，勾践拥有了整个吴越三江之地。

经过二十二年的苦心经营，勾践终于灭吴，雪了昔日会稽之耻！伍子胥的话在二十年后也得到了历史的回音。勾践为报国仇而"卧薪尝胆"，也成了千古佳话！

越王勾践向吴王请安（明内府彩绘本《春秋五霸七雄通俗演义列国志传》插图）

越王勾践世家

越王勾践,其先禹之苗裔,而夏后帝少康之庶子也。
越王勾践,他的祖先是夏禹的后代,即夏朝第五代王少康的庶子。被封在会稽,以奉守夏禹的祭祀。
封于会稽,以奉守禹之祀。文身断发,披草莱而邑焉。后二十
他在身上刺了记号,割除头发,斩除草莱而居,招来人民以成聚邑。这样传了二十多代,到了允常这一
余世,至于允常[1]。允常之时,与吴王阖庐战而相怨伐。允常
辈。允常的时候,与吴王阖庐发生了战争,互相结了仇,经常打来打去。允常死了以后,由儿子勾践继位,
卒,子勾践立,是为越王。
这就是越王。

元年,吴王阖庐闻允常死,乃兴师伐越。越王勾践使死
越王元年,吴王阖庐得知允常死了,就大举出兵进攻越国。越王勾践派敢死队出阵挑战,排成三行,
士挑战[2],三行,至吴陈,呼而自刭。吴师观之,越因袭击吴
前进到吴军阵前,一边大声叫喊,一边集体自杀。吴国将士看到这种情形都惊呆了,越国军队就趁机袭
师,吴师败于檇李[3],射伤吴王阖庐。阖庐且死,告其子夫差
击吴军,吴军在檇李一败涂地,吴王阖庐也被射伤了。阖庐临死之前,告诫他的儿子夫差说:"一定不
曰:"必毋忘越。"
要忘了越国的仇恨!"

---

1 允常:越侯夫谭之子,周敬王时在位,死于公元前495年。越在商、周时为侯国,春秋时贬为子国,至允常时开疆拓土而称王。
2 死士:敢死队。《左传》作"罪人"。
3 檇李:地名,在今浙江省嘉兴市南四十五里。

三年，勾践闻吴王夫善日夜勤兵，且以报越，越欲先吴
越王三年，勾践得知吴王夫差在日夜练兵，准备向越国报仇，就打算抢在吴国出兵前先下手攻
未发往伐之。范蠡谏曰[1]："不可。臣闻兵者凶器也，战者逆德
击吴国。范蠡劝谏说："不行啊！我听说兵器是一种凶器，战争是违背人道的行为，争斗是解决问题
也，争者事之末也。阴谋逆德，好用凶器，试身于所末，上
的下策。暗中用违反天道的计谋行事，好战而用凶器，轻率地试身于下策，这样做没有好结果。"越
帝禁之，行者不利。"越王曰："吾已决之矣。"遂兴师。吴王
王勾践说："我已经下定决心了！"于是就出动了军队。吴王夫差知道后，也调动吴国的精锐部队迎
闻之，悉发精兵击越，败之夫椒[2]。越王乃以余兵五千人保栖于
头痛击越军，在夫椒打败了越军。越王勾践只好领着五千多名残兵退到会稽山上栖身保命。吴王夫差
会稽。吴王追而围之。
一路追击，包围了会稽山。

越王谓范蠡曰："以不听子故至于此，为之奈何？"蠡
越王勾践对范蠡说："因为不听你的话，落到今天这个地步，如今怎么办呢？"范蠡回答说："持
对曰："持满者与天，定倾者与人，节事者以地。卑辞厚
满不贪才能得天助，挽救倾危靠人民，节物生财靠地利。现在只好先用恭逊的言辞和丰厚的礼物送
礼以遗之，不许，而身与之市[3]。"勾践曰："诺。"乃令大
去求和，如果吴王不答应，您就亲自去表示降服。"勾践说："好吧！"于是就派大夫文种到吴国
夫种行成于吴[4]，膝行顿首曰："君王亡臣勾践使陪臣种敢告
去求和。文种匍匐而行，叩着头说："大王您的亡命之臣勾践派他的随从文种斗胆向您手下的办事

---

1 范蠡：楚宛人，佐勾践灭吴，称上将军。范蠡认为勾践忍人，只可共患难，不可共安乐，因而功成身退，去齐经商号陶朱公。
2 夫椒：太湖中有夫椒山，但非决战之所，吴、越交兵之夫椒，不详所在。
3 市：交易，引申为降服。
4 大夫种：大夫，官名，姓文名种。行成：求和。

下执事：勾践请为臣，妻为妾。"吴王将许之，子胥言于
人员禀告：勾践请求做您的臣子，他的妻子做您的女奴。"吴王夫差准备同意，伍子胥向吴王进言说：

吴王曰："天以越赐吴，勿许也。"种还，以报勾践。勾践
"老天把越国赐给了吴国，不能答应求和的要求。"文种返回越国，把情况报告了勾践。勾践打算

欲杀妻子，燔宝器，触战以死[1]。种止勾践曰："夫吴太宰嚭
杀了妻子儿女，烧掉宗庙重器及珍宝，拼命与吴国决一死战。文种劝阻勾践说："吴国的太宰伯嚭

贪[2]，可诱以利，请间行言之[3]。"于是勾践乃以美女宝器令
是个贪婪之徒，可以用美女财物等好处引诱拉拢他，请让我在暗中与他接触一下。"于是勾践就让

种间献吴太宰嚭。嚭受，乃见大夫种于吴王。种顿首言
文种在暗地里把美女和宝物送给了吴国的太宰伯嚭。伯嚭欣然接受了礼物，然后就把文种引见给吴

曰："愿大王赦勾践之罪，尽入其宝器。不幸不赦，勾践
王夫差。文种向吴王叩了几个头以后说："希望大王能够赦免勾践的罪过，让他献出全部的宝器，

将尽杀其妻子，燔其宝器，悉五千人触战，必有当也。"嚭
假如大王一定不肯宽恕，那么勾践准备杀掉他的妻子儿女，烧毁他的所有宝器，率领五千人冲杀死

因说吴王曰："越以服为臣，若将赦之，此国之利也。"吴
战，一定要对方付出同等的代价。"伯嚭也趁机劝吴王说："越国已经俯首称臣，如果就此宽赦了

王将许之，子胥进谏曰："今不灭越，后必悔之。勾践贤
它，这对吴国是有利无害的。"吴王夫差打算同意，伍子胥又一次进言劝谏说："现在不灭掉越国，

君，种、蠡良臣，若反国，将为乱。"吴王弗听，卒赦越，
以后一定会后悔莫及的。勾践是个能干的国君，文种和范蠡又是非同一般的大臣，如果让他们回国，

罢兵而归。
将会有不良的后果。"吴王夫差不听，终于赦免了越国，收兵回国。

---

1 触战：冲杀死战。
2 太宰嚭：楚大夫伯州黎之孙，楚昭王杀州黎，嚭奔吴为正卿，故称太宰嚭。
3 间行：暗中行事。

文种劝勾践忍辱负重

勾践之困会稽也,喟然叹曰:"吾终于此乎?"种曰:
勾践被围困在会稽山上的时候,曾无限伤感地说:"难道我就这样完蛋了吗?"文种说:"从前
"汤系夏台[1],文王囚羑里[2],晋重耳奔翟,齐小白奔莒,其卒
商汤王曾被囚禁在钧台,周文王也被关押在羑里,晋公子重耳逃亡翟国,齐桓公小白出奔莒国,但是最

---

[1] 夏台:又称钧台,在今河南省禹州市南,相传夏桀王曾囚汤于此。
[2] 羑里:古邑名,在河南省汤阴县北。

勾践卧薪尝胆报国仇

王霸。由是观之，何遽不为福乎？"

后他们都成就了霸业。由此看来，今天暂时受困为什么不能看成是一件好事呢？

吴既赦越，越王勾践反国，乃苦身焦思，置胆于坐[1]，坐

吴王赦免越国以后，越王勾践就重返故国，从此他便吃苦耐劳，冥思苦想，准备报仇雪恨，他

卧即仰胆，饮食亦尝胆也，曰："女（rǔ）忘会稽之耻邪？"

把苦胆放在平时起居之处，每天坐着或躺着都要看一看苦胆，吃饭时也要尝一点苦胆，并自言自语说：

身自耕作，夫人自织，食不加肉，衣不重采[2]，折节下贤人[3]，

"你忘了会稽山的耻辱了吗？"他还亲自参加农田耕作，让夫人也亲自纺织，生活上吃素食，穿粗衣，

厚遇宾客，振贫吊死，与百姓同其劳。欲使范蠡治国政，

屈身谦恭礼贤下士，热情有礼地接待宾客，经常救济贫困，慰问死者，与百姓同甘共苦。越王想让范

蠡对曰："兵甲之事，种不如蠡；填抚国家[4]，亲附百姓，蠡

蠡来处理国家大事，范蠡推辞说："用兵打仗，文种不如我；但是治理国家，团结人民，我又不如文

不如种。"于是举国政属大夫种，而使范蠡与大夫柘稽行

种。"于是勾践把国家大事都交给文种去处理，而派范蠡与大夫柘稽到吴国议和，并留在吴国做人质。

成[5]，为质于吴。二岁而吴归蠡。

两年以后，吴国才让范蠡回国。

勾践自会稽归七年，拊循其士民[6]，欲用以报吴。

勾践从会稽山回国七年来，对军民十分亲爱关照，准备依靠他们向吴国报仇。大夫逢同劝谏说："国

大夫逢同谏曰："国新流亡，今乃复殷给，缮饰备

家遭到破坏不久，现在刚刚恢复元气富裕了一点，就开始整修城郭武装军备，吴国一定会惊觉疑心，那

---

1 坐：通"座"，指坐卧之处。
2 食不加肉，衣不重采：吃素食，穿粗衣。重采，两色彩衣。
3 折节：屈身谦恭。
4 填抚：控制而安定之。填，同"镇"。
5 柘稽：人名。《国语·吴语》作"诸稽郢"，诸稽为复姓。
6 拊循：亲爱关照。

利，吴必惧，惧则难必至。且鸷鸟之击也，必匿其
形。今夫吴兵加齐、晋，怨深于楚、越，名高天
下，实害周室，德少而功多，必淫自矜。为越计，
莫若结齐，亲楚，附晋，以厚吴。吴之志广，必轻
战。是我连其权，三国伐之，越承其弊，可克也。"
勾践曰："善。"

居二年，吴王将伐齐。子胥谏曰："未可。臣闻勾践
食不重味，与百姓同苦乐。此人不死，必有国患。吴有
越，腹心之疾，齐与吴，疥癣也[1]。愿王释齐先越。"吴王
弗听，遂伐齐，败之艾陵，虏齐高、国以归。让子胥。
子胥曰："王毋喜！"王怒，子胥欲自杀，王闻而止之。

---

[1] 疥癣：皮肤上的疮疥。癣，同"癣"。

越大夫种曰："臣观吴王政骄矣，请试尝之贷粟，以卜其
道后立即加以阻止。这时，越国大夫文种说："以我看来吴王夫差的为人行事已经非常傲慢了，请让我试着

事。"请贷，吴王欲与，子胥谏勿与，王遂与之，越乃私
向他借粮食，看看情况会怎样。"于是就去吴国借粮，吴王想要答应，伍子胥劝谏不要同意，可是吴王还是

喜。子胥言曰："王不听谏，后三年吴其墟乎[1]！"太宰嚭
借给了越国，越国暗中欢喜异常。伍子胥就说："大王不听劝谏，三年以后，吴国将变成一片废墟！"太宰

闻之，乃数与子胥争越议，因谗子胥曰："伍员貌忠而实
伯嚭听到这些话，就经常与伍子胥争论对付越国的事情，趁机在吴王面前谗毁伍子胥说："伍子胥这个人表

忍人，其父兄不顾，安能顾王？王前欲伐齐，员强谏，已
面忠厚老实，实际上是个很残忍的人，他连父亲和兄长的生死都不顾，哪里还会关心大王呢？大王前次想去

而有功，用是反怨王。王不备伍员，员必为乱。"与逢同
攻打齐国，伍子胥坚决劝阻，不久打了胜仗，他反而怨恨大王。大王如果不对伍子胥严加防备，伍子胥一定

共谋，谗之王。王始不从，王使子胥于齐，闻其托子于
会犯上作乱的。"伯嚭还与逢同一起商议，在吴王那里中伤伍子胥。吴王开始还不太相信，后来派伍子胥出

鲍氏，王乃大怒，曰："伍员果欺寡人！"役反[2]，使人赐子
使到齐国，听说他把自己的儿子托付给了齐国的鲍氏，就大为生气，说："伍子胥果然欺骗了我！"等到伍

胥属镂剑以自杀[3]。子胥大笑曰："我令而父霸，我又立若，
子胥完成使齐的差事回国，吴王就派人赐给伍子胥一把属镂剑，让他自杀。伍子胥放声大笑说："我使你的

若初欲分吴国半予我，我不受，已，今若反以谗诛我。
父亲建立了霸业，又帮你登上了王位，你开始想把吴国分一半给我，我不肯要，事情过去了，如今你反而听

---

1 墟：变成丘墟。
2 役反：指伍子胥完成使齐的差事回国。
3 属镂：剑名。

嗟乎，嗟乎！一人固不能独立！"报使者曰："必取吾眼
信谗言要杀我。可叹啊可叹！一个孤忠的人本来就无法独立人世的。"又对吴王使者说："我死了以后，一

置吴东门，以观越兵入也！"于是吴任嚭政[1]。
定要挖出我的眼睛放在吴国都城的东门上，让它看着越国军队进城！"从此，吴国专任太宰伯嚭执政。

居三年，勾践召范蠡曰："吴已杀子胥，导谀者众，可
又过了三年，勾践召见范蠡商量说："吴王已经杀了伍子胥，他身边都是些阿谀奉承的人，现在

乎？"对曰："未可。"
可以动手了吧"范蠡回答说："还不行。"

至明年春，吴王北会诸侯于黄池[2]，吴国精兵从王，惟独
到第二年春天，吴王夫差北上到黄池与诸侯会盟，吴国的精锐部队全部跟吴王外出，国内只留下

老弱与太子留守。勾践复问范蠡，蠡曰："可矣。"乃发习流
老弱无力的军队与太子一起防守。勾践又问范蠡，范蠡说："可以攻打了。"于是就调动善于水战的勇

二千人，教士四万人[3]，君子六千人[4]，诸御千人[5]，伐吴。吴师
士二千人，训练有素的战士四万人，勾践的近卫亲兵六千人，以及各将帅统属的部队千余人，大举攻击

败，遂杀吴太子。吴告急于王，王方会诸侯于黄池，惧天下
吴国。吴师节节败退。越军就杀了吴太子。这时，吴国迅速派人向吴王夫差告急，可是吴王正与诸侯在黄池，

闻之，乃秘之。吴王已盟黄池，乃使人厚礼以请成越。越自
害怕天下各国知道这件事，就严密封锁了消息。吴王夫差在黄池与诸侯结盟以后，就马上派人带着厚礼

度亦未能灭吴，乃与吴平。
去向越国求和。越国估计自己还没有力量把吴国灭掉，就答应与吴国讲和。

---

[1] 任嚭政：专任太宰嚭执政。
[2] 黄池：在今河南省封丘县南济水故道南岸。
[3] 教士：训练有素的战士。
[4] 君子：国君的近卫亲兵。
[5] 诸御：各将帅统属的部队。

其后四年，越复伐吴。吴士民疲弊，轻锐尽死于齐、
这以后又过了四年，越国又出兵进攻吴国。由于吴国连年征伐不息，士民疲劳不堪，加上轻车锐
晋[1]，而越大破吴，因而留围之三年。吴师败，越遂复栖吴
卒都在与齐、晋两国交战中丧失了，所以越军大败吴军，乘胜包围了吴国首都，时间长达三年。后来吴
王于姑苏之山。吴王使公孙雄肉袒膝行而前，请成越王曰：
国军队又吃败仗，越军于是把吴王夫差逼赶到了姑苏山上。吴王夫差只好派公孙雄脱衣露体，膝行而前，
"孤臣夫差敢布腹心，异日尝得罪于会稽，夫差不敢逆命，得
向越王勾践哀求说："孤臣夫差斗胆向您说几句心里话，从前我曾在会稽山得罪了你，但是我不敢违背
与君王成以归。今君王举玉趾而诛孤臣[2]，孤臣惟命是听，意
您的嘱咐，和您讲和并让您回国了。如今劳驾您来讨伐我，我只有唯您之命是听，您是否可以也像会稽
者亦欲如会稽之赦孤臣之罪乎？"勾践不忍，欲许之。范蠡
山那次一样，赦免我的罪过呢？"勾践听了于心不忍，就想同意夫差的要求。范蠡赶紧劝阻说："会稽
曰；"会稽之事，天以越赐吴，吴不取。今天以吴赐越，越
山那一次，老天爷要把越国送给吴国，吴国自己不要。现在老天爷把吴国赐给越国，越国怎么能违背天
其可逆天乎？且夫君王早朝晏罢，非为吴邪？谋之二十二
意呢？况且大王每天起早贪黑地操劳，不就是为了灭掉吴国吗？我们苦心经营了二十二年，如今才获得
年，一旦而弃之，可乎？且夫天与弗取，反受其咎。'伐柯者
成功，怎么可以一下子就扔掉呢？再说老天爷给你的东西你不要，以后会自食恶果的。'拿着斧头到山
其则不远'，君忘会稽之厄乎？"勾践曰："吾欲听子言，吾
上砍柴做斧柄，取样就在身边。'大王难道忘记了我们在会稽山遭受的灾难了吗？"勾践又说："我想
不忍其使者。"范蠡乃鼓进兵，曰："王已属政于执事[3]，使者
听你的话，但是不忍心驳回吴国使者的要求。"于是范蠡就击鼓进兵，说："大王已把国事交给我处理，

---

1 轻锐：轻车锐卒。
2 玉趾：犹言贵步。
3 执事：办事人员，范蠡自称。

去，不者且得罪。"吴使者泣而去。勾践怜之，乃使人谓吴
使者赶紧回去，不然的话就要得罪了。"吴国使者只好哭着离开。勾践可怜吴王夫差，就派人对吴王夫

王曰："吾置王甬东，君百家。"吴王谢曰："吾老矣，不能事
差说："我将把你安置在甬东，让你做一个百户人家的头领。"吴王夫差谢绝说："我已经老了，不能

君王！"遂自杀。乃蔽其面，曰："吾无面以见子胥也！"越
再事奉您了！"说完就自杀了。死前他用衣服盖住脸说："我没有脸去见伍子胥了。"越王勾践便安葬

王乃葬吴王而诛太宰嚭。
了吴王夫差，同时又杀了太宰伯嚭。

勾践已平吴，乃以兵北渡淮，与齐、晋诸侯会于徐
勾践平定吴国以后，就率兵北上渡过淮河，与齐国和晋国等诸侯在徐州会盟，并向周天子进

州，致贡于周。周元王使人赐勾践胙，命为伯（bà）。勾
贡。周元王派人赐给勾践祭肉，任命勾践为诸侯的盟主。勾践离开徐州，南渡淮河以后，就把淮河

践已去，渡淮南，以淮上地与楚，归吴所侵宋地于宋，
上游的土地分给楚国，又把从前被吴国所侵占的宋国国土还给了宋国，还把泗水以东方圆百里的地

与鲁泗东方百里。当是时，越兵横行于江、淮，东诸侯
盘给了鲁国。当时那个时候，越国的军队在长江、淮河一带横行无阻，诸侯都来向越国祝贺，勾践

毕贺，号称霸王。
成了威震一时的霸主。

范雎雪耻须贾马食

范雎到了秦国，游说秦昭王，终于当上秦相，排逐了魏冉，执掌了秦国政权，仍然叫张禄，人称张禄丞相，魏国人。

范雎仍用假名，他要出其不意报复须贾和魏齐。先放出话来，扬言伐魏，魏国恐慌起来，听说张禄丞相是魏国人，魏昭王于是主动派出使者入秦打探虚实，联络感情。须贾是魏国的外交使臣，范雎等的就是他。

须贾到了秦都咸阳，住进了客馆。范雎打扮成一个佣工，衣衫单薄，求见须贾。须贾见了范雎，大吃一惊，说："范叔在秦国好吗，怎么在这里相见？"范雎说："那次我没被打死，好不容易逃出来，在秦国一户大姓人家做佣工。"须贾见范雎穿得单薄，送了他一件绨袍，又招待了一顿饭。须贾对范雎的处境不免心酸，因此动了恻隐之心。饭后须贾对范雎说："你在秦日久，人又聪明，了解秦国的张禄丞相吗？来了几天也轮不到见上。"范雎假装说："我家主人与张禄丞相恰好是好朋友，这个忙我还帮得上，可以给你带路。"须贾非常高兴。他又对范雎说："我的马这两天有病，我是魏国大使，必须坐高车驷马，你能帮忙吗？"范雎说："这好办，我向主人家借。"

范雎赶来高车驷马，亲自执鞭，载着须贾赶到了丞相府。车未到府门，丞相府的人赶紧避向两旁，须贾感到很奇怪。他正纳闷，车到丞相府门。范雎对须贾说："大夫在门外等着，我进门去通报丞相。"须贾等了半天，左等不见范雎，右等不见范雎：怎么范雎进了丞相府不出来了？须贾等急了,向守门人打问,"先前进到丞相府的范叔,老半天怎么不出来?"守门人回答:"这里没有范叔,先前进门的人就是张禄丞相。"须贾一听,才知道上了范雎的当,受了愚弄。

须贾肉袒负荆,托看门人带他进丞相府谢罪。但见范雎高高在上,陪侍的人很多。须贾跪地谢罪,口称万死。范雎对须贾说:"你有三大罪:诬我有外心于齐,罪一;魏齐辱我于厕中,不劝止,罪二;用尿来浇我,罪三。念你赠我绨袍,有故人之恋,现在我免你死罪。"说完喝令须贾退下。

过了几天,须贾辞行,范雎宴请六国使者,广聚宾客,在堂上会餐,

须贾不知范雎就是丞相张禄

而令须贾独坐堂下,放置马料,派两个力士左右挟持,强令须贾吞食。范雎对须贾说:"回到魏国替我转告魏王,赶快把魏齐的人头送来,不然我要发兵攻破大梁。"

须贾回国向魏齐报告了出使秦国的情况,吓得魏齐丢了相印逃到赵国,躲在平原君家。范雎得知,请平原君入秦访问,然后把平原君拘留,派人出使赵国,告知赵王用魏齐的人头换平原君。赵相虞卿丢了相印,保护魏齐逃出赵国,回到魏国去投靠信陵君,信陵君见事关重大,没敢收留。魏齐走投无路,自杀身死。赵王取了魏齐的人头,派人送给了范雎,平原君才回到了赵国。

范雎相秦,有仇必报,有恩必赏。他不忘郑安平和王稽的搭救、推荐之恩,向秦昭王推荐二人,王稽从一个外交小官升为河东太守,郑安平做了将军。

范雎蔡泽列传·范雎

范雎既相秦，秦号曰张禄，而魏不知，以为范雎已死久
范雎已经担任秦国的宰相，秦国人称他为张禄，但魏国人不知道，以为范雎已经死
矣。魏闻秦且东伐韩、魏，魏使须贾于秦。范雎闻之，为微
去很久了。魏国听说秦国将向东征伐韩国、魏国，魏国就派须贾到秦国。范雎听说这回事，
行，敝衣间步之邸[1]，见须贾。须贾见之而惊曰："范叔固无恙
就秘密出发，穿着破衣，抄小路到宾馆，会见须贾。须贾一见到他就惊奇地说："范叔原
乎！"范雎曰："然。"须贾笑曰："范叔有说于秦邪？"曰："不
来平安无事啊！"范雎说："是。"须贾笑着说："范叔是来游说秦国吗？"范雎："不是。
也。雎前日得过于魏相[2]，故亡逃至此，安敢说乎！"须贾曰：
我范雎前些日子得罪了魏国的宰相，所以逃亡到这里，怎敢来游说呢？"须贾说："现在
"今叔何事？"范雎曰："臣为人庸赁[3]。"须贾意哀之[4]，留与坐
范叔做什么事？"范雎说："我做人家的帮工。"须贾心里哀怜他，就留他跟自己吃饭喝酒，
饮食，曰："范叔一寒如此哉！"乃取其一绨袍以赐之[5]。须贾
说道："范叔竟贫寒到这样啊！"就拿出自己的一件粗绸袍子来送给他。须贾趁机问道："秦
因问曰："秦相张君，公知之乎？吾闻幸于王，天下之事皆决
国丞相张先生，您了解他吗？我听说他受秦王宠幸，天下的事情都由先生决定。现在我的

---

1 邸：宾馆。
2 得过：得罪。
3 庸赁：为人做帮工。
4 哀：同情，怜悯。
5 绨袍：粗绸做的袍子。

于相君。今吾事之去留在张君[1]。孺子岂有客习于相君者哉？"

事情的取舍在于张先生。你小子可有朋友熟悉张先生的吗？"范雎说："我的主人熟悉他。

范雎曰："主人翁习知之。唯雎亦得谒，雎请为见君于张君。"

就是我也能够拜见他，我范雎愿意替您引见张先生。"须贾说："我的马病了，车轴断了，

须贾曰："吾马病，车轴折，非大车驷马，吾固不出。"范雎

如果没有四匹马拉的大车，我就决不出门。"范雎说："我愿意替您向我的主人翁借用四

曰："愿为君借大车驷马于主人翁。"

匹马拉的大车。"

范雎归取大车驷马，为须贾御之[2]，入秦相府，府中望见，

范雎回去带来四匹马拉的大车，自己给须贾驾车，进入秦国丞相府。相府里的人望见了，

有识者皆避匿。须贾怪之。至相舍门，谓须贾曰："待我，我

有认识他的都回避躲开。须贾觉得奇怪。到了丞相住所门口，范雎对须贾说："您等着我，我

为君先入通于相君。"须贾待门下，持车良久，问门下曰："范

替您先进去向丞相先生通报。"须贾在门口等着，停车很久，问看门的人说："范叔还不出来，

叔不出，何也？"门下曰："无范叔。"须贾曰："向者与我载而

为什么呢？"看门的人说："这里没有范叔。"须贾说："就是刚才同我一道坐车进来的。"

入者。"门下曰；"乃吾相张君也。"须贾大惊，自知见卖，乃

看门的人说："那是我们的丞相张先生。"须贾大吃一惊，自己知道受骗，就袒露上身，用膝

肉袒膝行，因门下人谢罪。于是范雎盛帷帐，侍者甚众，见

盖跪着走，通过看门的人认罪求情。这时范雎坐在华丽的帷幕中，侍从的人很多，接见了须贾。

---

1 去留：比喻成败。
2 御：驾车。

之。须贾顿首言死罪，曰："贾不意君能自致于青云之上[1]，贾
须贾磕头，声称死罪，说："我须贾没想到您能自己达到青云之上，我不敢再读天下的书，不
不敢复读天下之书，不敢复与天下之事。贾有汤镬之罪[2]，请自
敢再参与天下的大事。我须贾犯了该烹煮的死罪，我自个请求流放到胡貉少数民族地区，是死
屏于胡貉之地[3]，唯君死生之！"范雎曰："汝罪有几？"曰："擢
是活，唯您之命是从。"范雎说："你的罪过有多少？"须贾说："拔下我头发来计数，还没
贾之发以续贾之罪，尚未足。"范雎曰："汝罪有三耳。昔者
有我的罪过多。"范雎说："你的罪状有三条罢了。从前楚庄王的时候，申包胥替楚国击退了吴军，
楚昭王时而申包胥为楚却吴军，楚王封之以荆五千户，包胥辞
楚王把荆地五千户封赏给他，申包胥辞谢不肯接受，因为他祖宗的坟墓寄托在荆地。如今我范
不受，为丘墓之寄于荆也[4]。今雎之先人丘墓亦在魏，公前以雎
雎的祖宗坟墓也在魏国，您从前以为我对外私通齐国，因而在魏齐面前说我的坏话，这是你的
为有外心于齐而恶雎于魏齐[5]，公之罪一也；当魏齐辱我厕中，
第一条罪状；当时魏齐把我羞辱在厕中，你没有劝阻，这是你的第二条罪状；魏齐的客人喝醉
公不止，罪二也；更醉而溺我，公其何忍乎？罪三矣。然公
了轮番往我身上撒尿，你是多么的忍心啊！这是你的第三条罪状。然而你之所以被免死，是因
之所以得无死者，以绨袍恋恋，有故人之意，故释公。"乃谢
为一件粗绸袍子，还有恋恋不舍的老朋友的情意，所以我放过你。"有礼貌地结束了这次会见。

1　不意：没料想。青云之上：一步登天。
2　汤镬（huò）：古酷刑之一，将罪人烹煮，下油锅。
3　屏：放逐。胡貉之地：少数民族所居的边荒之地。
4　丘墓：一冢土坟，即祖坟。
5　恶（wù）：说坏话。

罢[1]。入言之昭王,罢归须贾[2]。
范雎进宫向秦昭王报告了这件事,准备让须贾回去。

须贾辞于范雎,范雎大供具[3],尽请诸侯使,与坐堂上,食
须贾向范雎辞别,范雎大摆筵席,把各国使者都请来,跟他们一起坐在大堂上,酒菜非常丰盛。

饮甚设。而坐须贾于堂下,置莝豆其前[4],令两黥徒夹而马食
而让须贾坐在堂下,把一盆喂马的料豆放在他面前,让两个受过黥刑的囚徒夹着他,像喂马一样地喂他。

之。数曰[5]:"为我告魏王,急持魏齐头来!不然者,我且屠大
范雎数落须贾说:"替我告诉魏王,赶快拿魏齐的头来!不然的话,我将要屠灭大梁。"须贾回去,把

梁[6]。"须贾归,以告魏齐。魏齐恐,亡走赵,匿平原君所。
这些话告诉了魏齐。魏齐恐惧,逃跑到赵国,躲藏在平原君家里。

秦昭王闻魏齐在平原君所,欲为范雎必报其仇,乃佯为
秦昭王听说魏齐在平原君家里,一定要替范雎报他的仇,就假情假意地写了一封友

好书遗平原君曰[7]:"寡人闻君之高义,愿与君为布衣之友,君
好的信送给平原君说:"我仰慕您的崇高德义,希望同您结成平民般的朋友,如有幸得

幸过寡人[8],寡人愿与君为十日之饮。"平原君畏秦,且以为然,
到您过访我,我愿意同您作十天的长饮。"平原君害怕秦国,又认为信中所言为是,就

而入秦见昭王。昭王与平原君饮数日,昭王谓平原君曰:"昔
进入秦国会见秦昭王。秦昭王同平原君喝了几天酒,秦昭王对平原君说:"从前周文王

---

1 谢罢:有礼貌地结束这次会见。
2 罢归:驱逐须贾回国,不以他为魏使。
3 大供具:大摆筵席。
4 莝(cuò)豆:拌有豆子的喂马草料。莝,铡碎的草。
5 数:数落。
6 大梁:魏都城,今河南省开封市。
7 好书:友好书信。
8 过:探访。

周文王得吕尚以为太公，齐桓公得管夷吾以为仲父，今范君亦
得到吕尚，把他当作太公；齐桓公得到管夷吾，把他当作仲父；现在范先生也是我的叔

寡人之叔父也。范君之仇在君之家，愿使人归取其头来。不
父。范先生的仇人在您的家，希望您派人回去拿他的头来。不然的话，我不让您出关。"

然，吾不出君于关[1]。"平原君曰："贵而为交者，为贱也；富
平原君说："显贵以后结交朋友，是为了不忘卑贱的时候；富裕以后结交朋友，是为了

而为交者，为贫也。夫魏齐者，胜之友也，在，固不出也[2]，今
不忘贫穷的时候。魏齐是我赵胜的朋友，就是在我家里，我当然不会交出来，何况现在

秦昭王逼平原君交出魏齐

1　关：函谷关。
2　固不出：绝不交出。

范睢雪耻须贾马食　299

又不在臣所。"昭王乃遗赵王书曰："王之弟在秦，范君之仇魏
又不在我家里。"秦昭王就写信给赵王说："大王的弟弟在秦国，范先生的仇人魏齐在

齐在平原君之家。王使人疾持其头来[1]；不然，吾举兵而伐赵，
平原君家里。大王派人马上拿魏齐的头来，不然的话，我就起兵攻打赵国，且不让大王

又不出王之弟于关。"赵孝成王乃发卒围平原君家，急，魏齐
的弟弟出关。"赵孝成王连忙发兵包围平原君的家，情况危急，魏齐连夜逃亡出去，见

夜亡出，见赵相虞卿。虞卿度赵王终不可说，乃解其相印，
到赵国的宰相虞卿。虞卿估计赵王终究不能说服，就解下相印，同魏齐一道抄小路逃跑，

与魏齐亡，间行[2]，念诸侯莫可以急抵者[3]，乃复走大梁，欲因信
考虑到各诸侯国没有一个能够在急难时相帮的，就又跑回大梁，想通过信陵君而逃到楚

陵君以走楚。信陵君闻之，畏秦，犹豫未肯见，曰："虞卿何
国。信陵君听说这件事，害怕秦国，犹豫不决，不肯接见，他说："虞卿是怎样的人呢？"

如人也？"时侯嬴在旁，曰："人固未易知，知人亦未易也。
这时侯嬴在旁边，说："人本来不容易了解，了解人也是不容易的。虞卿穿着草鞋，打着伞，

夫虞卿蹑屩檐簦[4]，一见赵王，赐白璧一双，黄金百镒；再见拜
第一次见赵王，赵王赏赐他一双白璧，一百镒黄金；第二次见面，赵王任命他做上卿；

为上卿；三见，卒受相印，封万户侯。当此之时，天下争知
第三次见面，赵王终于授给他相印，封他为万户侯。就在这个时候，天下争相了解他。

之。夫魏齐穷困过虞卿[5]，虞卿不敢重爵禄之尊，解相印，捐万
魏齐在穷困的时候过访虞卿，虞卿不敢以爵位俸禄为重，解下相印，放弃万户侯而秘密

---

1 疾：赶快。
2 间行：走荒僻小路。
3 急抵：因急难而去投靠。
4 蹑屩：脚穿草鞋。檐簦：肩着长柄长笠。
5 穷困：走投无路。

户侯而间行[1]。急士之穷而归公子,公子曰'何如人'。人固不
外逃。他以士人的穷困为急来归附公子,公子说'是怎样的人'。人本来不容易了解,

易知,知人亦未易也!"信陵君大惭,驾如野迎之[2]。魏齐闻信
了解人也很不容易的!"信陵君非常惭愧,驾车到郊外迎接魏齐。谁知魏齐听说信陵君

陵君之初难见之,怒而自刭。赵王闻之,卒取其头予秦。秦
起初收留他感到为难,愤怒地自杀了。赵王听说这消息,终于获得魏齐的头送给秦国。

昭王乃出平原君归赵。
秦昭王于是释放平原君回国。

---

1 捐:放弃。
2 驾如野迎之:魏公子驱车郊外迎接魏齐等人。